GRAND JEU Lenormand

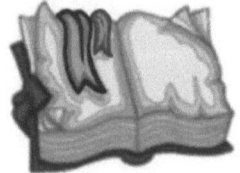

Zukunftsdeutung mit dem Großen Lenormand Karten

(basierend auf einer echten Anleitung aus dem Jahre 1845)

Andreas Nostra Dahm

Bibliographische Angaben der Deutschen Nationalbibliothek:
Die Deutsche Nationalbibliothek verzeichnet diese Publikation
in der Deutschen Nationalbibliographie; Detaillierte
bibliographische Daten sind im Internet über dnb.dnb.de
verfügbar.

Verlag: BoD • Books on Demand GmbH, In de Tarpen 42,
22848 Norderstedt
Druck: Libri Plureos GmbH, Friedensallee 273, 22763 Hamburg

ISBN: 978-3-7597-1514-2

Vorwort zum Kartenlegen

Etwas über die Historie und sozusagen über den Werdegang des Kartenlegens

Seit vielen Jahrhunderten ist es Menschen ein Bedürfnis, mehr über die eigene Zukunft, mehr über das persönliche Schicksal zu erfahren. Hierzu bediente sich der Mensch schon in weiter Vergangenheit den unterschiedlichsten Methoden eines Orakels und der Divination. Eine inzwischen global verbreitete und mit einer geheimnisvollen Tradition umhüllten Methode ist diese der Zukunftsdeutung mit Karten. Das Kartenlegen, die Kunst mit den Karten in die Zukunft zu schauen, ist eines der gängigsten Orakel und hat in der Wahrsagerei in all den vielen Jahren einen großen Platz eingenommen.

Es ranken sich viele Mythen & Legenden um die Entstehung des Kartenlegens, so berichten manche von einem Ursprung in China, ab dem 7. Jahrhundert – andere bringen in der Geschichte der Entstehung der Kartenlegekunst das heutige Ägypten mit ins Spiel – doch eines ist sicher, ganz gleich wann, wo und wie die Geburtsstunde dieses Orakels war, war es doch bereits lange präsent bevor das Kartenlegen zur zweiten Hälfte des 18. Jahrhunderts und zu dann auch im 19. Jahrhundert in Europa einen populären Aufschwung erlebte. Für die heutige Bedeutung und den heutigen Stellenwert, den diese Kunst mit sich trägt, und für die Geschichte des Kartenlegens sind die damalige Zeit in Europa und Ereignisse, die sich dort abspielten, ausschlaggebend. Fakt ist hier, dass berühmte Persönlichkeiten, wie z.B. Etteilla (Alliette) & die Lenormand ihr Übriges dazu beitrugen und legten somit einige jener Grundsteine, die bis in die heutige Zeit hinein ihr Wirken nicht verloren haben. Sie haben mitunter das Kartenlegen dazu gemacht, was es heute in seinem Ursprung ist.

Doch so beliebt wie die Kunst des Kartenlegens auch ist, hatte diese aber auch schon seit der Stunde der Geburt an, die Skeptiker & Zweifler als Begleiter an der Seite. Ebenso die richtigen Gegner und die, die es schafften, das Kartenlegen zu verteufeln, zu verbannen und den Scharlatanen & Gauklern zuzuordnen. Bis heute. Und so manche New Age Bewegung bot & bietet den Skeptikern zugleich auch eine weitere Plattform; selbst, wenn diese Bewegung das Kartenlegen auf der einen Seite im 20. Jahrhundert zwar erneut auf eine weitere Art salonfähig machte und dafür sorgte, dass es sich in der Gesellschaft etwas mehr & weiter etablieren konnte.

Wie funktioniert das Kartenlegen?

Selbst wenn auf dem Weg von der frühen Geschichte des Kartenlegens an bis hin zur Moderne das Kartenlegen verschieden Facetten und Blickwinkel bietet, blieb jedoch ein Gedanke oder eine Absicht dem Menschen treu, nämlich diese, zu erfahren, wann & wie etwas einem widerfährt; einiger Menschen Begehren ist, mittels der Karten die Zukunft zu erkennen und somit deren Geheimnisse zu lüften. Wie viele andere Orakel sind hierzu auch die Karten in der Lage, es bedarf lediglich jemanden, der mit den Karten den Schleier einer ungewisseren Zukunft zu lüften weiß. Die Kartomantie, die Kunst des Kartenlegens, das Befragen der Karten wird mit den unterschiedlichsten Karten & den unterschiedlichsten Methoden (von traditionell, klassisch bis modern) ausgeführt. Zu den bekanntesten Kartenspielen zählen bis dato, die Tarotkarten, die Lenormandkarten, die Kipperkarten, die Zigeunerkarten & die Skatkarten bzw. Spielkarten. Jedem dieser Kartenspiele liegt ein System der Zukunftsdeutung zu Grunde. Auch wenn in den Bedeutungen die Karten immer unterschiedlich sind, so verbindet in jeder Formation eines miteinander: die Karten werden anhand eines bestimmten Legeschemas ausgeteilt/ ausgelegt und dann untereinander & miteinander, je nach Position der Karte, in Verbindung gebracht und gedeutet. Und hier greifen dann die eigenen Bedeutungen der Karten (immer abhängig davon, welches Kartenspiel zur Zukunftsschau verwendet wird).

Suchst Du jemanden auf, der Dir die Karten legen soll, werden diese in der Regel zunächst gemischt und dann, wie gesagt in einem dem Kartenblatt typischen Schema ausgelegt, woraufhin der wichtigste Teil, der Teil der Deutung der Karten und das Erstellen der Prognosen, folgt. Zwischenzeitlich hat das Kartenlegen mehr zu bieten als reine Zukunftsschau – viele Menschen konsultieren die Karten als Hilfestellung für Entscheidungen, als Wegweiser, als Blick in die Seele und zur Erklärung gewisser Zustände oder gar Ursachen – Gründe für eine Konsultation der Karten gibt es unzählige, diese sind berechtigt, denn die Karten haben die Antworten auf alle Fragen, die das Leben kreiert. Der Mensch möchte mehr über sich und die Zukunft erfahren, er möchte auf Ereignisse vorbereitet sein. In unsicherer Situation ersuchen Menschen durch die Karten eine Sicherheit, eine Form von Halt, eine Hilfe zur Entscheidung, ein Nehmen einer Angst oder ein Ratsuchender erhofft eine Form der Bestätigung eigener Vermutungen oder auch den Hinweis zu bekommen, dass Vermutungen ihn eventuell fehlleiten. Manche möchten Klarheit, die Vergangenheit verstehen und hinter sich lassen, die anderen möchten die Gegenwart ergründen, das „Warum", die Ursache einer Situation erfahren und auch möchten sie wissen, ob alles gut ausgeht und sich den eigenen Vorstellungen entsprechend entwickelt. Andere wollen wissen, was das Gegenüber denkt oder fühlt oder ob es sich einem zu- oder abwenden wird. Auch möchten die Ratsuchenden schnelle und konkrete Antworten haben auf Fragen, die sie sich selbst aktuell nicht oder nie von allein beantworten können. Du kannst jede Frage an die Karten stellen, egal welches Anliegen Du hast, „von der Wiege bis zur Bahre" – es gibt keine falschen Fragen. Ein erfahrener Kartenleger weiß Dir zu antworten – Denn die Karten schauen in alle Lebensbereiche, in die Vergangenheit, die Gegenwart und die Zukunft – sie kennen alle Geheimnisse, es bedarf nur jemanden, der weiß, diese zu enthüllen. Denn ganz gleich wie sehr das Kartenlegen in der Moderne angekommen ist, es hat noch immer etwas Geheimnisvolles – diese Mystische – es gehört einfach dazu.

Wichtig ist jedoch, dass Du eine Frage stellen wirst – Du musst zu den Karten gehen, die Karten kommen nicht zu Dir. Und eines sei gewiss, je genauer Deine Frage, desto genauer wird Dir Antwort gegeben. Im Trüben fischen bringt Dich nicht voran. Nirgendwo, im Leben nicht und auch nicht beim Konsultieren der Karten. An dieser Stelle sei ebenso genannt, dass die Karten erklären, Aussagen treffen und einen Umstand & seine Hintergründe schildern, einen anderen Blickwinkel zeigen und auch den Blick in die Zukunft öffnen – in keiner Weise sind die Karten da, um Entscheidungen zu treffen, Verantwortung ab- und überzunehmen. Sie geben nichts vor, befehlen nicht und weisen keinen Weg. Sie nennen Fakten und Dinge beim Namen. Wie, was und ob der Konsultant etwas mit der Botschaft der Karten macht, das obliegt ihm selbst.

Während einer Deutung werden also die Karten aufgrund Ihrer Position und ihrer Lage im jeweiligen Legesystem klare Aussagen in Bezug auf die Frage des Konsultanten machen, die der Kartenleger an diesen weitergibt. Er übersetzt die Sprache der Karten und hat somit die Funktion eines Mediums, einem Mittler zwischen den Karten und dem, der sie befragt. Es können also auch mit jedem Kartendeck alle Fragen beantwortet werden, doch es gibt natürlich auch Kartenleger, die bestimmte Kartenspiele für eine bestimme Situation oder Fragestellung bevorzugen. Andere wählen auch im Eingangsdialog mit dem Klienten intuitiv ein Kartendeck aus – diverse Vorgehensweisen sind auch hier zu finden. Auch unterscheiden sich Kartenleger darin, ob diese auf traditionelle, konservative Art die Karten deuten oder auf eine modernere Art und Weise, bei der die Karten manches Mal leider zu stark verfremdet werden und man schnell in die Irre kommt, bei den Deutungen. So bewahrheiten sich manche Prognosen und andere leider nicht, denn es ist bei weitem auch eine Interpretation und Erfahrungssache, wie die Karten zu übersetzen sind. Heutzutage ist das Kartenlegen so stark verbreitet, dass man glauben kann, diese Kunst schnell erlernen zu können. Fakt ist, es bietet sich ein jedem diese Option, aber

dennoch ist die Kunst des Kartenlegens ein Handwerk, dass es zu beherrschen gilt, insbesondere wenn man dieses offeriert. Die Karten, so sagt man, haben immer recht, es sind wir, die dazu neigen, sich bei der Interpretation manchmal fehl leiten zu lassen. Sieh es gerne wie mit der Lyrik: Du wirst bereits mit etwas Wissen es nahezu problemlos schaffen, ein Gedicht in seinem Gerüst und in seinen Aufbau exakt zu erkennen, doch dies allein wird Dir niemals den Sinn oder die Absicht der Zeilen erklären. Du musst in das Herz des Gedichtes blicken können. Und ebenso bedarf es zusätzlich einer Fähigkeit, die Karten zu erkennen und in Bezug auf die unterschiedlichen Lebensthemen zu deuten, denn beim Kartenlegen befragt man die Karten und nur allein die Karten – es bedarf nichts anderem. Du brauchst keine Hellsicht, keinen Kontakt zur geistigen Welt, auch bedarf es keiner Intuition – für das Kartenlegen muss man schlicht und einfach die Karten kennen und sich voll & ganz in deren Hände begeben. Somit kann zwar ein jeder das Kartendeuten erlernen, ob er jedoch die Fertigkeiten besitzt, die Gabe hat, diese Kunst auch wirklich auszuüben, dies wird einzig allein die Zeit zeigen.

Die unterschiedlichen Kartendecks.

Um dieses Handwerk zu beherrschen, benötigt ein professioneller & seriöser Kartenleger Kenntnisse über seine Karten und deren umfassenden Bedeutungen und unzähligen Facetten, was einfach nur über viel Erfahrung mit sich gebracht wird, und zudem sollte jeder den historischen Hintergrund des Kartenspiels und der Karten kennen, um auch hier Fehldeutungen zu vermeiden. Man muss wissen, was man tut und womit! Zuvor wurden die beliebten Kartendecks bereits in wenigen Zeilen erwähnt, doch hier schauen wir nochmals erneut etwas mehr darauf:

Die Tarot Karten

Das Tarot ist eines der bekanntesten und vielleicht auch ältesten Kartenspiele zum Wahrsagen, und bis heute sind viele Motive, der klassischen & beliebten Tarotkarten, an die Motive in ihrem Ursprung angelehnt, was übrigens sehr wichtig ist für die korrekte Deutung der Karten & das Erkennen des wesentlichen Kerns der Karte eines jeden Kartenspiels, das zur Zukunftsdeutung verwendet wird. Eines der frühesten Exemplare, dem Tarot von Etteilla, reihen sich nach und nach andere bekannte Decks in die Hall of Fame der Tarotkarten ein: das bekannte Tarot de Marseille oder auch das allzeit beliebte und berühmte Rider Waite Tarot mit den zauberhaften Illustrationen der Pamela Colman Smith ist bei vielen Freunden des Kartenlegens zu finden. Etwas aus der Reihe hingehen tanzt das Tarot des Herrn Aleister Crowley: dem Ruf, eher der dunklen Seite der Wahrsagerei zugetan zu sein, wirft ein wenig einen Schatten über diese Variante der Tarotkarten. Ein sehr kommerzielle Legemethode mit den Tarotkarten ist das allseits beliebte Keltische Kreuz oder das Kleine Kreuz. Ein Kartenspiel des Tarots beinhaltet 78 Karten, wobei 22 dieser Karten, nummeriert von 0 – 21, den sogenannten großen Arkana (Geheimnis/ Arcanum lat.) zugeordnet werden (in diesen befinden sich z. B. die bekannten Karten der Liebenden, des Narren und des Wagens.); die anderen 56 Karten werden als Farbkarten den kleinen Arkana zugeordnet: jeweils 4 Farben, zu je 10 Zahlkarten (As bis 10) und vier sogenannten Hofkarten (Bube, Ritter, Königin & König). Die Farben werden repräsentiert durch die Symbole Münzen, Kelche, Stäbe und Schwerter – noch heute finden sich diese Farben/Symbole auf Spielkarten in z.B. Spanien und Italien wieder & lassen hier die Vermutung entstehen, dass man die Spielkarten aus dem Tarot ableitete. In Deutschland wurden die Farben zu den Schellen, dem Laub (Blatt), den Eicheln und dem Herz und ich Frankreich wurden die Karten mit den Farben, Karo, Herz, Kreuz und Pik versehen, was uns zu den nächsten „Wahrsagekarten" führt:

Die Spielkarten (Skat -, Poker -, Schafkopfkarten)

Ein herkömmliches Kartenspiel eignet sich hervorragend, um die Zukunft zu deuten. Generell & auch wenn eventuell gerade keine anderen Karten greifbar sind. Denn auch in der Geschichte wurden diese sehr oft hierzu verwendet: es war untersagt, die Karten zu befragen und wurde in der Gesellschaft noch weniger toleriert als heutzutage und somit legten Damen eine Patience/ Solitaire, um aus dieser die Zukunft zu deuten. Auch sagte man, dass selbst die Lenormand, die sich unterschiedlicher Wahrsagemethoden bediente, mitunter auch aus Piquet Karten die Zukunft zu lesen wusste. Und auch in der berühmten Oper Carmen, war es die Pik 7, die das Unheil verkündete. Doch gleich welche Spielkarten es sind, ob Skat, Poker, Schafkopfkarten, die Baraja Espanola aus Spanien oder die Carte Napoletane oder Piacentine aus Italien - sie sind alle bestens zur Zukunftsschau geeignet. Das Kartenlegen mit Spielkarten geht in die Tiefe und bringt in Anbetracht der Einfachheit der Karten eine erstaunliche Aussagekraft mit sich. Da hier keine Bilder oder Symbole im Fokus stehen, wird das Kartenlegen mit diesen Karten oft als sehr schwierig zu lernen angesehen, doch es ist mitunter eine der Varianten mit der meisten und längsten Geschichte. Auch hier variieren die Deutungsmöglichkeiten sehr stark und weichen länder- oder regionsspezifisch sehr voneinander ab. So galt zum Beispiel in alter Tradition in Deutschland das Kreuzblatt als jenes Blatt mit der dunkelsten Botschaft, wobei dies in anderen Traditionen mehr der Farbe Pik zugeordnet wird. Da logischerweise bei keinem der besagten Spielkarten ein Deutungsheft zur Zukunftsschau beigefügt war, gibt es keinen sogenannten roten Faden zu einer Deutung und die Türen der Interpretation der Karten stehen nahezu alle offen - man griff hier eigentlich auf das Wissen zurück, das früher oftmals nur mündlich weitergegeben wurde. Was bei den Spielkarten durch Zahlen und Farben dargestellt wird, das wird bei anderen Wahrsagekarten durch Worte oder Bilder bzw. Symbole dargestellt; je nachdem welches Kartenspiel gewählt ist. So kommen wir nun zu weiteren Karten, die zur Divination verwendet werden.

Die Kipper Karten

Um 1890, mitten in der Zeit, als die Wahrsagekunst mit Karten in Europa einen starken Aufschwung erlebten, war in Deutschland die Geburtsstunde der Kipper Karten, herausgegeben durch Matthias Seidlein in München (was bis heute durch die Abbildungen der Karten auch ersichtlich ist, indem zeitgenössische Architektur dargestellt wird und z.B. auch ein Ortsschild auf die Nähe Münchens verweist). In einem Begleitheft, das als Anleitung zum Wahrsagen diente, wurden die Karten als diese der Frau Kipper ausgegeben. Bis heute sind die Kipper Karten mit ihren damaligen Motiven erhältlich - mit dem einzigen Unterschied aber, dass die Karten nach dem Abtritt der Rechte an die Firma FX Schmid spiegelverkehrt abgedruckt wurden. Die Kipper Karten sind ein Kartenspiel bestehend aus 36 Karten, die alle auf einmal zur Deutung ausgelegt werden; diese 36 Karten sind allesamt nummeriert, unterliegen somit einer festen Kartenabfolge und jede Karte trägt einen Titel, der zur Beschreibung derselben dient. Die Kipper Karten geben das Orakel in der Form von Bildern wieder: Die Bilder zeigen Personen und Situationen aus dem damaligen Alltag und man deutet hier anhand dieser. Gerne gesehen ist die Tatsache, dass viele Personen Teil dieses Kartendecks sind, was sich deutlich zu manch anderen Karten unterscheidet. Das Kartenspiel & dessen Aussage basiert hier demnach nicht auf Symbolen, sondern auf Situationen und beschriebenen Ereignissen & Personen, die daran Teil haben – ähnlich wie andere Orakelkarten, z.B. die Sibilla Karten, Biedermeier Aufschlagkarten oder den Zigeunerkarten.

Die Aufschlagkarten

Die Aufschlagkarten sind eine Art Überbegriff für andere unterschiedliche Orakelkarten, die sich in der Historie des Kartenlegens wiederfinden. Hierzu zählen unter anderem, die Biedermeier Aufschlagkarten, die Sibilla Karten oder auch die Zigeuner – Wahrsagekarten. Alle dieser genannten Beispiele verbindet etwas miteinander, selbst wenn die Anzahl der Karten in den einzelnen Varianten unterschiedlicher Anzahl ist. Ähnlich wie die Kipper Karten, sprechen diese Karten auch über ihre Bilder, die von Ereignissen, Geschehnissen oder Situationen und diversen Personen handeln. Auch hier werden die Karten nach bestimmten Systemen ausgelegt und zueinander in Verbindung gesetzt, um letztendlich zukunftsweisende Aussagen durch sie zu erhalten. Diese Karten haben hauptsächlich Ihren Ursprung in den Ländern Osterreich, Ungarn und Italien und sie gleichen sich manchmal wirklich sehr. Dennoch, und dies gilt auch allgemein für das Kartenlegen, sollte jedes Kartenspiel mit dem seinigen System in Verbindung gebracht werden, um Fehler durch ein fälschliches Vermischen zu vermeiden, denn bis heute sind beim Kauf eines jeden solchen Kartendecks kleine Anleitungsheftchen dabei, die den Einstieg in den Umgang mit den Karten erleichtern sollen. Nun gibt es aber auch Karten, die über Symbole sprechen, die auf ihnen abgebildet sind und hierzu zählen die sehr bekannten Lenormand Karten.

Lenormand Karten

Diese Karten gehören zu den beliebtesten Orakelkarten, auch weil sie als am einfachsten zu erlernen gelten und somit einen schnellen Einstieg in das Kartenlegen ermöglichen. Doch Vorsicht, so beliebt dieses Kartendeck auch ist, es wird wirklich unterschätzt, und gerade heutzutage bewegen sich viele Menschen nur auf seiner Oberfläche und zu sehr auf Wegen, die mit dem realen Inneren der Karten wenig gemein haben.

Schon über die Geschichte und Herkunft dieser Karten gibt es so viele widersprüchliche oder falsche Aussagen, die für die meisten nicht sichtbar sind, oder an denen die Masse leider auch nicht wirklich interessiert ist. Viele geben sich damit zufrieden, oberflächlich die Bedeutungen der Karten zu lernen. Dies ist sehr schade, denn so geht die wirkliche Geschichte und die Tiefe der Karten nach & nach verloren. Wenn wir über Lenormand Karten sprechen, müssen wir zwischen diesen drei Kartendecks unterscheiden: die klassischen Lenormand Wahrsagekarten aus Deutschland, das Petit Lenormand, die Karten vom Herausgeber Grimaud aus Frankreich, und die Großen Lenormand Karten, das Grand Jeu de Mlle. Le Normand, die Karten, die ebenso von Grimaud aus Frankreich herausgegeben wurde.

Und in diesem Buch erfährst Du alles über das Grand Jeu Lenormand.

Vorwort zum Buch

Ein herzliches Willkommen.

Es war schon immer ein Bedürfnis vieler Menschen, mehr über die eigene Zukunft zu erfahren, indem sie ein Orakel konsultierten, insbesondere ein Kartenorakel. Und es gab schon immer unzählige Möglichkeiten, dieses Wissen weiterzugeben, um somit das Wahrsagen mit Karten zu erlernen. Durch Familientraditionen, mündliche Überlieferungen, alte mystische Schriften oder Notizen, die jemand heimlich in einem Sekretär aufbewahrt hat. Es gibt unzählige Bücher, die als eine Art Wörterbuch benutzt werden, um die Sprache der Karten zu übersetzen und sich diese näher zu bringen. Es gibt so viele Möglichkeiten, mit Karten in die Zukunft zu sehen. So wie es in anderen Ländern unterschiedliche Sprachen und Dialekte gibt, so ist oftmals auch die Sprache der Karten von Land zu Land, von Region zu Region etwas unterschiedlich und hat sich in den vielen Jahren, seit es die Deutung der Karten bereits gibt, verändert. Ein unglückliches Schicksal der heutigen Orakelkarten ist jedoch auch, dass sie leider eine Art Fortschritt erleiden mussten: sie haben sich „weiterentwickelt" und dabei wurden sie leider manchmal auch etwas zu entfremdet, wurden Opfer der New Age Spiritualität und immer mehr zum Coaching- oder zu einem pseudo- psychologisches Lifestyle Objekt „gesellschaftskonform" gemacht. Die Zukunftsdeutung, die eigentliche Aufgabe, die die Karten in ihrer Tradition hat, das Wahrsagen mit den Karten ist oft nur noch Nebensache, da es zum einen die moderne Gesellschaft nicht begrüßt und die Karten eher als Werkzeug für anderes bevorzugt werden und auch ist es vielen gar nicht mehr möglich, trotz Studie die Zukunft aus den Karten zu lesen, da der Bezug zum Ursprung der Karten über die Jahre nicht immer richtig weitergegeben wurde und verloren ging. Denn das Kartenlegen ist nach wie vor eine Kunst und sie bedarf der wahren Künstler. Ich sehe mich in der Tradition der Kartenleger und es ist wichtig altes und wertvolles Wissen über die Kunst des Kartenlegens weiterzugeben, um dieses Wissen dem Vergessen zu entreißen. So ist es mir auch wichtig, in diesem Buch mein Wissen und meine fundierte Recherche über die Großen Lenormand Karten mit Dir zu teilen, denn wenn ich das ein oder andere lese, was man sich heutzutage sowohl über die Lenormand Wahrsagekarten als auch über das Petit Lenormand und das Große Lenormand erzählt, so blutet mein traditionelles Kartenleger Herz und meine Seele ist traurig...

Die Menschen haben es verlernt, die Seele dieser Karten zu erkennen...

Wenn Du aber nun bereit bist, Dein Vorwissen auszublenden oder sogar bereit bist, den Schritt zu wagen, das Kartenlegen richtig zu lernen, dann bist Du hier an meiner Seite richtig und hast Dir das perfekte Buch zu den Großen Lenormand Karten ausgesucht!

Das System der Deutung unterscheidet sich von allen anderen. Denn es ist das, welches der Tradition treugeblieben ist, und diese strikt als Grundlage hat und sich dennoch im Laufe der Jahre an unsere heutige, moderne Zeit angepasst hat, ohne die Seele und ohne das Gesicht zu verlieren, ohne die Ursprünge zu verlieren. Es ist die wahre Art und Weise, die Großen Lenormand Karten zu deuten. Nur so wird das „Große Spiel" gespielt.

Dieses Buch ist daher ein bisher noch nie dagewesenes "Tell all" über das Grand Jeu Lenormand. Befreie Dich von allem, was Du bereits darüber weißt, und mach Dich bereit, endlich die echten Geheimnisse des "Grand Jeu de Mlle. Le Normand" zu lüften. Denn wenn Du mit Deinem bisherigen Wissen, dass Du über diese Karten hast, sie noch nicht verstanden hast, dann liegt dies nicht an Dir, sondern daran, dass Deine bisherigen Infos darüber schlechtweg unstimmig waren, und Du

wirst diese Karten auch in Zukunft nicht verstehen, wenn Du mit diesem unstimmigen Wissen weiterziehst.

Wenn Du beabsichtigst, mit diesem Orakel erfolgreich die Zukunft zu deuten, dann ist der einzig wahre und richtige Weg dieser, es so zu erlernen, wie es einst praktiziert und gelehrt wurde.

Mir persönlich wurde das „Große Spiel" in jungen Jahren gelehrt und mit dieser uralten Art der Zukunftsdeutung sind mir die Karten bis heute immer treu geblieben. Sie waren immer in der Lage, mir alle meine Fragen zu beantworten, und mir somit zur Seite zu stehen, und ich bin meinen Karten und jenen, die mir das Kartenlegen in meiner Jugend beigebracht haben, immer mit Dank verbunden.

Das „Große Spiel" ist die Königsdisziplin im Kartenlegen, etwas ganz Besonderes und dieses Spiel zu beherrschen, macht Dich auch zu etwas ganz Besonderem.

Nun wünsche ich Dir viel Spaß beim Lesen dieses Buches und später auch mit dem Großen Spiel der Lenormand.

Andreas

EINLEITUNG

Erste Schritte…

Was ist jetzt zu tun? Du bist neugierig und interessiert und möchtest alles wissen, um diese Karten kennenzulernen? Dann kaufe Dir Dein eigenes Großes Lenormand Kartenspiel, wenn Du noch keines haben solltest. Wenn die Karten jetzt bei Dir an Deiner Seite sind, sollten sie von nun an nicht mehr von Deiner Seite weichen. Lass sie nicht los, trage sie immer mit Dir. Sie sollten von nun an Dein Begleiter sein. Immer und überall. Das ist wichtig. So erkennen die Karten, dass sie nun auch zu Dir und nur zu Dir gehören.

Misch die Karten, fühl das Material & lernen sie kennen, lege tägliche Orakel – mach die Karten zu Deinem täglichen Begleiter, Deinem Freund, Deinem Vertrauten und – ganz wichtig – behüte Deine Karten immer, denn sie sind viel mehr als nur Papier. Verschenke niemals Deine Karten – niemand sonst sollte sie anfassen. Nur dann werden die Karten zu Dir sprechen, denn sie erkennen und spüren sofort, wenn Du sie stiefmütterlich behandelst.

Jetzt sind die 54 Karten bei Dir und Du willst sicher so schnell wie möglich alles darüber lernen und wissen. Aber Du musst geduldig sein. Gib Dir Zeit und Du wirst sehen, wie tief Du in die Karten eindringst. Wie tief Du eintauchst. Mit meinem Buch und dem darin erklärten System der Zukunftsdeutung gebe ich Dir einen vollen Einblick in das Grand Jeu wie er noch nie zuvor gegeben wurde. Natürlich wirst Du Dein Wissen personalisieren und erweitern, das ist gut und so soll es auch sein, denn wir alle haben unsere eigene Handschrift; aber eines muss sicher sein,   damit Du überhaupt mit dem Kartenlegen erfolgreich sein kannst: Das Fundament Deines Systems der Zukunftsdeutung muss solide und stabil sein – Du solltest nicht versuchen, aus verschiedenen Systemen ein System zu machen, denn dann verlierst Du Dich in den Karten und in der Interpretation und wirst nicht in der Lage sein, ihre wahre

Bedeutung zu sehen oder zu erkennen. Wenn Du eine Basis, ein solides Fundament erschaffen hast, dann versuche, es zu erweitern oder zu ergänzen, wenn Du überhaupt noch das Bedürfnis dazu verspürst – aber denke immer daran: Das Fundament muss stabil und solide sein. Baue nicht auf Sand und verbinde die Tradition nicht bedingungslos mit der Moderne. Denn oft passen sie nicht richtig zusammen. Es muss irgendeinen Sinn ergeben; Die modernen Wörter müssen in den traditionellen Wörtern erkennbar sein. Bleibe authentisch und wähle das, womit Du Dich identifizieren kannst und womit Du Dich wohl fühlst. Und entferne Dich beim Kartendeuten von Deinen Gedanken und der Intuition, denn beides führt leider dazu, dass jede wahre Botschaft der Karten verloren geht. Die Karten haben ihre Muttersprache, und sie können nur dann richtig interpretiert werden, wenn wir diese Sprache einbeziehen und uns während der Legung und Deutung auf die Kernbedeutungen der Karten konzentrieren.

Kenn Deine Karten - beherrsche Dein Handwerk - sei ein Meister im Kartenlegen.

Jedes Orakel hat seine eigene Geschichte. Und zum richtigen Kartenlegen gehört nicht nur, die Bedeutungen der Karten zu kennen, sondern auch ihre Geschichte. So ist es sehr wichtig, dass bevor wir also anfangen, tief in die Großen Lenormand Karten einzutauchen, wir einen genaueren Blick auf die Geschichte dieser Karten werfen, denn wenn Du in der Lage sein willst, die Zukunft in ihnen zu sehen, sei es für Dich selbst, für Freunde oder auch beruflich für Kunden, solltest Du genau wissen, mit welchen Orakelkarten Du arbeitest und Du solltest genau wissen, was Du machst, und dafür musst Du auch Kenntnis über die Herkunft der Lenormand Karten haben.

Wenn wir in der Zeit zurückblicken, haben wir nun die Gewissheit gewonnen, dass die 54 Großen Lenormand Karten die Karten sind, die nachweislich am ehesten denen

entsprechen, die Mlle Le Normand einst zur Wahrsagerei verwendete. Und in diesem Buch erfährst Du endlich, wo die Großen Lenormand Karten ihre Wurzeln, ihre Ursprünge finden und damit auch etwas über ihren wirklichen Hintergrund und ihre wahre Geschichte: Mit diesem Wissen kannst Du sagen, dass Du Deine Karten jetzt nicht nur durch ihre Bedeutung, sondern auch durch ihre ganze wahre Herkunft kennst. Du kennst ihre Seele, ihr Wesen und deshalb weißt Du genau, was Du tust, wenn Du die Großen Lenormand Karten zur Zukunftsdeutung benutzt. Dies ist wichtig, um dieses Handwerk vollständig zu beherrschen und wo auch immer Du hingehen und Dich mit Deinen Großen Lenormand Karten präsentieren wirst, wird Du dies immer korrekt und authentisch machen, wie es kein anderer macht.

Die Herkunft der Lenormand Karten

Die Lenormand Wahrsagekarten

Die Lenormand Wahrsagekarten, die als solche bekannt sind, bestehen aus 36 verschiedenen Karten, die alle ihren Ursprung in Deutschland haben. Durch einen Blick in die Vergangenheit haben wir nun die Gewissheit gewonnen, dass die 36 kleinen Lenormand Karten nicht denen entsprechen, die Mlle Le Normand einst zur Wahrsagerei benutzte. Um 1845 waren die Lenormand Karten, wie wir sie heute kennen, für diejenigen erhältlich, die sich für das Wahrsagen mit Karten interessierten. Damals sollte ein Begleitheft mit der Erklärung, wie man mit diesen Karten deutet, die Verbindung zu Mlle Lenormand glaubhaft unterstreichen, da das Heftchen von keiner anderen Person als Philippe, dem Erben der Lenormand, geschrieben worden sein sollte. Bis heute enthält nur diese Anleitung die einzig wahren und korrekten Bedeutungen dieser 36 Karten und beschreibt die einzige echte Methode, wie man mit diesen Karten die Zukunft deuten kann. Aber die Karten stammen ebenso wenig aus dem Erbe der Mlle Lenormand wie die Idee des Designs und den Bedeutungen. Die Macher der Lenormand Karten verwendeten eine Marke, einen Markennamen und gestalteten die Karten in Anlehnung an ein altes Würfelspiel, das aus 36 Karten mit Motiven zusammengesetzt war, um ein großes Spielbrett zu bilden. Das sogenannte Spiel der Hoffnung von Herrn Johann Kaspar Hechtel, erschienen 1799, im Todesjahr von Herrn Hechtel, diente als Vorlage für die Illustrationen der Karten. Die wahre Bedeutung der Lenormand Karten stammt jedoch aus der Feder eines deutschen Schriftstellers und dessen Buch, das sich mit der arabischen Kunst des Lesens von Kaffeesatz und der Kartomantie beschäftigte. Die wahre Art und Weise, wie mit diesen Karten umgegangen wird, basiert auf den darin genannten Orakelkarten, dem sogenannten Kaffeekarten Deck, ein echtes Kartenspiel, das erstmals 1796 auftauchte und von der deutschen Kaiserin und am Hofe Wiens zum Wahrsagen verwendet worden sein soll. Die Anleitung dieser Karten war die Grundlage für Philippes Begleitheft, das den berühmten Lenormand Karten beigefügt wurde. Diese alte Anleitung wurde dafür nur in sehr wenigen Teilen und Details geändert. All dies gehörte also nicht zu Mlle. Lenormand.

Das Petit Lenormand

Das Petit Lenormand ist eines der beiden Lenormand Kartenspiele, die aus Frankreich stammen und vom Herausgeber Grimaud veröffentlicht wurden. Es handelt sich um ein Deck mit 37 Karten und es ist eine verkürzte Version des Grand Jeu Le Normand. 37 Karten, die die feinste Auswahl aus den 54 waren und somit eine kleinere Version der Karten ergaben. Auch wird mit den 37 Karten des Petit Lenormands nicht das „Große Spiel" praktiziert; es wurde mit der beigefügten Anleitung diesen Karten eine andere Art und Weise der Auslage und Deutung der Zukunft zugewiesen. Dieses Petit Lenormand unterscheidet sich (ebenso wie das

Große Lenormand) in seinen Karten, im Design und in der Ausbreitung sowie in den Bedeutungen jeder Karte völlig von den zuvor genannten 36 Lenormand Wahrsagekarten, die heute eines der häufigsten Orakel sind. (Falls Dich interessiert, welche Karten für das Petit Lenormand aus den 54 Karten entnommen wurden, findest hierzu Du später auf Seite 254 eine Auflistung).

Die Großen Lenormand Karten

Das Große Lenormand/ Le Grand Jeu Lenormand von Grimaud ist das andere der beiden Lenormand Kartenspiele, die wirklich aus Frankreich stammen. Und es ist das Bekanntere dieser beiden Kartendecks. Im europäischen Raum, insbesondere im Deutschsprachigen Raum sind diese Karten auch unter den „Astro – Mythologischen – Lenormandkarten" bekannt.

Wir begeben uns in der Vergangenheit zurück nach Paris. Zu Lebzeiten von Mlle. Lenormand hieß es immer, dass sie bisher unbekannte Karten benutzt habe – einige Zeitzeugen sprechen von Karten mit Bildern aus der antiken Mythologie und andere sagten, sie habe Etteillas Tarot oder Piquet Karten benutzt – und – wir wissen auch, dass sie nicht nur eine Kartenlegerin war, sondern auch viele andere traditionelle Wahrsagesysteme miteinander in der Anwendung vermischte. Sie kannte Alchemie, Kabbala, Kaffeesatzlesen, sie las die Zukunft aus Eiern oder Wasser und sie war vertraut mit vielen andere uralten Methoden der Wahrsagerei wie das Handlesen und der Spiegelschau. Mlle. Lenormand lehrte auch ihre Wahrsagetechniken, aber nie in schriftlicher Form – sie lehrte sie andere nur durch Worte, doch jemand schrieb sie nieder.

Im Jahr 1845, zwei Jahre nach dem Tod von Mlle Lenormand wurde unter dem Pseudonym Mme. la Comtesse de * * * eine Reihe von 5 Büchern veröffentlicht, es hieß, dass diese Sammlung von Büchern auch von den Astro - Mythologischen

Karten und anderen Wahrsagemethoden der Mlle Lenormand berichtete. Tatsächlich wurden die Bücher zusammen mit einem Kartenset veröffentlicht und der Inhalt der Bücher handelte von Methoden des Wahrsagens wie Astrologie, dem Handlesen, Kabbala und mehr. Aber die Echtheit dieser "geheimen Methoden" wurden von der Gesellschaft angezweifelt und sie verschwanden oder gerieten fast in Vergessenheit, bis später wieder Wahrsagekarten auf einem Pariser Trödelmarkt auftauchten und dann im Jahr 1865 diese Bücher der mysteriösen Autorin Comtesse X in einer zweiten Auflage erneut veröffentlicht wurden. Der erste Herausgeber war ohne Namen und war nur mit einer Adresse verbunden, der Rue Vivienne 46.

Diesmal jedoch gab sich die Autorin als Madame Breteau zu erkennen, die Frau eines Verlegers in Paris. Sie behauptete, eine ehemalige Schülerin von Mlle. Lenormand zu sein. (Ein Gerücht besagt, dass diese Bücher immer noch in der Pariser Nationalbibliothek zu finden sind).

Wir kennen die genaue Geschichte nicht mehr und es sind belegbare Fragmente, die aber ein logisches Gesamtes ergeben, wie ein Puzzle. Ein Puzzle, aber eines, dass selbst wenn es ein wenig unvollständig ist, ein sinnvolles Gesamtbild erahnen lässt; denn es ist möglich geworden, durch all diese Fragmente zusammengefasst zu sagen, welche Art von Karten nicht die die Karten waren, die Mlle Lenormand für die Zukunftsdeutung verwendete. Und ebenso ist es möglich aufgrund historischer und autobiographischer Kenntnisse zu sagen, dass die Großen Lenormand Karten wohl jene Karten sind, deren Wurzeln wirklich in Frankreich liegen und zumindest einem Kartendeck entsprechen, dass Mlle Lenormand verwendetet und mehrere Methoden der Zukunftsschau von Mlle Lenormand werden auf den Karten des Grand Jeu miteinander vereint. Und auch in einigen Schriften über die Wahrsagerin nannten Zeitzeugen selbst, dass Mlle

Lenormad für einige ihrer Klienten das „Große Spiel" legte und auch war es bekannt, dass nebst dem Namen des Klienten dieser der Wahrsagerin auch mitteilen musste, welche Blume aufgrund ihrer Schönheit und welche Blume aufgrund des Duftes bevorzugt wurde (im späteren Kapiteln wirst Du diese Verknüpfung erkennen).

In der französischen Originalausgabe dieser Karten waren immer 54 Karten Teil des Spiels, 52 Spielkarten und weitere 2 zusätzliche Karten mit jeweils einer männlichen und einer weiblichen Personenkarte. Auf den Karten befanden sich Szenen aus der Mythologie, Sternenkonstellationen, geomantische Symbole, Buchstaben, Spielkarten, große und kleine Bilder und verschiedene Blumen, um Teil des Orakels, des Großen Spiels, zu sein.

Wichtig zu erwähnen ist, dass diese Karten auch versuchten, sich in Deutschland zu verbreiten. Sie wurden in verschiedenen Auflagen vom Herausgeber R.F. August Reiff in Koblenz illustriert. Der Unterschied in diesen Versionen besteht darin, dass die Sternenkonstellation nicht aufgedruckt ist und dass die Anordnung der Blumen und der Bilder unterschiedlich ist. Im oberen Bereich der Karten sieht man die Blumen, in der Mitte oftmals die kleinen Bilder und darunter das große Bild. Die Bilder in Reiffs Ausgabe standen noch der antiken Mythologie nahe – nur eine spätere deutsche Version dieser Karten versuchte, einige Bilder in einem mehr zeitgenössischen Stil anzupassen, um dieses Spiel so der Gesellschaft näher zu bringen – aber in Deutschland scheiterte dies. In Deutschland waren es die 36 Lenormand Wahrsagekarten der eigentliche Star, der 1845 geboren wurde.

Solltest Du eines dieser Kartenspiele von August Reiff haben kannst Du ganz einfach die Zeit einer Kopie dieses Decks bestimmen: Wenn Koblenz wie Coblenz geschrieben wird, kannst Du Dir sicher sein, dass das Kartendeck bzw. die Bilder vor 1920 in Deutschland entworfen und zum ersten Mal gedruckt wurden.

Aber nun beginnt Deine Reise mit den 54 Großen Lenormand Karten. Werde ein Kenner des Grand Jeu Le Normand, lerne das „Große Spiel" zu spielen. Erlerne nun die Königsdisziplin des Kartenlegens!

Eine kleine Anekdote am Rande: Diese Karten haben es sehr weit geschafft & sie sind berühmt geworden. Es ist erstaunlich, dass diese seltenen Karten einen Auftritt in einem der Musikvideos unserer Pop-Queen Madonna haben. Das Musikvideo des 90er Jahre Hits "Deeper and Deeper", enthält eine Sequenz, in der mit den Karten des Grand Jeu Le Normand in die Zukunft geschaut wird

Grand Jeu de Société
Et
Pratiques Secretes
de
Mademoiselle Le Normand

Das große Spiel der Gesellschaft

und

die geheimen Methoden

der

Mademoiselle Le Normand

TEIL I

Erklärung & Anwendung
der
Astro – Mythologisch – Hermetischen
Karten

gefolgt durch

TEIL II

Eine Ergänzung mit vielen Beispielen:

Die Große Legung der 48 Karten

Die Aphorismen der Blumen

und

Die Stimmen der Tiere

Die Errungenschaften

nach

dem Großen Spiel der

Mlle. Le Normand

1845

S. 24

KAPITEL I
Erklärung und Bedeutungen der Karten

Was ist was?! – der Aufbau einer Großen Lenormand Karte

Bevor du loslegst, solltest Du den Aufbau einer Karte des Grand Lenormands kennen. Du solltest wissen, was darauf zu finden ist und warum: Wenn Du auf die Karte schaust, siehst Du viele Bilder, Sterne, Symbole, eine Spielkarte, einen Buchstaben…

Aber was bedeuten all diese Abbildungen? Warum ist die Karte so detailreich? Lass Dich sich dadurch nicht verwirren – alles basiert auf einem System und je mehr Du die Struktur und das System der Karten kennenlernst, desto mehr wirst Du auch die Botschaft der Karte erkennen.

Nimm eine Karte, schau Dir die Karte an und lerne nun ihren Aufbau kennen:

1. Spielkartensymbol
2. Firmament
3. Buchstabe
4. Geomantisches Symbol
5. Großes Bild
6. Kleines Bild, links
7. Kleines Bild, rechts
8. Blumen

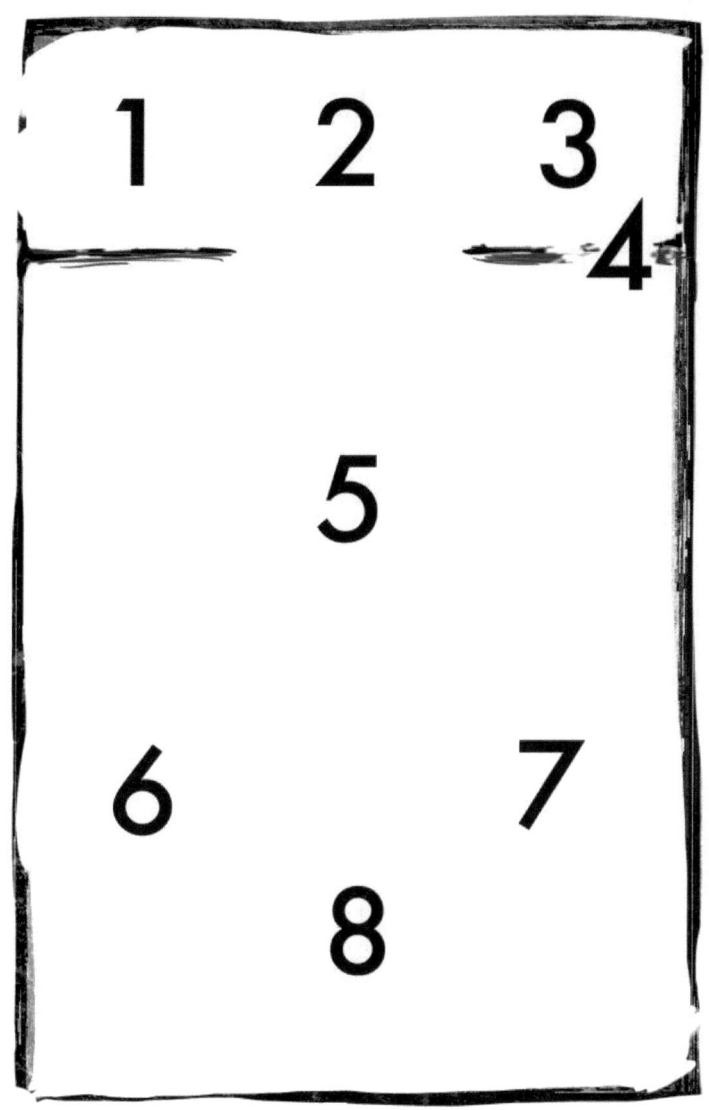

1. Die Spielkarte

In der Originalanleitung wird der Spielkarte keine direkte Bedeutung zugewiesen. Und Du brauchst auch keine generelle Bedeutung für die Spielkarte. Rein theoretisch könnte die allgemeine, ursprüngliche Hauptbedeutung der Karte dem Spielkartensymbol zugewiesen werden, das wäre an sich aber nur eine Überschrift der ganzen Karte, denn sie trägt viele Symbole. Die Spielkarte ist auch eine Art Navigationssystem, das Dich in eine Richtung durch die Karten führt, um sie in einer Reihenfolge zu halten, die auf der ursprünglichen Reihenfolge der bekannten Spielkarten basiert. Aber Vorsicht, denn diese Reihenfolge der Karten stimmt nicht mit der wirklichen sinngemäßen Reihenfolge der Karten überein, die den Karten in ihrem Ursprung gegeben ist. Hier und da können die Hofkarten (König, Dame, Bube) und andere Personenkarten eine helfende Hand sein, um Dich je nach Kontext wissen zu lassen, dass es eine andere Person geben kann, die in der Legung oder für die Beantwortung der Frage wichtig ist. Aber im Allgemeinen wird der Spielkarten und ihrer Farbe keine wesentliche Bedeutung beigemessen. Während des Großen Spiels haben sie keinen Wert. Sie haben also nur eine Bedeutung in Bezug auf Personen und einer allgemeinen Grundbedeutung. Sie sind aber vor allem beiseitezulegen.

2. Die Sterne, der Himmel der Karte

Schau in die Sterne, und Du wirst wissen, wohin der Weg Dich führt.
Hier, im oberen Bereich der Karte, sieht man mehrere Sternkonstellationen. Einige sind in der heutigen Astrologie und Astronomie nicht mehr üblich – und einige moderne Sternkonstellationen fehlen. Und da die Sterne in der Antike als eine Art Landkarte oder Navigationssystem verwendet wurden, wirst auch Du sehen, dass die Sterne Dir wichtige Hinweise auf Deiner Reise mit den Großen Lenormand Karten geben können.

Unter den 54 Karten gibt es acht Karten mit einem „farbigen" Stern, der einen wichtigen und besonderen Einfluss auf die Hauptperson und ihre Situation hat. Dabei handelt es sich um die sogenannten Sternkarten. Sie werden eine große Bedeutung in der „Großen Legung der 48 Karten" haben. Nur diesen acht Sternen wird in der alten Tradition des Großen Lenormands eine nachweisliche Bedeutung und Rolle zugewiesen - die anderen Sternbilder sind, wenn man sich an die Originalanleitung hält, nicht wichtig; dort werden sie nämlich nicht einmal erwähnt, deshalb sind auch in einigen Varianten der Großen Lenormand Karten nicht einmal diese Sterne aufgedruckt. Dies betrifft meist die Varianten der Karten des deutschen Verlags A. G. Reiff.

Den Sternkonstellationen eine tragende Bedeutung zuzuordnen entspricht der modernen Tradition der Deutung dieser Karten.

Die Tierkreiszeichen sind hier auch nicht enthalten – sie werden an anderer Stelle gezeigt.

3. Der Buchstabe des Alphabets

Die Hauptaufgabe des Alphabets im Großen Lenormand besteht darin, zu zeigen, wie erfolgreich ein Vorhaben sein wird oder ob ein gewünschtes Ereignis eintreffen wird oder nicht. Im Kapitel der Errungenschaften wird dir dies erklärt werden. Jeder Buchstabe hat einen numerischen Wert, der hilft, die Qualität des Ergebnisses zu berechnen. Einen anderen Sinn hat der Buschstabe laut der alten Tradition nicht.

Erneut kann man auch hier sagen, dass dem Alphabet eine tragende Bedeutung außerhalb der Berechnung der Errungenschaften zuzuordnen der modernen Tradition der Deutung dieser Karten entspricht.

In der modernen Tradition können die Werte von Buchstaben verwendet werden, um einen bestimmten Zeitwert zu erkennen. Der Zahlenwert des Buchstabens hilft dabei bei der

Bestimmung der Zeit. Über dieses Zeitsystem gibt es nur wenige Informationen, und es ist nicht so gebräuchlich.

Dasselbe gilt für die Zuordnung eines bestimmten Schlüsselworts zu jedem Buchstaben, das einen Einfluss auf das eigentliche Thema haben kann – all dies steht nicht in der ursprünglichen Anleitung und gehört auch somit nicht zum Ursprung des Großen Spiels.

4. Das geomantische Symbol

Normalerweise bekannt und verwendet als separates Orakel. So auch einst von Mlle. Lenormand. Die geomantischen Symbole sind auf 22 Karten des Spiels sichtbar. Zwei weitere geomantische Symbole werden ebenfalls durch die Karten der Hauptperson repräsentiert. Ein Symbol wird also insgesamt 24 Karten zugewiesen.

Auch hier gilt: Den geomantischen Symbolen eine tragende Bedeutung zuzuordnen entspricht der modernen Tradition der Deutung dieser Karten.

Die Symbole stellen entweder eine negative, eine positive oder eine neutrale Figur dar, die den entsprechenden Effekt auf die Legung hat. In der modernen Tradition sind die geomantischen Symbole auch für die Zeit wichtig. Diese Techniken, sowohl die des Einflusses auf die Zeit als auch die des Einflusses eines Symbols auf die Person und ihre Situation, sind nicht Teil der ursprünglichen Art der Deutung dieser Karten. Sie kamen ebenso mit dem Lauf der Zeit.

Aber weshalb sind hier einige Symbole auf den Karten, die mit dem eigentlichen Spiel laut Originalanleitung nicht wirklich in Verbindung stehen?
Es sind alles Methoden der Zukunftsdeutung und Orakel, die einst in einer Form von Mlle. Lenormand angewandt wurden – und man sah es als wichtig an, diese miteinander zu präsentieren.

HINWEIS Zusätze der Interpretation, die durch moderne Zeit hinzukamen, machen wohl nur dann Sinn, wenn diese in einer logischen Verbindung zum Ursprung stehen und die Karte nicht verfremdet.

Die Bilder

Die größte Aufmerksamkeit gilt immer den drei Bildern. Sie sind die Essenz jeder Karte: der Hauptbotschafter und die wichtigsten Teile der Karte, die für die Interpretation verwendet werden.

5. Das große Bild

Das große Bild stellt das Hauptbild, das Herz der Karte dar. Während der Deutung der Karten, schaut man sich dieses an und achtet am meisten auf dessen Aussage, solange die Spielregeln einem nicht den Hinweis geben, eines der anderen Bilder zu betrachten oder etwas anderes für die Deutung der Karte in Betracht zu ziehen.

Das große Bild erzählt immer eine Geschichte mit einer Botschaft, die sich in der Bedeutung der Orakelkarte widerspiegelt. Meist berufen sich die Geschichten auf Erzählungen der antiken Mythologie, Legenden oder sie basieren auf früheren Lebenssituationen oder Allegorien.

6. Das kleine Bild links

Dies ist wichtig für Deine Interpretation, wenn die Karte eine der Personenkarten berührt, sich auf eine andere Karte bezieht, die eine Person darstellt oder die Karte generell im Bezug zu einer Person steht. Mehr dazu später.

7. Das kleine Bild rechts

Dies ist wichtig für Deine Interpretation, wenn die Karte eine der Personenkarten berührt, sich auf eine andere Karte bezieht, die eine Person darstellt oder die Karte generell im Bezug zu einer Person steht. Mehr dazu später.

HINWEIS Wenn Du das Glück hast, im Besitz eines alten deutschen Kartendecks des Grand Jeu Lenormand von Reiff zu sein, findest Du die kleineren Bilder zusammen mit den Blumen in der oberen Hälfte der Karte und das große Bild darunter.

8. Die Blumen

In der Antike wurden verschiedene Blumen verwendet, um den Menschen verborgene Botschaften zu übermitteln, damit sie für andere nicht sichtbar waren. Wie eine Geheimsprache. Auf den Karten sieht man einen Strauß aus verschiedenen Blumen oder Pflanzen, die damals üblich und sehr bekannt waren. Fälschlicherweise nutzen viele den Einfluss der Blumen als zusätzlichen Hinweis bei ihrer Interpretation der Karten. Dieses Vorgehen ist leider falsch und führt zu Fehlinformationen bei der Deutung der Karten. Das Blumenorakel "Der Aphorismus der Blumen" ist ein separater Schritt während des Großen Spiels. Diese Aussage fließt in das Orakel dann zwar mit ein, aber die Botschaft der Blumen einfach so nachzuschlagen und einer Karte innerhalb einer Legung einfach so beizufügen ist zu vermeiden, wenn Du Dich dafür entscheidest, das "Grand Jeu Le Normand" nach seinen ursprünglichen Regeln zu spielen.

Die 2 Karten der Hauptpersonen

Der Herr & die Dame

S. 35

Erklärung der Bilder und Bedeutungen der anderen 52 Karten

Nun kennst Du den Aufbau der Karte, die Hauptpersonen und der nächste Schritt führt Dich zu den Geschichten, die von den Bildern auf den Karten erzählt werden: die Geschichten des großen Bildes in der Mitte und der beiden kleineren Bildern – später werden die weiteren Symbole hinzugefügt. Nur für den Fall, dass Du bereits einige Bedeutungen der Karten kennst, ist es jetzt an der Zeit, auch diese loszulassen und auszublenden. Wenn Du beabsichtigest, das Große Lenormand richtig zu lernen, musst Du Dich auf die Bedeutungen konzentrieren, die hier in meinem Buch angegeben sind.

In diesem Kapitel liest Du zuerst die ursprüngliche Bedeutung der Karte, gefolgt von einer Erklärung des großen Bildes bestehend aus dem Titel und einer Zusammenfassung der Geschichte, die dieses große Bild erzählt. Dann werden Dir die jeweilige echte Bedeutung und mehrere Stichworte zur weiteren möglichen Interpretation mit dieser Karte genannt. Das Gleiche gilt hier für die kleineren Bilder links und rechts – auch sie werden erklärt.

Es ist wichtig, dass Du Dich in diesem Abschnitt nur auf die drei Bilder konzentrierst, deshalb wird hier auch nichts anderes erwähnt. In den folgenden Kapiteln erhältst Du dann weitere Informationen zu den Karten und Du lernst Schritt für Schritt das ganze Grand Jeu kennen und lernst, diese Karten zu deuten. Und es wird erstaunlich sein, dass Du bereits nur mit der Kenntnis über die Bedeutungen der Bilder in der Lage sein wirst, die ersten Schritte in der Vorhersage der Zukunft zu machen.

HINWEIS Die im Buch genannten Beschreibungen der großen & kleinen Bilder und deren Szenen bezieht sich immer auf die Abbildungen, die auf den ursprünglichen Großen Lenormandkarten zu sehen waren/ sind.

Die Kreuz Karten

Kreuz König

Ursprüngliche Bedeutung

„Ein weiser Mann mit Erfahrung, der in der Lage ist, weise & kluge Ratschläge zu geben."

(Mögliche Personenkarte)

Das große Bild

Phineus.

Geschichte

Du siehst Phineus, einen alten Mann, den König von Thrakien. Dieser Mann ist blind, aber er kennt die Weisheiten des Lebens, denn er hatte sein eigenes trauriges Schicksal. Seine boshafte Frau Idea erzählte ihm, dass sein Sohn Plexipos ihn vom Thron stürzen wollte. Phineus, glaubte den Worten seiner Frau ohne einen Beweis dafür, dass diese Worte von Idea wahr waren, und so stach er seinem unschuldigen Sohn die Augen aus. Die Götter rächten sich für diese Ungerechtigkeit und bestraften Phineus, mit Blindheit. Sie nahmen ihm die Fähigkeit zu sehen. Dann schicken ihm die Götter die Harpyien mit dem Befehl, ihm sein Essen zu verderben, bevor es zu sich nehmen konnte. Er konnte die Harpyien aufgrund seiner Blindheit nicht sehen, aber er kannte sein eigenes Schicksal, er wusste, dass er Unrecht getan hatte, und er wusste, dass es eine Strafe der Götter war. Und von da an konnte er die Lebensfragen der anderen mit einem weisen Verstand beantworten, auch wenn er sein eigenes Leben nicht mit weisem Rat leben konnte. Er war in der Lage, zu geben. Mit der Hilfe, die Phineus, Jason gegeben hat, erhalten die Argonauten den wichtigen Hinweis, wie sie die Insel Kolchis erreichen können, auf der das Goldene Vlies versteckt war. Sie mussten die gefährlichen Symplegaden passieren, zwei Felsen, die sich jedes Mal aufeinander zubewegten, wenn jemand das Wasser zwischen ihnen passieren wollte, um zur Insel zu gelangen. Phineus, befahl ihnen, eine Taube durch diese Felsen zu schicken, um sie in Bewegung zu setzen. Der Moment, in dem sich die Felsen wieder zurückbewegten, war der, in dem die Argonauten selbst diese gefährliche Stelle passieren konnten. Er gab hilfreiche Ratschläge, aber er war nicht in der Lage, sich selbst Ratschläge zu geben.

Ursprüngliche Bedeutung

„Befolge in jeder Hinsicht den Rat eines alten Mannes, den Du konsultieren musst."

Weitere Interpretation

- Rat einholen, erhalten und befolgen
- Wichtiger Hinweis, ehrlicher Hinweis
- Unterstützung, eine helfende Hand für andere
- Blindheit, sich selbst nicht helfen können
- Wasser predigen, während man Wein trinkt

Das kleine Bild, links

Eine Taube zieht an einem Felsen vorbei.

Geschichte

Um zur Insel Kolchis zu gelangen, mussten Jason und die Argonauten die Symplegaden passieren, zwei sich bewegende Felsen, die zusammenstießen, wenn ein Schiff sie passieren wollte. Das Schiff der Argonauten würde von den Felsen zerstört werden. Phineus riet ihnen, eine Taube voranzuschicken, weil sie der Taube nichts antun könnten, damit sich die Felsen in Bewegung setzen würden, und das Schiff danach passieren können. Dieses Bild zeigt die Taube, die an den Felsen vorbeizieht.

Ursprüngliche Bedeutung

„Sicherheit in Unternehmungen und auf Reisen."

Weitere Interpretation

- Erfolg, Gelingen
- Das Vorhaben, das Projekt wird erfolgreich sein
- die Herausforderung ist gemeistert
- Erleichterung,
- keine Gefahr steht bevor, Gefahr ist vorüber

Das kleine Bild, rechts

Eine Taube muss noch an Felsen vorbei.

Geschichte

Es ist die gleiche Geschichte, aber der Unterschied ist, dass die Taube die Felsen noch nicht passiert hat, sie muss noch passieren. Die gefährliche Situation steht den Argonauten noch bevor.

Ursprüngliche Bedeutung

„Misstrauen & Vorsichtsmaßnahmen sind zu treffen in Bezug auf eine Reise."

Weitere Interpretation

- sich der Herausforderung stellen,
- kommende, unvermeidbare Hindernisse
- Gefahr, eine gefährliche Situation
- Aufmerksamkeit
- konzentriere Dich auf die Aufgabe und Situation
- keine Zeit zum Anhalten

F

Kreuz Dame

Ursprüngliche Bedeutung

„Eine freundliche, großzügige, hilfsbereite, lebenslustige und sorglose Frau."

(Mögliche Personenkarte)

Das große Bild

Drei der sieben Hesperiden.

Geschichte

Das Bild zeigt den ewig blühenden Garten, in dem der Baum der goldenen Äpfel zu finden ist. Man sagt, es sei der Garten des Paradieses, irgendwo zwischen Himmel und Erde. Drei Frauen halten sich dort auf, es sind drei der sieben Hesperiden, die Töchter des Abendsterns. Sie werden Aigle, Erytheia und Hespere genannt. Sie leben im Garten, um den Baum mit den goldenen Äpfeln zu bewachen. Diese Äpfel müssen streng behütet werden, denn die Legenden der Götter besagt, dass dem, der einen dieser Äpfel isst, ewiges Leben gegeben wurde, und dieses sollte den Menschen nicht gegeben werden, es war nur den Göttern vorbehalten. Einst stahl Herkules einige goldene Äpfel mit Unterstützung von Atlas. dem er dafür einen Augenblick lang die Last des Himmelsgewölbes auf seinen Schultern abnahm. Aber die Götter schafften es, die Äpfel in den Garten des Paradieses zurückzubringen und die Hesperiden bewachten sie von diesem Moment an noch strenger und gewissenhafter als zuvor.

Ursprüngliche Bedeutung

„Eine Frau von leichtem Charakter, problematischer Existenz, poetisch, künstlerisch, liebt die Unterhaltung, das Spiel, die Musik und Sorglosigkeit."

Weitere Interpretation

- Leichtigkeit, Sorglosigkeit
- Gedankenlosigkeit
- Unachtsamkeit verursacht Ärger,
- eine Warnung davor, leichtsinnig zu sein
- Schwierigkeiten durch leichtfertigen Lebenswandel
- ein Mensch von naivem, nicht ernsten Charakters,
- mehr verträumt als realistisch,
- Unreife
- Liebhaber der Künste, der Musik und der Schönheit.
- schöne Seiten des Lebens genießen (manchmal zu sehr)
- positiv: freundlich, großzügig und zuvorkommend

Das kleine Bild, links

Ein Panther.

Geschichte

Ein Panther, der in einen Spiegel schaut und sein eigenes Spiegelbild sieht (aber das Spiegelbild ist anders).

Ursprüngliche Bedeutung

„Verschwenderische, ausschweifende Frau."

Weitere Interpretation

- zu sorglos sein hat negative Folgen
- ohne Verantwortung
- finanzielle Probleme
- Unzuverlässigkeit
- sich selbst anders sehen, sich verstellen
- sich vor der Wahrheit verstecken

Das kleine Bild, rechts

Eine Frau.

Geschichte

Eine Frau mit einem Fächer in der Hand. (Das ursprüngliche alte Bild stellte eine Frau dar, neben dieser stehend befand sich ein goldener Stuhl).

Ursprüngliche Bedeutung

„Frau der guten Gesellschaft, mit guten Manieren, die durch ihr Wesen erfreut und deren Gesellschaft man sucht."

Weitere Interpretation

- Frau in guter Gesellschaft
- Jemand mit guten Manieren
- aufgeschlossen
- Jemand, der es zwar nicht ernst meint, aber dessen Gesellschaft gern gesehen wird
- Jemand lebt in Leichtigkeit
- erwünschte Gesellschaft
- Jemand, mit dem man schöne, unterhaltsame Momente verbringen kann

Kreuz Bube

Ursprüngliche Bedeutung

„Ein junger Mann, galant mit Damen, geschickt, beharrlich alle Mittel einsetzend, um sein Ziel zu erreichen."

(Mögliche Personenkarte)

Das große Bild

Hippomenes & Atalanta.

Geschichte

Atalanta war die Tochter eines Königs aus Böotien und Arkadien. Sie wurde als Neugeborene ausgesetzt, weil ihr Vater immer einen Sohn haben wollte. Also ließ er die ungewollte Tochter allein im wilden Wald zurück. Von diesem Tag an bewachten die Götter, die Zeugen der furchtbaren Handlung des Königs waren, das Baby und es wurde im Wald von einem wilden Bären aufgezogen. Später fanden Jäger das Mädchen und zogen es in ihrer Tradition auf. Als junge Frau, aber aufgrund ihres Schicksals und des Einflusses der Jäger, war sie eines männlicheren Frauentyps. Einst kehrte sie in das Reich ihres Vaters zurück, der sie nun wegen ihrer männlichen Art mehr zu schätzen wusste. Sie wollte nicht heiraten und galt als Jungfrau, und ihr Vater erlaubte ihr, den Verehrern eine Bedingung zu stellen: Sie sollten mit ihr in einem Wettlauf antreten; Wenn der Verehrer gewinnen würde, könnte er sie heiraten. Wenn er verlor, würde er getötet werden. So lebte Atalanta, die immer schneller war als alle anderen, ziemlich unbeschwert, bis sich eines Tages Hippomenes in sie verliebte, weil sie beide die Liebe zur Natur teilten. Und er bat Venus um Hilfe, und die Göttin Venus sah Atalantas Verhalten mit großer Abneigung, denn jeder sollte lieben und geliebt werden. So schenkte sie Hippomenes drei der goldenen Äpfel aus dem Garten der Hesperiden. Während des Rennens ließ er die Äpfel fallen und Atalanta hielt an, um sie aufzuheben, denn sie war von Glanz der goldenen Äpfel beeindruckt. Dadurch verlor sie Zeit und Hippomenes gewann das Rennen und durfte sie heiraten.

Ursprüngliche Bedeutung

„Nur mit Geschick und Kunstfertigkeit wird es gelingen, dorthin zu gelangen."

Weitere Interpretation

- Trick, Geschick
- Klugheit, schlaues Handeln
- Du wirst nur etwas erreichen können, wenn Du Geschick und Kunstfertigkeit einsetzt
- List
- Raffinesse
- Intelligenz
- Betrug
- Charme

Das kleine Bild, links

Venus.

Geschichte

Venus sitzt in ihrer Kutsche, die von Vögeln durch die Wolken gezogen wird.

Ursprüngliche Bedeutung

„Du verfolgst ein Gedanke, der Dich quält: Kunst & Verführung einsetzen."

Weitere Interpretation

- Kunst und Verführung einsetzen
- Leidenschaft findet ihren Weg und auch ihr Ziel
- Druck, einen Weg zu finden
- quälender Gedanke

Kleineres rechtes Bild

Ein Mann und eine Frau.

Geschichte

Ein alter Mann in Gesellschaft eines jungen Mädchens. Er macht ihr schöne Versprechungen.

Ursprüngliche Bedeutung

„Du wirst das Objekt Deiner Begierde nur aus eigenem Interesse erhalten."

Weitere Interpretation

- jemand wird alles tun, um zu bekommen, was er will
- Warnung vor List und Tücke
- Egoismus, Eigeninteresse
- Schmeichler
- falsche Komplimente

Kreuz 10

Ursprüngliche Bedeutung

„Erfolg in einer riskanten Unternehmung."

Das große Bild

Odysseus und Diomedes.

Geschichte

Du siehst Odysseus und Diomedes zusammen. Sie besiegten den König Rhesus, den König von Thrakien. Rhesus war ein Verbündeter der Trojaner und somit war er ebenso ihr Gegner. Mit Odysseus und Diomedes sind die wundervollen weißen Pferde von König Rhesus. Um die Pferde mitnehmen zu können, mussten sie über das Schlachtfeld laufen, denn es war der einzige Weg dieser Situation zu entkommen, es gib keinen anderen Ausweg, sie „gingen über den Leichen", (Sie schreckten vor nichts zurück).

Ursprüngliche Bedeutung

„Dritter Todesfall. Großer Mut, der Dich dazu bringen wird, Dein Leben zu riskieren, um einen Feind einen Grad an Stärke zu nehmen. Der Talisman des Mars macht Dich unverwundbar."

(später werden die Hintergründe zu den sieben Todesfällen und den Talismanen genannt).

Weitere Interpretation

- man muss sich dem Hindernis und der Herausforderung stellen
- geh mit Mut und Kraft, wenn Du diese nicht hast, überdenke das Vorhaben und hör besser auf

- sich der Herausforderung zu stellen, denn es wird ein Erfolg sein,
- diese Karte zeigt, dass Du etwas Schwieriges schaffen kannst
- wachsen mit Kraft
- zeige keine Angst, furchtlos sein
- sich selbst überwinden
- es gibt Unterstützung
- einen Verbündeten haben
- riskante Unternehmungen
- Risiko

Das kleine Bild, links

Weintrauben.

Geschichte

Ein Zweig mit mehreren Weintrauben. Die Trauben stehen für Freude, Feste und Leidenschaft. Das ist die Vorhersage von bevorstehendem Frieden und Stille.

Ursprüngliche Bedeutung

„Nach den Erfolgen sind noch Fähigkeiten und Kraft gefragt."

Weitere Interpretation

- nach dem Erfolg muss man immer noch stark sein
- bevorstehender Frieden
- bevorstehende Stille
- es wird Grund zum Feiern geben
- Erfolg, auch wenn es riskante Situation ist

Das kleine Bild, rechts

Patroklos

Geschichte

Auch diese Geschichte bezieht sich auf eine Kriegsszene. Patroklos ist von Hektor verletzt worden; Er ist in seinem Überlebenskampf. Der Krieg ist noch nicht vorbei.

Ursprüngliche Bedeutung

„Rückschlag inmitten des Erfolges."

Weitere Interpretation

- Rückschlag im Erfolg
- sei nicht zu sicher, man ist noch verwundbar
- der Sieg ist noch nicht Dein.
- es besteht immer noch ein Risiko
- weiterhin eine riskante Situation
- starke Feinde
- starke Hindernisse

Kreuz 9

Ursprüngliche Bedeutung

„Diese Karte kündigt einem Händler den Erfolg an; wenn eine Person verheiratet ist, wird sie vorzeitig verwitwet sein; ein Mann ohne guten Status in der Gesellschaft und ohne Vermögen. Wenn er anpassungsfähig und geschickt ist, wird er dennoch Geld verdienen, aber nur indem er den böshaften Machenschaften und den Launen der Großen dient."

Das große Bild

Herkules & Hydra.

Geschichte

Du siehst Herkules im Kampf gegen die Hydra von Lerna. Jedes Mal, wenn er einen ihrer Köpfe abtrennte, wuchsen zwei neue Köpfe nach. Doch Herkules konnte diesen aussichtslosen Kampf gewinnen, denn fast alle Tiere halfen ihm, die gefährliche Hydra zu besiegen. Nur der Krebs unterstützte Herkules nicht, weil er zur sehr der Hera verbunden war. Seit dem Tage von Herkules' Geburt im Olymp empfand Hera einen tiefen Hass auf den unehelichen Sohn ihres Mannes Zeus. Herkules wuchs im Olymp auf und erlangte durch den listigen Zeus unsterbliche Kraft: Während Hera schlief, legte Zeus ihn an ihre Brust, um ihn zu stillen und Herkules trank die göttliche Milch. Hera war daher voller Hass und als Rache für diesen Verrat verfluchte sie Herkules' Seele, was ihn dazu brachte, seine eigenen Kinder zu töten. Als Sühne musste er 12 Prüfungen bestehen. Der Kampf gegen die Hydra war eine davon. Während des Kampfes spürte Hera die tiefe Hingabe des Krebses ihr gegenüber und machte sich daher das Tier zum Nutzen für ihre böswilligen Absichten: Sie schickte ihn, um Herkules zu beißen - deshalb biss der Krebs Herkules während des Kampfes in seinen Zeh, aber ohne Erfolg. Der Krebs war nicht stark genug und opferte aufgrund der bösen Hera sein

Leben. Und obwohl die Hilfe des Krebses nicht erfolgreich war, war sie im Herzen tieftraurig über den Verlust des Tieres aber auch so dankbar für die starke Hingabe des Krebses, die sie sonst von niemanden erfuhr, dass sie dem Krebs einen ewigen Platz am Himmel in der Nacht durch das sein eigenes Tierkreiszeichen schenkte.

Ursprüngliche Bedeutung

„Bote mit Absichten und persönlichen Interessen."

Weitere Interpretation

- emotionale Reaktionen können Unglück bringen
- aufmerksam sein und sich auch schützen
- Emotionen können eine Gefahr für geschäftliche Angelegenheiten sein.
- man kann Erfolg haben, trotz gemachter Fehler
- Selbsterkenntnis, Fehler eingestehen und wieder gut machen
- jemanden für persönliche Interessen benutzen
- finanzieller Erfolg,
- verdienter Erfolg

Das kleine Bild, links

Ein Kaufmann auf einem Markt.

Geschichte

Das Bild zeigt einen ausländischen Händler mit seinem Verkaufsstand, er verkauft Waren auf einem Basar, um Geld für seinen Lebensunterhalt zu verdienen.

Ursprüngliche Bedeutung

„Erfolg, Gewinn."

Weitere Interpretation

- gute Geschäfte,
- finanzieller Erfolg,
- Gewinn
- Beschäftigung
- harte Arbeit
- Arbeiterklasse

Das kleine Bild, rechts

Ein Mann mit Geld.

Geschichte

Das Bild zeigt einen Mann, der eine höhere Position in der Gesellschaft hat – einen Geschäftsinhaber oder auch Verkäufer, der sein Geld, seinen Verdienst zählt.

Ursprüngliche Bedeutung

„Hochverzinstes Darlehen."

Weitere Interpretation

- finanzielle Unterstützung
- man wird Geld haben, an Geld kommen
- die Bedingungen dieses Geschäfts kennen,
- hochverzinstes Darlehen
- sicheres Einkommen
- Verdienst
- höhere Position

Kreuz 8

Ursprüngliche Bedeutung

„Hochzeit, Heirat."

Das große Bild

Der Alchemist zwischen zwei Reagenzgläsern, von denen das eine hartes und das andere flüchtiges Material enthält.

Geschichte

Der Alchemist arbeitet und experimentiert mit der Chemie in seinem Labor. Links und rechts von ihm stehen zwei Reagenzgläser, Retorten. Die Szenerie thematisiert die Mischung von hartem und flüchtigem Material. Diese Szenerie ist die sogenannte "Hochzeit von Beya und Gabertin". An diesem Punkt seines Experiments sind die Materialien kurz davor, sich verändern und zu transformieren; zwei Teile, die zueinander gehören und sich gegenseitig ergänzen werden, sind hier zu sehen. Man kann dies dem Bildnis von „Ying und Yang" gleichsetzen.

Ursprüngliche Bedeutung

„Du willst, dass eine Ehe zustande kommt, sie wird stattfinden."

Weitere Interpretation

- die Veränderung, die notwendig ist, um zusammen zu kommen,
- eine Hochzeit,
- es wird eine Verbindung entstehen,
- eine Beziehung,
- Dualität
- die Verwirklichung einer Ehe
- Verbindung
- Heirat

Kleines Bild, links

Ein Reagenzglas, eine Retorte gefüllt mit Material.

Geschichte

Auf diesem Bild sieht man, wie sich die Elemente im Reagenzglas miteinander verbinden und eine Mischung aus fest und flüchtig bilden.

Ursprüngliche Bedeutung

„Du wirst glücklich verheiratet sein."

Weitere Interpretation

- aus zwei wird eins,
- starke und sichere Beziehung,
- Vereinigung
- Heirat
- glückliches Familienleben.

Kleines Bild, rechts

Wieder ein Reagenzglas, eine Retorte gefüllt mit Material.

Geschichte

Auf diesem Bild sieht kann man das harte Material auf dem Boden und das flüchtige in der Luft sehen. Zwei Materialien, die sich nicht verbinden, das harte und das flüchtige Material, bleiben voneinander getrennt.

Ursprüngliche Bedeutung

„Wenn Du nicht aufpasst, wird Deine Ehe auseinanderbrechen."

Weitere Interpretation

- keine sichere und stabile Beziehung,
- hier besteht die Gefahr, dass jemand in die Beziehung kommen und diese gefährden kann, z.B. ein Dritter kann störend werden
- es ist ein bisschen nachlässig
- wenn man nicht aufpasst, wird die private Beziehung zerrüttet
- zwei, die nicht miteinander verbunden sind

Kreuz 7

Ursprüngliche Bedeutung

„Ein Künstler, Dichter oder Musiker, verführt mit seinen Talenten, seiner Stimme und seinem Wesen."

(Mögliche Personenkarte)

Das große Bild

Der Riese und Pan.

Geschichte

Pan ist ein Sohn von Hermes, dem Boten der Götter, der göttliche Inspiration in die Welt brachte. Sein Sohn Pan war von sehr positiver Natur. Die Menschen verehrten ihn nicht nur, weil er ein Heiler und Prophet war, sondern auch wegen seines musikalischen Talents, das er mit der Panflöte unter Beweis stellte – diese vermachte er den Griechen. Pan war aufgrund seiner Vorliebe für Sex und Intimität bekannt. Er stand in einer starken Liebesbeziehung zu den Nymphen – den Wasserfeen. Später gaben ihm die Menschen das Aussehen und die Eigenschaften des Ziegenbocks als eine Art Allegorie auf den Teufel und die Sünden, insbesondere aufgrund seiner sexuellen Vergnügungen: seine zahllosen sexuellen Affären bereiteten ihm später Ärger. Auf dem Bild sehen wir, wie Pan vor einem Riesen flüchtet und diesem nur entkommt, indem er den Himmel emporklettert, um sich selbst zu retten, um dort die gesicherte und ewige Position im Tierkreis als Steinbock zu erhalten.

Ursprüngliche Bedeutung

„Die Person, die diese Karte begleitet, muss sich vor einem Verführer in Acht nehmen."

Weitere Interpretation

- Erfolg für jede Art von Künstler
- die Künste
- Kreativität
- Empfindlichkeit
- Verführung, man verführet oder wird verführt
- aber auch Warnung vor der Verführung, also immer den Kopf freihalten
- die Person, die von dieser Karte begleitet wird, muss sich vor emotionalen Fallen in Acht nehmen und lernen, der Verführung zu widerstehen

Kleines Bild, links

Flammen.

Geschichte

Man sieht ein Feuer. Viele Flammen brennen in einem Ofen; eine Feuerstelle, aus der gefährliche Funken sprühen.

Ursprüngliche Bedeutung

„Trügerische Versprechungen von Geschenken und Reichtum."

Weitere Interpretation

- falsche Erwartungen, zu große Erwartungen
- falsche Hoffnungen, die von anderen geweckt wurden
- Aufmerksamkeit ist gefragt: trügerische Versprechungen von Geschenken und Reichtümern

Kleines Bild, rechts

Ein Mann.

Geschichte

Man sieht einen Handwerker mit seinen Werkzeugen in der Hand - ein Handwerker, der einen Gegenstand von mechanischer Form in den Händen hielt.
Er gehörte damals zum unteren Teil der Gesellschaft, er gehörte dem Proletariat an, dem Arbeitervolk.

Ursprüngliche Bedeutung

„Ein erfinderisches Genie, das Ruhm, aber wenig Reichtum anhäufen wird."

Weitere Interpretation

- Intelligenz und handwerkliches Geschick
- Anerkennung durch andere für die verrichtete Arbeit
- mit eigenen Händen für andere arbeiten, aber für weniger Geld
- geringere Entlohnung
- Kunst kann gut sein, aber nicht immer Gewinn bringend
- erfinderisches Genie, das zwar weiß, wie man sich Ruhm verschafft, aber dadurch dennoch wenig Reichtum haben wird.

Kreuz 6

Ursprüngliche Bedeutung:

„Falsche Versöhnung zweier Feinde."

Das ganze Panorama

Paris & Menelaos.

Geschichte

Ein Bild des trojanischen Krieges. Man sieht Paris und Menelaos vor ihrem Kampf auf dem Schlachtfeld. Sie bereiten sich auf den Kampf vor. Sie opfern Lämmer und befragen den Priester. Es herrscht eine starke Spannung zwischen den Beiden und in der gesamten Situation; Es wird etwas geschehen, aber noch scheint nichts endgültig zu sein, auch wenn man bereits weiß, dass die Götter Troia dem Untergang geweiht haben.

Ursprüngliche Bedeutung

„Du bist dabei, einen Streit beizulegen, eine Meinungsverschiedenheit oder eine komplizierte Angelegenheit zu klären: nichts davon wird passieren."

Weitere Interpretation

- Konflikt, Zwietracht
- bevorstehende Unruhen und Kämpfe
- Spannung
- jede überstürzte Handlung wird es noch schlimmer machen,
- es ist besser, geduldig zu sein und bedacht zu handeln
- es gilt, einen Streit zu schlichten, oder eine undurchsichtige Angelegenheit aufzuklären, doch nichts von alledem wird wirklich getan werden
- der Schein trügt

Kleines Bild, links

Achilles.

Geschichte

Das Bild zeigt, wie Achilles eine Harfe spielt. Es heißt, dass Paris derjenige war, der Achilles tötete. Das Bild der Harfenklänge deutet auf einen trügerischen Frieden hin.

Ursprüngliche Bedeutung

„Sich selbst vergessen, Langeweile, Kummer, Wahnsinn."

Weitere Interpretation

- sich selbst vergessen
- Wahnsinn
- Ablenkung, Unaufmerksamkeit
- Langeweile
- Kummer
- Verzweiflung
- Depression
- falscher Friede, trügerische Stille

Kleines Bild, rechts

Odysseus und Diomedes & eine Statue.

Geschichte

Odysseus und Diomedes entführen die Statue der Pallas Athene. Das Palladion galt als das Herz Trojas. Mit dieser Statue war die Sicherheit und der Bestand Trojas gegeben. Mit der Entführung der Statue der Glücksgöttin aber war der Untergang Trojas unvermeidlich. Bei diesem kleinen Bild sieht man, dass es in der Szene des großen Bildes nicht wirklich

eine Handlung gibt, es ist nur ein Moment immenser Spannung. Der wirkliche Untergang Trojas hat seinen Ursprung in der Entführung der Pallas Athene. Und somit spricht das kleine Bild rechts auch mehr von einer Handlung, die entscheidende Folgen hat.

Ursprüngliche Bedeutung

„Vierter Todesfall. Du wirst ein weiteres Maß an Kraft erlangen, um das Ziel zu erreichen, das Du Dir gesetzt hast; wenn Du den Talisman der Sonne als Ägide nimmst, wirst Du Ehre erlangen."

Weitere Interpretation

- Sieg für den einen, Verlust für den anderen
- Macht ausüben
- sich nehmen, was man will
- man wird ein gewisses Maß an Kraft erlangen, um das Ziel zu erreichen, das man verfolgt
- eine entschiedene Handlung mit Folgen

Kreuz 5

Ursprüngliche Bedeutung

„Diese Karte kündigt an, dass ein Jemand das Vertrauen seines Freundes missbrauchen wird, indem er ihm nimmt, was ihm am teuersten & liebsten ist."

Das große Bild

Helena & Paris.

Geschichte

Helena, die mit Menelaos verheiratet ist, verlässt ihren Mann zusammen mit Paris. Dies wurde durch die Intrigen der Götter verursacht.
Aufgrund ihres Liebesversprechens schickte die Göttin Aphrodite Helena (die der Göttin Aphrodite menschliches Ebenbild war) in die Arme von Paris: so verliebte sich Helena, die mit Menelaos verheiratet war, unsterblich in Paris. Der Verrat entfacht durch die Rache der Götter zeigen sich hier und die Opfer waren Menschen. Es ist eine Situation voller Konflikte, Aggressionen und Spannungen, verletzter Gefühle, falschem Stolz und keinesfalls eine Karte der Liebe. Helena und Paris waren gezwungen zu fliehen, um ihre Liebe leben zu können. Es gab keinen anderen Weg, von ihrem Umfeld wurden sie mit Verrat und Betrug in Verbindung gebracht und man die Betrogenen wollten Rache.

Ursprüngliche Bedeutung

„Schlechte Tat, die innerhalb einer Familie begangen wird. Vertrauensmissbrauch."

Weitere Interpretation

- Misstrauen
- Vertrauensbruch, aber alle Menschen stehen sich hier nahe, Vertrauensverlust
- normalerweise ein Hinweis auf eine Dreiecksbeziehung oder eine Täuschung in einer Beziehung mit einem engen Freund
- eine Frau zwischen zwei Männern
- jemand zwischen zwei Personen
- ein Akt aus Eifersucht und Neid
- Trennung
- Verzweiflung
- Verrat
- andere gegeneinander ausspielen

Kleines Bild, links

Eine Frau betet.

Geschichte

Hier ist eine betende Frau abgebildet: Es ist Helena. Sie ist allein und verzweifelt und fleht die Götter um Hilfe an.

Ursprüngliche Bedeutung

„Reuige Frau."

Weitere Interpretation

- bedauern, Reue
- des Geistes und seiner Macht bewusst sein
- es gibt Hoffnung, auch wenn es eine verzweifelte Situation ist und alles hoffnungslos erscheint
- es gibt eine Lösung

Kleineres Bild, rechts

Zwei Männer.

Geschichte

Auf dem Bild sieht man Menelaos mit Agamemnon. Menelaos wurde von Helena verraten und bestand darauf, Rache zu nehmen.

Ursprüngliche Bedeutung

„Vorbereitungen zur Rache; Familie stimmt schwerer Strafe zu."

Weitere Interpretation

- ein Betrug ist offensichtlich
- der Betrogenen, das Opfer weiß alles
- der Verrat wurde aufgedeckt
- der Verrat kann sich nicht mehr verstecken
- Lügen kommen ans Tageslicht
- Rache
- Hass
- Strafe

B

Kreuz 4

Ursprüngliche Bedeutung

„Eitle, laute, aufbrausende Frau – eine Ehe, die nicht die Bedingungen des wünschenswerten Glücks erfüllt."

(Mögliche Personenkarte)

Das große Bild

Der Alchemist schaut, wie sich das Material verändert.

Geschichte

In seinem Labor schaut der Alchemist konzentriert und gespannt nur auf das, was gerade in diesem Moment bei seinem Experiment passiert. Er konzentriert sich auf sich selbst und seine Arbeit, ohne zu bemerken, was um ihn herum passiert. Das Material befindet sich noch in Auflösung. Er lauscht dem Klang und beobachtet den Fortschritt.

Ursprüngliche Bedeutung

„Ein Mann ordnet sich den Launen einer Frau unter."

Weitere Interpretation

- gefangen sein in der Situation
- gebannt sein
- der eine ist den Launen des anderen untergeordnet
- etwas über sich ergehen lassen
- etwas akzeptieren oder einfach hinnehmen
- Egoismus
- Selbstvertrauen
- Stolz
- in Liebesbeziehungen ist dies immer eine Karte, die komplizierte Umstände und Zeiten anspricht

Kleines Bild, links

Eine junge Frau beim Schreiben.

Geschichte

Auf diesem Bild sieht man eine Frau, die schreibt. Sie arbeitet, scheint aber dennoch einer höheren Gesellschaftsschicht anzugehören (auf den Karten erkennt man dies ganz oft an der Kleidung, die die Leute tragen). Sie muss sich immer auf ihre Arbeit (das Schreiben) konzentrieren, um ihren Lebensstandards aufrecht zu halten.

Ursprüngliche Bedeutung

„Gelehrte Frau mit mehr Ruhm als wirklich verdient."

Weitere Interpretation

- immer am Arbeiten, aber nie genug
- schneller Ruhm, der schwer sein wird zu erhalten
- jemand genießt für etwas mehr Ansehen als wirklich verdient oder angemessen ist
- schwere Beziehung
- hartes Beziehungsleben

Kleines Bild, rechts

Ein Mann und eine Frau.

Geschichte

Eine "Grisette", so hieß einst eine junge, unverheiratete Frau, empfängt den Besuch eines Geschäftsmannes oder eines Mannes aus der Oberschicht. Sie streckt ihre offene Hand aus, um etwas von ihm zu empfangen. Es ist ein Deal.

Ursprüngliche Bedeutung

„Frau des Vergnügens, kokett."

Weitere Interpretation

- jemand nutzt die Situation des anderen aus
- Eigeninteresse,
- emotionaler Missbrauch
- Geben, um etwas zu erhalten, ein Abkommen, ein Deal
- eine Art Affäre,
- Dienste, um Vergnügungen zu haben,
- Kokett sein

V

Kreuz 3

Ursprüngliche Bedeutung

„Eine freudige Überraschung in einem Moment der Trauer."

Das große Bild

Der Alchemist (kniet und) schaut sich das Material im Reagenzglas über dem Feuer an.

Geschichte

Der Alchemist blickt erwartungsvoll auf sein Reagenzglas über der Feuerstelle. Was passiert mit dem Material, nachdem es mit Wärme verbunden wurde? Man sieht die Glasflasche mit dem Material, das sich durch die Hitze auflösen wird; der Alchemist begutachtet den Fortschritt seines Experiments und er weiß nun, dass alles richtig gemacht wurde, und es wird eine positive Veränderung geben.

Ursprüngliche Bedeutung

„Dieser Zustand der Materie ist das Symbol eines gemischten Daseins, mühevoll erarbeitet, das durch eine ehrenhafte Ehe bald in Hülle und Fülle vorhanden ist."

Weitere Interpretation

- etwas wird stärker und stabiler, verbindet sich
- das Band einer Beziehung wird so fest wie das Band einer Ehe sein können
- in unsicheren Situationen bringt diese Karte Ruhe und Sicherheit.
- nach der Anstrengung kommt die Belohnung, die Wertschätzung, die man erfährt
- dieser Zustand der Materie ist das Symbol eines zuerst anstrengenden Miteinanders, das bald eine Bereicherung sein wird

- Zusammengehörigkeit
- man wächst zusammen

Kleines Bild, links

Drei jüngere Frauen.

Geschichte

Die drei Frauen sind die Töchter des ägyptischen Gottes Anubis. Er war für das Wohlergehen des Verstorbenen verantwortlich. Im alten Ägypten erhielten die Verstorbenen viele Geschenke für das Leben nach dem Tod. Die Töchter von Anubis halfen, sich um die Verstorbenen zu kümmern und werden daher oft mit Waren auf einem Markt gezeigt. Die Töchter waren aber auch für irdische Verbindungen verantwortlich und waren auch mit Eheschließungen zuständig.

Ursprüngliche Bedeutung

„Gute Vorhersehung."

Weitere Interpretation

- gute Vorsehung
- gute Aussichten
- gutes Schicksal
- mehr Kinder,
- eine emotionale und auch materielle Chance,
- Genesung
- Fürsorge

Kleines Bild, rechts

Eine Göttin und eine Frau, ein Brief.

Geschichte

Die Göttin auf dem Bild ist Martea. Sie repräsentiert die Göttin der Erbschaften. Neben ihr steht eine Frau. Es wird ein Testament verlesen.

Ursprüngliche Bedeutung

„Positionswechsel, Erbe."

Auslegung

- Veränderung
- Positionsänderung,
- eine Situation wird durch finanzielle, materielle Aspekte besser oder stabiler (Erbschaft, finanzielle Zuwendung, berufliche Beförderung)
- finanzielle Zuwendung durch andere Person, Partner
- einen Vertrag
- ein offizielles Dokument, Testament
- ein privates Dokument

♣

♣

J

S. 82

Kreuz 2

Ursprüngliche Bedeutung

„Gold wird zu Dir kommen, entweder durch Erbschaft oder Schenkung."

Das große Bild

Frauen an einem Flussufer.

Geschichte

In dieser Szene sieht man Frauen, die Gold aus dem Fluss Paktolos schöpfen. Eine der Legenden um diesen Fluss besagt: König Midas habe die Geliebte des Dionysos, Silena, aus der Gefangenschaft der Phrygier gerettet. Gott Dionysos war ihm dafür so dankbar, dass er beschloss, einen der größten Wünsche des Midas zu erfüllen. Aber Midas war leider nicht sehr schlau (so zeigen ihn auch einige Bilder mit den Ohren eines Esels), und er wünschte sich, dass alles, was er von nun an anfassen würde, sich in pures Gold verwandelt würde. Er war überwältigt von dieser Vorstellung. Zuerst war es erstaunlich und die Euphorie war groß, aber schnell erkannte selbst Midas das Unglück, das mit dieser Gabe einherging: Er konnte nicht einmal mehr essen, denn sein Essen wurde zu Gold, sobald er es berührte. Enge Menschen und Freunde flüchteten aus Angst, denn sie wollten nicht von ihm berührt werden. Daher bat Midas Dionysos, diesen Zauber von ihm zu nehmen. Dionysos sagte ihm, die einzige Möglichkeit, diesen Zauber loszuwerden, sei ein Bad im Fluss Paktolos zu nehmen. Dem tat Midas. Seitdem fließt Gold in diesen Gewässern.

Ursprüngliche Bedeutung

„In einer unerwarteten Situation wirst Du einen Mann treffen, der Dir eine Menge Gold zur Verfügung stellen wird."

Weitere Interpretation

- Fülle
- finanziellen Erfolg
- materieller Erfolg
- Belohnung
- Schulden werden bezahlt
- unter unerwarteten Umständen triffst Du eine Person, die Dich materiell unterstützt
- Geld & Finanzangelegenheiten

Kleines Bild, links

Ein Vogel und ein Felsen.

Geschichte

Ein Vogel, der auf einem Felsen sitzt. Der Vogel sitzt hier auf der Spitze des Felsens (im Vergleich zum anderen Bild ist der Vogel hier bereits auf den Felsen geklettert). Er ist oben, ruht sich aus und schaut hinaus.

Ursprüngliche Bedeutung

„Reichtum mit Namen, Titel und Ruhm."

Weitere Interpretation

- berühmt
- Reichtümer, sich einen Namen machen
- zu hohen Ehren kommen
- Titel eines Ruhmes, offizieller Titel, amtlicher Titel
- Überfluss
- Anerkennung
- Preis

- Auszeichnung
- etwas erreicht haben

Kleines Bild, rechts

Ein Vogel und ein Felsen.

Geschichte

Ein Vogel der unten auf dem Boden vor einem Felsen sitzt. Er ist bereit zum Aufstieg, er ist bereit, auf den Felsen zu fliegen. Er aber muss dies auf diesem Bild noch immer tun. Das Erklimmen des Felsens steht ihm noch bevor. Er ist noch nicht an der Spitze.

Ursprüngliche Bedeutung

„Reichtum ohne Namen und Titel."

Weitere Interpretation

- kein (öffentlicher) Ruhm
- Reichtümer ohne großes Ansehen in der Gesellschaft
- Erfolg wird immer nur durch eigene Arbeit und Anstrengungen kommen
- es wird einem nichts geschenkt
- es gibt noch viel zu tun
- Streben nach Anerkennung und Reichtum
- der Versuch, ein Ziel zu erreichen
- der Beginn

C

Kreuz Ass

Ursprüngliche Bedeutung

„Reichtum und Ruhm werden durch einen ungewöhnlichen Geschäftsabschluss gewonnen."

Das große Bild

Jason und das Goldene Vlies.

Geschichte

Der Schauplatz ist immer noch die Insel Kolchis und man sieht Jason in den heiligen Wäldern. Er ist bereits Besitzer des Goldenen Vlieses, das nun hinter ihm in einem Baum hängt. Jason hat es in jeder Hinsicht geschafft. Auch wenn dieser Erfolg nicht von ihm allein herbeigeführt wurde, denn es war ihm nur mit Hilfe der Königstochter und Priesterin Medea möglich alle Herausforderungen zu meistern. Aber warum hat Jason das Goldene Vlies erobert? Sein Vater wurde von seinem eigenen Bruder Pelias entthront. Und um den Thron zurückzuerobern, sollte Jason das goldene Vlies zu Pelias bringen, der dies in seinem Besitz haben wollte. Doch die Wahrheit dahinter war, dass Pelias auf dieser Reise Jasons Tod erwartete. Doch Pelias wurde durch Jasons Erfolg und seiner Rückkehr eines Besseren belehrt. Auf dem Bild sieht man Jason, wie er das Vlies in der letzten Schlacht verteidigt, aber es ist bereits sicher, dass die Eroberung vorbei ist – er hat auch diesen Kampf gewonnen. Es wartet nun keine Herausforderung mehr auf ihn, nur seien Heimkehr.

Ursprüngliche Bedeutung

„Voller Erfolg."

Weitere Interpretation

- Erfolg in allen Bereichen
- Erfolg durch einen Deal
- Erfolg mit Unterstützung anderer
- Erfolg mit Verbündeten
- einer List entkommen
- einer Intrige entkommen
- kein Opfer sein, kein Opfer werden

Kleines Bild, links

Ein Mann und eine Frau auf einem Schiff.

Geschichte

Der Mann und die Frau auf dem Bild sind Jason und Medea auf dem Schiff, der Argo. Die Reise ist zu Ende und Jason und Medea kehren gemeinsam nach Hause zurück.

Ursprüngliche Bedeutung

„Rückkehr von einer Reise."

Weitere Interpretation

- eine Rückkehr
- ein Comeback nach erfolgreicher Reise
- Heimkehr
- gute Nachricht
- Glück & Erfolg, eine der besten Karten im Spiel
- jemanden für sich gewinnen

Kleines Bild, rechts

Ein Mann und eine Frau auf einem Festival.

Geschichte

Der Mann und die Frau auf dem Bild sind Jason und Medea auf einer Feier.

Jason war während seiner Unternehmungen Medeas heimliche Liebe geworden, sie liebte ihn so sehr – hier sind sie zusammen bei einer gesellschaftlichen Veranstaltung. Sie waren jedoch gezwungen, ihre Beziehung zu verbergen und zu warten, bis sie endlich gemeinsam die Insel Kolchis verlassen konnten. Der Fortgang von der Insel scheint eine Flucht, eine Befreiung für beide zu sein. Der gesellschaftliche Anlass jedoch weniger.

Ursprüngliche Bedeutung

„Inmitten von Opulenz, Vergnügen, Unzufriedenheit und Zwang."

Weitere Interpretation

- soziale Pflichten können ablenken, deshalb aufpassen und nicht ablenken lassen
- Verpflichtungen
- nicht den Fokus auf das verlieren, was man will
- Absichten verbergen
- Gefühle verbergen
- Pläne verbergen
- ein Spiel mitspielen
- Geheimnisse bewahren
- Absichten und Pläne nicht in oder mit der Öffentlichkeit teilen

Die Herz Karten

V

S. 92

Herz König

Ursprüngliche Bedeutung

„Ein reicher, weiser Mann wird Dir gehorchen, wenn Du seinem Beispiel und seinem Rat in jeder Hinsicht folgst."

(Mögliche Personenkarte)

Das große Bild

Ein älterer Mann.

Geschichte

Das Bild zeigt einen älteren Mann, der in seiner Bibliothek sitzt, er denkt nach, schaut auch zurück auf sein Leben, seine Erfahrungen, aber auch nach vorne – denn er weiß, er hat hier auf der Erde noch einiges zu tun, er hat noch Aufgaben. Selbst wenn es nur diese ist, jemanden mit Rat und Tat zur Seite zu stehen. Auf der traditionellen Karte ist zudem eine Uhr in der Nähe des Globus abgebildet. Dies ist das Symbol dafür, dass ihm noch Zeit bleibt, die Aufgaben des Lebens zu erfüllen. Aber was auch immer diese Person tun wird, es wird gut geplant, gut durchdacht und stets vollkommen vorbereitet sein. Da dieser Mann weise Entscheidungen trifft, kennt er das Leben, aber nur, weil er bereits auch viele schmerzhafte Erfahrungen gemacht hat.

Ursprüngliche Bedeutung

„Besonnenheit und Weisheit in allen Schritten, Wünschen und Unternehmungen des Lebens."

Weitere Interpretation

- ein gut durchdachter Plan wird erfolgreich sein
- Klugheit und Weisheit bei allen Schritten, Entscheidungen oder Unternehmungen des Lebens

- Erfahrung
- Weisheit
- Ratschläge
- es ist noch Zeit, um anzufangen oder weiterzumachen
- diese Karte ist das Pendant zum Kreuz König, der zwar auch schreckliche Fehler machte, um zu seiner Weisheit zu gelangen, aber für sich selbst nicht daraus gelernt hat

Kleines Bild, links

Ein offenes Buch.

Geschichte

Ein aufgeschlagenes Buch auf einem Schreibtisch. Es ist das Buch der Gesetze Salomons.

Ursprüngliche Bedeutung

„Erleuchteter, gelehrter, tiefgründiger Geist."

Weitere Interpretation

- aufgeklärt
- gebildet
- tiefgründig
- bodenständig
- realistisch
- die Wissenschaft
- die Gesetze der Wissenschaft
- die Gesetze des Rechts

Kleineres Bild, rechts:

Ein offenes Buch.

Geschichte

Wieder ein Bild mit einem aufgeschlagenen Buch auf einem Schreibtisch. Diesmal handelt es sich bei dem Buch um die Bibel.

Ursprüngliche Bedeutung

„Friedliches Leben, in Nächstenliebe und in Religion."

Weitere Interpretation

- spirituelle oder religiöse Person
- mit Geist verbunden sein
- mit der geistigen Welt verbunden sein
- friedliches Leben
- alles wird getan aus Nächstenliebe, aufgrund des Glaubens und der Religion
- der Glaube, die Religion
- ein Mensch vertraut auf Gott und die Religion
- spirituelle oder religiöse Bildung

E

Herz Dame

Ursprüngliche Bedeutung

„Eine Frau von äußerster Sanftmut, von ausgezeichnetem Herzen, von der Du großartige Dienste erhalten wirst."

(Mögliche Personenkarte)

Das große Bild

(Zeus &) Astraea.

Geschichte

Das Bild zeigt Astraea, die Tochter von Zeus und Themis. Sie gilt mitunter auch als die Göttin der Gerechtigkeit und der Naturgesetze. Einst lebten die Menschen auf Erden mit den unsterblichen Göttern in tiefer Harmonie, aber die Jahre vergingen und unterlagen einem Wandel: die Zeiten wurden rauer und böser. Aus dem einst goldenen Zeitalter wurde das eiserne Zeitalter. Und in der Zwischenzeit hatten die Götter die Menschen und die Erde nach und nach verlassen. Nur Astraea lebte noch auf Erden, mit der großen Hoffnung, Gerechtigkeit, Güte und Harmonie unter die Menschen zu bringen. Vergebens. Enttäuscht verlor Astraea die Geduld und auch die Hoffnung verging. So verließ auch sie die Erde und mit ihr die Chance für die Menschen, in Harmonie und Frieden mit der Natur zu leben. Von da an gab es keine Gerechtigkeit und keinen Frieden mehr unter den Menschen. Als Dank und Bewunderung für das Engagement seiner Tochter schenkte ihr Vater Zeus seiner Tochter mit dem Sternbild Jungfrau ein neues himmlisches Domizil.

Ursprüngliche Bedeutung

„Du brauchst Schutz vor Schwäche, obwohl die Reinheit Deines Herzens und die Erhebung Deiner Seele Dir dies wahrscheinlich garantieren werden; aber achte darauf, schlechte Gesellschaft zu meiden."

Weitere Interpretation

- mit dem Herzen und Reinheit sehen
- positive Aspekte sehen
- an das Gute (in einem Menschen) glauben
- gute Vorsätze, aufrichtige und gute Absichten
- manchmal Hilfe und Unterstützung benötigen
- sei vorsichtig und vermeide schlechte Gesellschaft
- Freundlichkeit
- Naivität
- Unschuld

Kleineres Bild, links

Eine Frau, die einen Vogel beobachtet.

Geschichte

Die Frau, die man hier sieht, ist eine Nonne, sie beobachtet einen Paradiesvogel, der am Himmel fliegt.

Ursprüngliche Bedeutung

„Tugendhafte Frau, die nichts von ihren Pflichten ablenken kann."

Weitere Interpretation

- Leben in Hoffnung
- Gebet und Glauben

- Leben in Einsamkeit, Rückzug
- dem konventionellen Leben oder den Vergnügungen entfliehen oder sich davon fernhalten
- Pflichtbewusstsein
- Sehnsucht
- Verzicht

Kleines Bild, rechts

Eine Frau, die Orgel spielt.

Geschichte

Das Bild zeigt eine junge Frau beim Orgelspiel.

Ursprüngliche Bedeutung

„Gute Inspiration wird Dich unter weisen Schutz stellen, Du wirst zum Guten gelangen."

Weitere Interpretation

- Liebe
- Hingabe
- Inspiration
- die Künste weisen den Weg und führen diesen Menschen
- gute Eingebungen werden einen unter weisen Schutz stellen, beschützen
- man wird sich wohlfühlen, sicher und gesund sein

S. 100

Herz Bube

Ursprüngliche Bedeutung

„Du wirst die Bekanntschaft eines jungen Mannes machen, mit dem Du Dich anfreunden und von dem Du Dienste erhalten wirst."

(Mögliche Personenkarte)

Das große Bild

Dionysos & Zeus.

Geschichte

Die Szenerie zeigt uns Dionysos, den Sohn von Zeus und Semele, auf seinem Weg durch die antike Welt. Er wanderte viel und ist nun durstig, doch zuerst war keine Quelle auf seinen Weg ersichtlich und so erschien ihm aus einer Wolke heraus sein Vater Zeus in Gestalt eines Mannes mit dem Kopf eines Widders, um ihm den Weg zu einem Brunnen, einer Quelle zu zeigen (man kann sagen, dass mit jener Quelle der Jungbrunnen gemeint ist, denn Dionysos wurde immer als sehr junger Mann beschrieben). Zeus befand sich wie so oft in Gesellschaft eines Adlers als Zeichen des Friedens und der Liebe (in der christlichen Tradition wurde der Adler durch eine Taube ersetzt).

Ursprüngliche Bedeutung

„Ein Mann, der sich wegen seiner Schwierigkeiten schämt und überall nach jemanden sucht, der ihm einen Gefallen tun könnte."

Weitere Interpretation

- Hilfe & Unterstützung allgemein
- Hilfe & Unterstützung im richtigen Augenblick

- Hilfe annehmen
- die Hilfe & Unterstützung bringt einen ans Ziel
- allein ist es nicht möglich weiterzukommen
- fehlende Unabhängigkeit
- angewiesen sein auf andere
- Jugend, Schönheit
- Geschenk

Kleines Bild, links

Nachtfalter.

Geschichte

Das Bild zeigt Motten, die das Licht suchen, die um eine Kerze herumfliegen.

Ursprüngliche Bedeutung

„Von einer Gesellschaft, in die Du eingeladen wirst und in die Du mit der Absicht gehst, die Gelegenheit zu nutzen, über Deine Schwierigkeiten zu sprechen, werden Dir Versprechen gemacht, die niemals eingehalten werden."

Weitere Interpretation

- Versprechungen, die von anderen nicht gehalten werden,
- falsche Beruhigung
- falscher Schutz
- Illusion
- Gesellschaft anderer nur in guten Zeiten

Kleines Bild, rechts

Ein Füllhorn.

Geschichte

Das Bild zeigt ein prall gefülltes Füllhorn auf einem Tisch.

Ursprüngliche Bedeutung

„Wenn es ein Herr ist, wird er von jungen Damen große Hilfe erhalten. Für eine junge Dame heißt es, wenn sie weise ist, dass sie einen jungen Herrn heiraten wird, mit dem sie nicht gerechnet hat."

Weitere Interpretation

- Unterstützung im Überfluss
- man bekommt die helfende Hand, die man braucht, materiell, emotional (Geld, Essen)
- wenn es um einen Herrn geht, wird dieser viel Hilfe von einer jungen (verheirateten oder gebundenen) Frau erhalten
- wenn es um eine Dame geht, wenn sie eine weise Wahl trifft, wird der Ehemann oder Partner ein gut situierter junger Mann sein.
- eine Situation, in der man nicht zu konkurrieren braucht
- Geschenk
- das Schicksal meint es gut mit einem

Herz 10

Ursprüngliche Bedeutung

„Junges Mädchen, aufrichtig und ohne Willen."

(Mögliche Personenkarte)

Das große Bild

Der Alchemist beobachtet die Ergebnisse seiner bisherigen Arbeit.

Geschichte

Das Bild zeigt den Alchemisten in seinem Labor. Noch immer bei der Arbeit, hier aktuell mit verschränkten Armen, beobachtend, wie sich das hellgraue Material im Laufe des Prozesses weiter verwandelt. Dies sind die letzten Schritte des Experiments, und es scheint erfolgreich zu sein. Dieser erfolgreiche Schritt wird durch eine kleine weiße Krone aus Schaumstoff auf dem grauen Stein beschrieben; es ist wie die Geburt der Venus aus dem Schaum, des Meeres - also handelt diese Karte ebenso oftmals von Liebesdingen & Herzensangelegenheiten.

Ursprüngliche Bedeutung

„Ein Mann betrachtet mit Freude die Vorzüge und Verdienste einer Frau."

Weitere Interpretation

- Liebe, neue Liebe, die Glück bringt
- neue erfolgreiche Projekte, neue Wege
- der eine blickt mit Freude und ohne Neid auf die Gnaden, die Geschenke des Lebens und Verdienste des anderen
- der Anfang von etwas, etwas beginnt nun

Kleines Bild, links

Eine Frau.

Geschichte

Man sieht auf der traditionellen Karte eine Frau, die Klavier spielt, voller Emotion und mit Leidenschaft.

Ursprüngliche Bedeutung

„Du suchst einen reichen Arbeiter, der sich nur mit Kunst und Annehmlichkeiten beschäftigt."

Weitere Interpretation

- tu das, was Du tust, immer mit Freude und Leidenschaft. (Spiritualität & Kunst)
- frei von Druck, ohne Verpflichtung
- die Arbeit, selbst wenn sie noch so hart und anstrengend ist, dient nur der Unterhaltung und dem persönlichen Vergnügen und leider nicht dem Einkommen oder der Unterstützung des Lebens
- im negativen Sinne: brotlose Kunst

Kleines Bild, rechts

Eine Frau.

Geschichte

Man sieht auf der traditionellen Abbildung eine Frau mit einem Stickrahmen. Die Frau arbeitet mit ihren eigenen Händen und mühevollem Einsatz für andere. Andere sehen das Ergebnis, aber nicht die Mühe, die mit dieser Handarbeit verbunden ist.

Ursprüngliche Bedeutung

„Du suchst ein fleißiges, junges Mädchen aus einer ehrlichen Familie."

Weitere Interpretation

- Fleiß und Talent
- fleißig mit aufrichtiger Familie oder privatem Hintergrund
- fehlende Wertschätzung durch andere
- Aufwand der Arbeit wird von anderen ignoriert
- Dienste gerne in Anspruch nehmen und als gut befinden, aber nicht gerecht belohnen

P

Herz 9

Ursprüngliche Bedeutung

„In jeder Position werden wir den Respekt und die Freundschaft aller genießen."

(Mögliche Personenkarte)

Das große Bild

Herkules und der nemeische Löwe.

Geschichte

Das Bild zeigt Herkules gegen einen Löwen kämpfend – Es ist aus der antiken Mythologie bekannt, dass Herkules 12 Herausforderungen überleben musste, um die Sünde, die er durch den Mord seiner Kinder verübte, loszuwerden. Verursacht durch die eifersüchtige Hera ermordete er in einer heiligen Zeremonie seine eigenen Kinder anstelle der Tiere. Dies war nicht das erste Mal, dass Hera tiefsten Hass und Eifersucht verspürte. Herkules war der eigentliche Sohn der Alkmene, und Zeus wollte schon vor dessen Geburt, dass Herkules Großes versprochen wurde. So wollte er dem Erstgeborenen ein Königreich vermachen – Hera verzögerte mit all ihrer Macht diese Geburt und ein anderer wurde Erstgeborener. Der zweite Betrug gegenüber Hera erfolgte durch das heimliche Stillen von Herkules an ihrer Brust.
Der Kampf gegen den Löwen war nun seine erste Herausforderung, die es zu meistern galt: Der Löwe, dessen Haut aus Metall und Stein bestand, trieb in der Nähe der Stadt Nemea sein Unwesen und versetzte ganze Dörfer und deren Bewohner in Angst und Schrecken. Hera sandte diesen Löwen dorthin. Nach langem Kampf gelang es Herkules, den Löwen mit seinen bloßen Händen zu erwürgen. Das Löwenfell, das von nun an als Umhang getragen wurde, diente Herkules fortan als Schutz vor Feinden. Auch dieses Tier fand seinen

Platz am Firmament in Form des Sternbildes, denn ebenso wie dem Krebs war Hera auch dem Löwen Dank schuldig.

Ursprüngliche Bedeutung

„Ein nützlicher, mutiger Mann, der sich für den Frieden seines Landes allen Gefahren aussetzt."

Weitere Interpretation

- Kampf mit Erfolg durch eigene Tapferkeit, Mut und Kraft
- Einsatz von Mut und Kraft, auch für andere und nicht nur für sich selbst
- Mut
- Stärke
- Tapferkeit
- Einsatz, der sich lohnt
- Kämpfe um Anerkennung
- Kämpfe um Freundschaften
- große Anstrengungen

Kleines Bild, links

Eine Frau und ein Mann.

Geschichte

Eine Frau wird von einem Mann gekrönt, geehrt und ausgezeichnet.

Ursprüngliche Bedeutung

„Ein fleißiges und weises Mädchen (junge Frau), das jeder beschützt und respektiert."

Weitere Interpretation

- Anerkennung
- offizielle Anerkennung
- von anderen geehrt werden
- fleißige und weise Person, die jeder wertschätzt und respektiert
- Anerkennung aufgrund der persönlichen Art und des Charakters

Kleines Bild, rechts

Zwei Männer.

Geschichte

Hier verweist das traditionelle Bild dieser Karte auf Napoleon, wie er einem seiner Soldaten zur Belohnung eine Medaille für sein Einsatz und seine Loyalität überreicht.

Ursprüngliche Bedeutung

„Tapferkeit, Verdienst, Belohnung."

Weitere Interpretation

- Anerkennung durch verdiente Ehre und verdientem Respekt aufgrund der Taten
- Erfolg kommt bald
- Erfolg durch Tapferkeit und mutiges Handeln
- Erfolg durch Risikobereitschaft
- Erfolg durch Zusammenhalt
- Sich für jemanden einsetzen
- Verdienst, Belohnung

♥♥♥
♥ ♥
♥♥♥

R

Herz 8

Ursprüngliche Bedeutung

„Heimliche Freude; Erfolg bei etwas, das man sich schon lange gewünscht hat."

Das große Bild

Ein Adler.

Geschichte

Das Bild zeigt einen Adler, der mit einer Kröte in den Krallen davonfliegt und dabei einen Teich überquert. Der Adler ist der König der Vögel, der König der Lüfte und es wird über ihn berichtet, dass einzig allein er in der Lage ist, in die Sonne zu schauen, ohne zu blinzeln. Der Adler wird hier als mächtiges Wesen dargestellt, das in der Lage ist, das Böse zu beseitigen. in dieser Szene wird das Böse leider durch die kleine Kröte dargestellt wird, was auf eine zeitgenössische Symbolik zurückzuführen ist. Das Wasser ist ein in Symbol für die Gefühle und die Seele eines Menschen und das Schlechte verlässt die Seele und wird von nun an keinen Schaden mehr anrichten, so dass der Verlust einer Heilung gleichkommt.

Ursprüngliche Bedeutung

„Verlust oder Entfernung einer Dir bekannten Person oder Deiner Familie, die Dir Schaden zugefügt hat."

Weitere Interpretation

- Verlust oder Entfernung von jemandem, den einem oder nahestehenden Personen ebenso bekannt ist
- Verlust und Entfernung von jemanden, der geschadet hat
- es wird etwas passieren, das die schlechte Situation in eine gute wandelt

- Ein Unglück wird ein Glück sein
- eine Veränderung (positive Veränderung), eine Art Glück in einer unangenehmen Situation
- oftmals erst rückwirkend sichtbar, denn der Mensch blickt in der Zeit zurück, sein Unglück war sein größtes Glück.
- Loslassen
- Befreiung
- Erleichterung, dass jemand verschwindet
- Erleichterung und Freude, dass ein schlechter Einfluss, eine Last fort sein wird
- ein Wunsch wird erfüllt

Kleines Bild, links

Ein Grab.

Geschichte

Es ist auf diesem Bild ein Grab zu sehen und eine Flamme, die darüber flattert und das Grab wird sanft von einer Pflanze berührt.

Ursprüngliche Bedeutung

„Erbe von geringer Bedeutung."

Weitere Interpretation

- ein wichtiges Geschenk (auch wenn es klein ist)
- ein Abschiedsgeschenk
- ein Erbe von geringem Wert
- eine kleine Hinterlassenschaft
- etwas bleibt zurück, eine Erinnerung

Kleiners Bild, rechts

Eine Frau.

Geschichte

Eine Frau steht an einem Grab und weint bitterlich.

Ursprüngliche Bedeutung

„Du hast einen Rivalen, aber bald wirst Du ihn nicht mehr haben."

Weitere Interpretation

- es gibt einen Rivalen, aber bald man diesen nicht mehr haben
- jemand, der schlecht zu einem war, wird zurückgelassen, dennoch muss die Seele heilen
- die Seele muss sich erholen, aber sie wird es tun
- es bedarf Zeit, bis die Freude zurückkehrt

Herz 7

Ursprüngliche Bedeutung

„In dieser Karte steckt eine tiefe Freundschaft, von der Du nichts ahnst; jedoch wirst Du mit Kummer von der Ehe anderer erfahren."

Das große Bild

Der Alchemist fügt dem Material etwas hinzu.

Geschichte

Im Labor des Alchemisten, sieht man nun, dass das Material in der Flasche wieder hart wurde, fast wie ein Stein. Es wird etwas benötigt, um den Zustand des Materials zu ändern. Der Alchemist fügt daher dem zu Stein gewordenen Material etwas Flüssigkeit hinzu, um eine neue Reaktion zu erzeugen. Der Stein muss sich auflösen. Was einst hart war, wird jetzt weich. Das Wirken des Lösungsmittels ist notwendig, um diesen Wandel möglich zu machen.

Ursprüngliche Bedeutung

„Der an dieser Stufe angekommene Stein stellt den Eingang und Ausgang dar, und weist auf Besuche aller Art hin."

Weitere Interpretation

- dies deutet auf Besuche aller Art hin, Treffen
- kommen und gehen
- Bewegung
- Aktivität, Initiative
- Meldungen, Nachrichten, Botschaften
- neue Effekte, Impulse, neue Anstöße
- den Stein ins Rollen bringen, den Anstoß geben

- es ist wichtig, der geliebten Person mehr Aufmerksamkeit zu schenken,
- Veränderung muss sein, ist notwendig
- Drehungen und Wendungen im (Beziehungs-)Leben
- Unsicherer Ausgang

Kleines Bild, links

Zwei Männer.

Geschichte

Das Bild zeigt einen Postboten und einen Mann. Der Postbote überbringt dem Mann ein Paket, eine Nachricht.

Ursprüngliche Bedeutung

„Unangenehme Besuche, schmerzhafte Nachrichten."

Weitere Interpretation

- dieses Bild steht für beunruhigende und auch enttäuschende Nachrichten
- unangenehme Besuche
- unangenehme Begegnungen
- schmerzhafte Neuigkeiten

Kleines Bild, rechts

Ein Mann und eine Frau.

Geschichte

Dieses Bild zeigt einen Postboten und eine Frau. Der Postbote übergibt der Frau einen Brief.

Ursprüngliche Bedeutung

„Du erhältst einen Besuch, der Dich glücklich machen wird."

Weitere Interpretation

- eine Einladung,
- eine gute Nachricht
- ein Geschenk
- Besuch macht Freude
- angenehme Begegnung
- angenehmes Treffen
- ein Ereignis, ein Besuch, eine Nachricht wird glücklich machen

HINWEIS auf der traditionellen Karte sieht man auf dem linken Bild den Herrn mit dem Postboten und dem Paket und auf dem rechten Bild den Postboten, der der Dame den Brief überreicht.

Laut der Anleitung aus dem Jahre 1845 werden dem linken Bild ebenso die schlechten und dem rechten Bild die guten Nachrichten zugeordnet mit einzig dem Unterschied, dass die Anleitung die Motive dieser Bilder vertauschte. Selbst wenn die Karte zur Linken das Bild der zwei Männer zeigt, so beschrieb die Anleitung zur Linken ein Bild einer Dame und ein Brief zu, mit der Deutung von schlechten Nachrichten und zur Rechten beschrieb die Anleitung ein Bild mit einem Mann und einem Paket, das gute Botschaften enthält.

Die Botschaft der Bilder aus Sicht der Positionen ist daher gleich, die Bilder aber sind vertausch niedergeschrieben: Die Dame erhält die schlechten Botschaften mit dem Brief und der Herr die guten mit dem Paket.

Herz 6

Ursprüngliche Bedeutung

„Adel, Ehrungen, hohe Anstellung."

Das große Bild

Der Alchimist hat sein Werk vollendet.

Geschichte

Der Alchimist am Ende seiner Arbeit. Es ist der letzte Schritt seines Experiments im Labor des Alchemisten. Der Alchimist ist seiner Mühen und seiner Arbeit aber nun auch überdrüssig. Es ist Zeit, sich auszuruhen und er sitzt auf seinem Stuhl. Mit der Gewissheit, dass seine Arbeit von Erfolg war. Er war in der Lage, die Materialien zusammenzufügen und in echtes Gold zu verwandeln (er fand den Stein der Weisen). Dieser Erfolg ist das Werk eines langen Weges, der schwer zu gehen war, aber er hat es geschafft. Viele Versuche und Kritik brachten ihn dazu nicht aufzuhören und beharrlich weiterzumachen. Denn er glaubte an seinen Erfolg. Niemand und keine Situation konnte ihn jemals aufhalten. Diese Karte deutet den Paaren eine glückliche Zeit.

Ursprüngliche Bedeutung

„Dieser Zustand, in dem der Stein zu Gold wird, ist das Symbol einer langen, glücklichen Karriere."

Weitere Interpretation

- dieser Zustand des zu Gold gewordenen Steins ist das Symbol einer langen erfolgreichen Karriere
- Glück
- Ehre
- Gelingen
- Geld

- Erfolg
- wahre Liebe
- lange Lebensdauer
- Erfüllung von Wünschen

Kleines Bild, links

Ein Paar.

Geschichte

Das Bild zeigt ein Paar. Eine alte, reiche Dame, in deren Nähe ein junger Mann ist; Ein Mann ist auf der Suche nach der Liebe und findet sie bei dieser Dame (sie scheint älter zu sein – das war damals nicht üblich).

Ursprüngliche Bedeutung

„Heiratsantrag."

Weitere Interpretation

- man liebt und wird Glück haben und beide haben Vorteile innerhalb dieser Beziehung, sei es in sozialer Stellung und in der Liebe
- ein Angebot,
- einen Heiratsantrag
- eine Heirat in eine hohe Position
- eine auch manchmal ungewöhnliche Verbindung
- eine jüngere Person bevorzugt eine ältere Person
- eine Beziehung, die von der Gesellschaft nicht akzeptiert wird

Kleines Bild, rechts

Ein Paar.

Geschichte

Wieder zeigt das Bild ein Paar. Aber diesmal scheint der Mann älter zu sein, und dies war üblich für diese Zeit. Der gestehts eine Liebe und er macht der Dame einen Heiratsantrag. Ein älterer Mann, der zu Füßen einer jungen Dame alles bedingungslos zu Füßen legt: sein Leben, sein Herz, sein Vermögen.

Ursprüngliche Bedeutung

„Eine Frau, die von einem Herrn umworben wird."

Weitere Interpretation

- man liebt und wird Glück haben und beide haben Vorteile innerhalb dieser Beziehung, sei es in sozialer Stellung und in der Liebe,
- ein Angebot,
- einen Heiratsantrag
- eine Heirat in eine hohe Position
- eine ältere Person bevorzugt eine jüngere Person
- eine Beziehung, die von der Gesellschaft akzeptiert wird

Herz 5

Ursprüngliche Bedeutung

„Ein Staatsmann erhält Vorschläge durch außerordentliche Gesandte – Interessen, die es zu wahren gilt."

Das große Bild

Männer im Gespräch.

Geschichte

Das traditionelle große Bild zeigt drei Männer in einem Palast: Ein König, ein Staatsmann oder ein Gouverneur empfängt zwei Männer zur Audienz. Die verschiedenen, fremden Stile der Kleidung der Herren sind die Hinweise, dass hier Menschen verschiedener Länder oder Kulturen zusammentreffen. Sie tragen traditionelle Kleidung ihrer Herkunftsländer.

Ursprüngliche Bedeutung

„Große Persönlichkeiten aus fremden Nationen kommen, um sich um die Angelegenheiten ihres Landes zu kümmern."

Weitere Interpretation

- Verhandlungen
- Diplomatie
- Politik
- Staatliche Angelegenheiten
- Wirtschaft (Chefetage)
- Ausland, Ferne
- fremde Länder und fremde Kulturen,
- bunte Gesellschaft
- Gruppe verschiedener Kulturen

Kleines Bild, links

Ein Papagei in Ketten.

Geschichte

Ein Papagei wird als Haustier gehalten. Er ist angekettet, damit er nicht fortfliegen kann.

(Durch das damals exotische Tier wird auch hier im gesamten die Bedeutung der Karte in Bezug auf Ferne und fremde Länder untermalt)

Ursprüngliche Bedeutung

„Verlust der Freiheit."

Weitere Interpretation

- Freiheitsverlust
- eingeschränkte Möglichkeiten
- Einschränkungen
- Rückschläge
- abhängig sein
- der schwächere Part
- nachteilige Situation

Kleines Bild, rechts

Ein Baum.

Geschichte

Ein Orangenbaum mit seinen Blüten, der teilweise auch schon Früchte trägt.

(Durch die damals exotische Frucht wird auch hier im gesamten die Bedeutung der Karte in Bezug auf Ferne und fremde Länder untermalt).

Ursprüngliche Bedeutung

„Treuer, aber listiger und geschickter Staatsmann."

Weitere Interpretation

- Früchte des Erfolgs
- erfolgreiche Geschäfte oder Verhandlungen
- Verantwortung tragen
- loyaler Gefährte/ Begleiter, aber dennoch gerissen und geschickt
- vorteilhafte, begünstigte Situation
- gute Voraussetzungen

F

Herz 4

Ursprüngliche Bedeutung

„Schädlicher Rat."

Das große Bild

Venus & Amor.

Geschichte

Man sieht auf dem Bild zwei Delfine; diese Tiere wurden als Seelenträger/Seelenbegleiter gesehen. Sie begleiten einen von hier auf die andere Seite gesehen. Es ist eine Szenerie im Fluss Euphrat. Es sind zwei wichtige Figuren der Mythologie, die auf dem Delfin reiten: Venus und Amor. Venus, die Göttin der Liebe, die die Menschen in rauen Zeiten des Gefühlslebens schützt, und ihr Sohn, der die Liebe in die Welt bringt. Aber nicht nur auf positive Art und Weise, denn es ist die Liebe, die auch die größten Schmerzen bereitet. Auch lässt Amor einen Menschen manchmal aufgrund seines natürlichen Sexualtriebs und der puren Lust reagieren und daher kann diese Karte auch Affären zeigen. Es sei noch angemerkt, dass aufgrund der Tatsache, dass die Venus, die aus dem Schaum des Wassers geboren wurde, die Karte einen Schutz auf schwierigen Reisen zur See darstellt.

Ursprüngliche Bedeutung

„Flucht aus dem väterlichen Dach."

Weitere Interpretation

- ungeplante, unerwartete Abreise
- eine Flucht
- Flucht aus dem Zuhause
- Flucht aus der Heimat
- Schwierigkeiten werden nicht gut bewältigt

- unsichere Lebenssituationen
- emotionale Konflikte
- ungezügelte Leidenschaft
- der Leidenschaft folgen
- Trip, kurze Reise

Kleines Bild, links

Ein Mann und zwei Frauen.

Geschichte

Ein Mann ist mit seiner Frau, seiner Partnerin, und dennoch steht eine weitere Frau an seiner Seite. Heimlich gibt der Mann eine Nachricht an die andere Frau weiter.

Ursprüngliche Bedeutung

„Die erste Folge eines schlechten Rats ist der Streit eines Paares."

Weitere Interpretation

- Betrug
- Verrat
- Unehrlichkeit
- eine Person zwischen zwei anderen
- eine Beziehung droht zu brechen
- eine andere Person schadet einer Beziehung
- Untreue

Kleines Bild, rechts

Ein Soldat.

Geschichte

Auf dem Bild der traditionellen Karte ist ein Soldat abgebildet – er bewacht ein Schiff.

Ursprüngliche Bedeutung

„Entfliehe der Gesellschaft von Personen, die in der Lage sind, schädliche Ratschläge zu geben."

Weitere Interpretation

- Schwierigkeiten drohen, wenn es keine gut vorbereiteten Unternehmungen gibt (z.B. eine Reise)
- es ist wichtig auf andere Personen im Umfeld zu achten: Nicht jeder wird gute Ratschläge geben
- Vorsicht, jemand neigt dazu, einem Schaden zuzufügen
- Abstand zu nehmen von Menschen, die ein schlechtes oder schädliches Beispiel geben, ist wichtig und notwendig
- man sollte sich nur auf das verlassen, das man kennt
- es ist wichtig sich und sein Hab und Gut zu schützen
- die gesamte Situation mahnt zur Vorsicht

F

Herz 3

Ursprüngliche Bedeutung

„Ein genialer Mensch. Genie."

(Mögliche Personenkarte)

Das große Bild

Der Kynokephale.

Geschichte

Das Bild zeigt einen Kynokephalen, ein hundsköpfiges Fabelwesen. In der einen Hand hält er eine Schriftrolle und in der anderen Hand ein Stock, mit dem er heilige Worte des Schicksals in den Sand schreibt. Es ranken sich viele Mythen um diese Karte: auch heißt es, es sei Anubis auf jener Karte, Anubis war der Gott der Verstorbenen, er kümmerte sich um sie und führte sie in die andere Welt. Traditionell wurde ein Papyrus mit dem Namen des Verstorbenen auf die Brust der Mumie gelegt, damit der Verstorbene spirituellen Frieden finden konnte. Diese Interpretation wurde gestützt durch die spirituelle Bedeutung dieser Karte. Doch im Ursprung und auch in der Art wie der Kynokephale dargestellt wurde, ist allein durch die Zeichnung der Karte, die Verbindung zu Ägypten auszuschließen. Auch die Originalanleitung erwähnt Anubis nie. Die Kynokephalen wurden je nach Region und Kultur unterschiedlich gesehen. Hier nimmt der Mensch mit Hundekopf eine religiöse, friedliche und sehr weise Position ein.

Ursprüngliche Bedeutung

„Erfindung, Kopfarbeit."

Weitere Interpretation

- Absichten, Intention
- wichtige Gedanken
- (spirituelle) Wissenschaft
- Wissen
- Intelligenz
- Spiritualität
- spirituelles Bewusstsein
- Religion, Religionen
- Erfolg im okkulten Beruf
- Karte des Geistes

Kleines Bild, links

Ein Mann.

Geschichte

Ein Mann steht neben einer Sonnenuhr, die Zeiger der Uhr stehen allerdings noch im Schatten.

Ursprüngliche Bedeutung

„Unerkanntes Genie, das unter der Ungerechtigkeit seiner Rivalen leidet."

Weitere Interpretation

- verkanntes Genie
- unerkanntes Genie
- die Ungerechtigkeit der fehlenden Anerkennung und des fehlenden Verständnisses der anderen

- man steht im Schatten
- Erfolg ist überschattet

Kleines Bild, rechts

Ein Mann.

Geschichte

Das traditionelle kleine rechte Bild der Karte zeigt einen Mann, der einen Lorbeerzweig verbrennt.

Ursprüngliche Bedeutung

„Ein genialer Mensch, vor dem sich alle verneigen."

Weitere Interpretation

- Anerkennung durch die Arbeit
- Anerkennung durch andere
- genialer Mann, vor dem sich jeder verneigt
- hohe Anerkennung
- man selbst aber glaubt nicht bedingungslos an sich

Herz 2

Ursprüngliche Bedeutung

„Integrer Mensch, selbstlos."

(Mögliche Personenkarte)

Das große Bild

Ein Hund.

Geschichte

Das Bild zeigt eine Rasenfläche, mit einigen Bäumen am Rand, womöglich beginnt hier ein Wald und die Wiese ist eine Freifläche davor; Eine Gruppe von Rebhühnern fliegt davon, ihnen folgt ein Hund – er hat sie sehr wahrscheinlich verjagt. Wälder wurden in früheren Zeiten oft als heilig angesehen und dieses Bild zeigt eine Art Idylle. Gestört leider durch die putzigen Rebhühner – einst waren sie ein Symbol für Anmut und Begierde, aber leider änderte sich dies später in das Symbol der Versuchung und so wurden die Vögel zu einem schlechten Bild. In dieser Szene wird die Versuchung (die Rebhühner) von der Wahrheit und Loyalität (dem Hund) abgeschreckt. „Für die Versuchung gibt es keinen Platz an einem heiligen Ort". Der Hund wurde schon von Mlle. Lenormand selbst als Freund und treuer Begleiter des Menschen angesehen und mit jenen Werten in Verbindung gebracht.

Ursprüngliche Bedeutung

„Verwalter, ehrlicher Beamter, gerecht, treu, Sklave seines Wortes."

Weitere Interpretation

- aufrichtig, Aufrichtigkeit
- gerecht, Gerechtigkeit

- treu, Treue
- ehrlich, Ehrlichkeit
- loyal, Loyalität
- der Versuchung widerstehen
- Vertrauen
- Freundschaft

Kleines Bild, links

Ein Eremit.

Geschichte

Ein Eremit sitzt vor seiner Hütte.

Ursprüngliche Bedeutung

„Keine niederträchtige Schmeichelei wird in Deinem Kopf widerhallen."

Weitere Interpretation

- unbestechlich
- zuverlässig
- keine Schmeicheleien beeinflussen den Verstand
- zurückgezogen
- ausgeglichen
- innere Ruhe
- innerer Frieden
- gefestigte Person

Kleines Bild, rechts

Ein Brunnen.

Geschichte

Ein Brunnen mitten im Grünen, vielleicht in einem Park, mit einem schönen Wasserspiel.

Ursprüngliche Bedeutung

„Du bist von Schmeichlern umgeben; Deine Integrität gerät ins Wanken."

Weitere Interpretation

- unzuverlässig, Unzuverlässigkeit
- man ist von Schmeichlern umgeben
- die Integrität von jemandem ist fraglich
- treulose Bekanntschaften
- Leichtigkeit, fehlender Ernst
- Oberflächlichkeit
- oberflächliche Freundschaft
- lediglich Bekanntschaft
- ein Fähnchen im Wind

Z

Herz Ass

Ursprüngliche Bedeutung

„Verwandtschaft."

Das große Bild

Danaos und seine Töchter.

Geschichte

Das Bild zeigt die Familie der Danaiden, Danaos mit seinen 50 Töchtern. Danaos war mit seinem Bruder Aigyptos zerstritten und ihm gegenüber böse gesonnen. Aigyptos war der Vater von 50 Söhnen. Eines Tages fasste Aigyptos den Entschluss, sich mit seinem Bruder zu versöhnen und unterbreitete ihm den Vorschlag, ihre Kinder miteinander zu verheiraten, um so die Familien wieder zusammenzuführen. Danaos zeigte sich einverstanden. Doch es war eine List, denn er befahl jeder seiner Töchter, ihre Männer in der Hochzeitsnacht zu töten. Die Töchter folgten dem Befehl des Vaters und ermordeten ihre Männer, bis auf eine der Töchter: Hypermnestra folgte nicht dem Befehl ihres Vaters. Ein Konflikt endet schrecklich, und Aigyptos floh aus Griechenland nach Aroe und verstarb kurz darauf.

Ursprüngliche Bedeutung

„Familie."

Weitere Interpretation

- Familie
- Verwandtschaft
- Das familiäre Umfeld
- engerer Kreis
- das private Umfeld
- Vereinigung

- Feier
- Festlichkeit
- alles, was sich im Eigenheim abspielt
- Wohnung, Immobilie

Kleines Bild, links

Ein Räuchergefäß.

Geschichte

Das Bild zeigt ein Räuchergefäß, mit diesem wird geräuchert, Potpourri wird verbrannt.

Ursprüngliche Bedeutung

„Familie mit zweideutiger Moralvorstellung, Uneinigkeit, Gesellschaft, die zu frequentieren gefährlich ist."

Weitere Interpretation

- Familie mit doppelter Moral
- Uneinigkeit
- Zwietracht
- Distanz in der Familie
- Distanz untereinander
- nicht zusammenleben
- gespalten sein
- Menschen mit Vorsicht genießen
- Menschen mit schlechtem Einfluss

Kleines Bild, rechts

Eine weitläufige Säulenhalle

Geschichte

Die Säulen stellen die tragenden Säulen einer großen Kathedrale, Kirche dar. Dort beten Menschen, dort findet man Ruhe, Stille und Schutz.

Ursprüngliche Bedeutung

„Vereinte Familie, Schutz."

Weitere Interpretation

- friedliches Familienleben
- friedliches Miteinander
- Familienzusammenführung
- eine Zusammenkunft
- Dazugehörigkeit
- Schutz
- gegenseitiger Schutz
- Sicherheitsnetz
- Sicherheit

Die Karo Karten

Karo König

Ursprüngliche Bedeutung

„Ein hilfsbereiter Mann, ohne viel Aufhebens, mutig, offenherzig, für den man sorgen muss."

(Mögliche Personenkarte)

Das große Bild

Cadmus & Minerva.

Geschichte

Cadmus war ein Prinz und der Bruder von Europa, die von Zeus entführt wurde. Ihr Vater schickte seinen Sohn Cadmus und seine anderen beiden Söhne und seine andere Tochter auf die Suche nach ihrer Schwester Europa durch die ganze antike Welt. Die Geschwister des Cadmus gaben auf, aber Cadmus wanderte unermüdlich weiter durch die Welt und fragte überall nach seiner Schwester. Eines Tages erreichte er schließlich Rhodos. Die Göttin Athene bewunderte Cadmus aufgrund seiner Ausdauer und seines Engagements und verriet ihm, dass die Insel Rhodos bald von einer Schlangenplage heimgesucht werden würde und dass er fliehen solle, um sich zu schützen. Zu dieser Zeit herrschte Minerva über die Insel Rhodos und er half Minerva, ihr Reich zu beschützen, indem er ihr eine versteckte Botschaft übermittelte: Er schenkte Minerva eine Vase mit der Inschrift, dass die Insel Rhodos bald von Schlangen verwüstet werden wird.

Ursprüngliche Bedeutung

„Dienste angeboten von einem Unbekannten."

Weitere Interpretation

- Hilfe
- Unterstützung
- Hilfe durch einen Fremden
- Hilfe von Fremden
- überraschende, unerwartete Hilfe
- Hilfe im Austausch für Gefälligkeiten
- Ehrgeiz
- Aktivität, Engagement
- Offenherzigkeit

Kleines Bild, links

Eine Frau.

Geschichte

Das kleine linke Bild zeigt in der Tradition eine Frau, die einen Skarabäus mit ausgebreiteten Flügeln in der Hand hält.

Ursprüngliche Bedeutung

„Dienst im Austausch gegen Gefälligkeiten."

Weitere Interpretation

- Dienst im Austausch für Gefälligkeiten
- sich gegenseitig helfen
- etwas für die Hilfe, die man gibt, bekommen
- Geld anbieten als Unterstützung
- eine Hand wäscht die andere

Kleines Bild, rechts

Ein Schwein unter einem Baum.

Geschichte

Eine Krähe sitzt in einem Baum und lässt die Früchte des Baumes herabfallen, Ein Schwein, das sich unter dem Baum befindet, frisst diese Früchte daraufhin.

Ursprüngliche Bedeutung

„Dienst für jemanden, der niedriger ist als man selbst."

Weitere Interpretation

- ein demütiger Mensch leistet Dir einen großen Dienst
- es hilft jemandem, der weniger hat als Du selbst
- Zweckgemeinschaft
- den Nutzen von etwas haben, was jemand anderes nicht mehr benötigt
- gebrauchte Dinge wertschätzen
- Spenden
- Almosen

Karo Dame

Ursprüngliche Bedeutung

„Verleumderische, böse Frau, die nur Freude daran hat, Böses zu tun."

(Mögliche Personenkarte)

Das große Bild

Eris.

Geschichte

Hier fing alles an: Es ist die Hochzeit von Peleus und der Göttin Thetis. Eris, die Göttin der Zwietracht und des Streites, wurde aufgrund ihres bösartigen Charakters nicht eingeladen. Aber sie akzeptierte nicht, dass sie von diesem Ereignis ausgeschlossen war, und so erschien sie trotzdem zur Hochzeit. Mit ihrem persönlichen Geschenk: Sie warf einen Apfel auf den Tisch mit der Widmung: „der Schönsten". Hier liegen die Wurzeln des Trojanischen Krieges, der Szenerie, der diese Karte angehört. Noch auf dem Fest begannen sich Aphrodite, Hera und Athene um den „Zankapfel" zu streiten. Um diesem Desaster ein Ende zu bereiten veranlasste Zeus, dass Paris die Entscheidung zu treffen hatte, welche der Göttinnen, denn die Schönste sei. Dieser solle er sodann den Apfel überreichen. Und Paris übergab Aphrodite den Apfel, denn sie war es, die ihm im Austausch versprochen hatte, ihm ewige Liebe mit der schönsten Frau auf Erden zu schenken; Das erwies sich später als fatal. Denn Helena, die ihm versprochene Dame, war bereits mit Menelaos verheiratet. So entführte Paris Helena und der Anfang des Krieges um Troja war gemacht (die Propheten sagten, dass Paris derjenige sei, der den Untergang Trojas herbeiführen würde). In der Zwischenzeit war auch Eris auf der Seite der Gewinner: Zwietracht war geboren und sogar die Ehe zwischen Peleus und Thetis wird wegen eines Missverständnisses nach der Geburt ihres Sohnes Achilles zerbrechen.

Ursprüngliche Bedeutung

„Ein Ereignis, das zu Debatten zwischen mehreren Damen führen wird."

Weitere Interpretation

- Eifersucht
- Neid
- Missgunst
- Rivalität
- etwas, das Konflikte zwischen Personen erzeugt
- Schadenfreude
- Eigeninteresse

Kleines Bild, links

Eine Schlange.

Geschichte

Eine Schlange auf einem Baum, in einem Nest liegen Eier von einem Vogel; die Schlange wird diese fressen.

Ursprüngliche Bedeutung

„Androhung von Rache."

Weitere Interpretation

- Androhung von Rache
- Schaden
- Verlust
- Gefahr
- Ablehnung

- boshafte Absichten

Kleines Bild, rechts

Paris & Aphrodite

Geschichte

Paris hat seine Wahl getroffen, und er übergibt den Apfel an Aphrodite.

Ursprüngliche Bedeutung

„Eine Frau freut sich über eine Auszeichnung."

Weitere Interpretation

- Ehre
- Anerkennung
- Schönheit
- Bewunderung
- Komplimente
- eine Art Auszeichnung
- ein Bonus, eine Prämie
- jemanden glücklich machen
- jemanden schmeicheln

T

Karo Bube

Ursprüngliche Bedeutung

„Ein gerissener und geschickter junger Mann, der eine wichtige Botschaft überbringt."

(Mögliche Personenkarte)

Das große Bild

Odysseus im Palast des Lykomedes.

Geschichte

Der Lauf der Geschichte besagt, dass Menelaos nach dem Verlust der Beziehung mit Helena und dem Vertrauensbruch, den die Dame begangen hatte, begann, seinen Krieg gegen Troja zu planen. Er brauchte dafür Soldaten, eine Armee. Odysseus war ein Teil davon, aber sie brauchten auch um letztendlich zu gewinnen die Unterstützung von Achilles. Dieses Wissen hatten sie erlangt, als sie den Seher Kalchas befragten. So machten sie sich auf die Suche nach Achilles. Ein Orakel sagte der Mutter des Achilles, dass ihr Sohn einmal sehr berühmt sein wird, aber auch dass er in jungen Jahren sterben wird, daher versuchte seine Mutter Thetis, ihren Sohn unsterblich zu machen, indem sie ihn in den Styx, einen Fluss der Unterwelt, tauchte – dies machte ihn unverwundbar. Seine Ferse aber, an der sie ihn festhielt, wurde nicht benetzt und so bliebe diese Stelle als einzige verwundbar – sie hörte zudem, dass Menelaos Odysseus sandte, um Soldaten zu suchen, um sein Heer aufzubauen. Daher ging mit ihrem Sohn in den Palast des Lykomedes, wo er sich als Frau verkleidet versteckte. Durch den Seher Kalchas kannte Odysseus allerdings den Ort des Versteckes von Achilles. Er betrat als Händler verkleidet den Palast und zeigte den Frauen Juwelen & Stoffe und Kleider. Währenddessen blies Odysseus in das Horn als Aufruf zum Krieg: die Frauen rannten ängstlich davon, aber Achilles nahm sich sofort Schwert und Schild. Er wurde enttarnt. Nun folgte er Odysseus, um sich der Armee und dem Krieg anzuschließen.

Ursprüngliche Bedeutung

„Nützliche Entdeckung für eine Unternehmung, die Du machen möchtest."

Weitere Interpretation

- Verkleidung, sich anders zeigen als man ist
- etwas verschleiern
- eine versteckte Nachricht
- eine versteckte Botschaft
- Geheimnis
- Ein Geheimnis wird offenbart
- Ein Geheimnis kann nicht geheim bleiben
- eine wichtige Enthüllung
- eine Erkenntnis wird hilfreich sein
- eine Entdeckung
- ein Fremder
- Raffinesse, Trick

Kleines Bild, links

Hera.

Geschichte

Hera auf in einer Wolke, sie beobachtet die Geschehnisse um Troja. Sie ist bereit, im Krieg gegen Troja zu helfen. Die Hilfe von Hera und Athene war wichtig, um diesen Kampf zu gewinnen. Antrieb für den Einsatz der Damen, war die Tatsache, dass sich Paris gegen sie beide entschieden hatte und den Apfel Aphrodite überreichte.

Ursprüngliche Bedeutung

„Mut! Es wird Dir an Hilfe nicht mangeln!"

Weitere Interpretation

- Mut ist erforderlich
- eine echte Kraft ist helfend
- eine helfende Hand
- Hilfe kommt
- man ist nicht allein, und sollte sich daher trauen, etwas zu tun

Kleines Bild, rechts

Soldaten.

Geschichte

Eine Reihe bewaffneter Soldaten steht Spalier.

Ursprüngliche Bedeutung

„Überlegene Kräfte."

Weitere Interpretation

- überlegene Macht
- ein mächtiger Feind – das ist wichtig zu wissen, vermeide den Feind, denn er könnte stärker sein
- sich schützen
- sich zu verteidigen wissen
- sich verteidigen können
- sich verteidigen müssen
- vorbereitet sein

D

Karo 10

Ursprüngliche Bedeutung

„Heimtückische Ratschläge. Reisepläne."

Das große Bild

Jason & Pelias.

Geschichte

Du siehst Jason & Pelias zusammen im Thronsaal des Schlosses von Pelias. Jason, der Neffe von Pelias, war jedoch der eigentliche Erbe dieses Thrones, den sich Pelias auf grausame Art & Weise zu eigen machte. Pelias wusste nichts von Jason, dem rechtmäßigen Thronfolger, aber bereits das Orakel von Delphi sprach ihm ein düsteres und geheimnisvolles Orakel aus. Jason wurde nach seiner Geburt weggebracht und vom Zentauren Chiron aufgezogen. Nun kehrte er zurück, um auf seinem Thron Platz zu nehmen und wieder Gerechtigkeit und Güte in seinem Land herrschen zu lassen. Er bat Pelias nur um den Thron und nicht um all seinen Reichtum und sein Gold, dies solle Pelias behalten können. Pelias hegte boshafte Absicht und akzeptierte und bat Jason um einen Gefallen: Er bat Jason – bevor er zu regieren begann – das Goldene Vlies aus dem fernen Land der Kolchier zu holen, denn mit dem Besitz dieses Goldenen Vlieses war es möglich, einen Fluch zu zerstören, der auf ihren Vorfahren lastete (sie wurden wegen betrügerischen Verhaltens verflucht) – insgeheim erwartete Pelias jedoch, dass Jason von dieser gefährlichen Reise nicht zurückkehren würde.

Ursprüngliche Bedeutung

„Ein junger Mann, der mit Freude und ohne Misstrauen auf Ratschläge hört."

Weitere Interpretation

- falsche Ratschläge
- betrügerische Absichten
- schlechter Rat
- heimtückischer Rat
- eine Reise, ein Vorhaben kann gefährlich sein
- es ist wichtig, alles vorzubereiten, bevor man handelt
- nicht allen Versprechungen und Hinweisen/Ratschlägen vertrauen
- Skepsis ist angebracht

Kleines Bild, links

Jason.

Geschichte

Jason ist sie in den heiligen Wäldern, im heiligen Eichenhain Dodona (eine Orakelstätte, ein Orakel) – hier wird die Verbindung zu Zeus, der Jason Eingebungen sendet & Hera, die Jason ebenso unterstützt geknüpft.

Ursprüngliche Bedeutung

„Ein junger Mann hat Angst vor den Vorhaben, über die er meditiert."

Weitere Interpretation

- vertraue Dir selbst
- vertraue Deiner inneren Stimme
- hab Vertrauen und sei entspannt
- Eingebung
- Ratschläge, die stützend und hilfreich sind

Kleines Bild, rechts

Ein Mann und eine Zeichnung eines Schiffes.

Geschichte

Die Göttin Athene wirkt unterstützend bei der Vorbereitung dieser verantwortungsvollen und gefährlichen Reise. Sie ist für Argos, dem Architekten der Argo, die Muse zu seiner letzten Inspiration, um die Pläne für das Schiff namens Argo fertigzustellen. All das Zusammenwirken dieser Kräfte ist stärker als die betrügerischen Absichten des Pelias.

Ursprüngliche Bedeutung

„Reisevorbereitungen."

Weitere Interpretation

- beste Vorbereitungen
- es ist eine Reise mit guten Aussichten
- etwas steht unter einem guten Stern
- ein gutes Omen
- Täuschung ist nicht erfolgreich
- Ein Betrug wird nicht gelingen

N

Karo 9

Ursprüngliche Bedeutung

„Handlungen, Sorgen, Vorbereitungen für die Abreise zu einer entfernten Reise."

Das große Bild

Das Schiff, die Argo auf der sich die Argonauten befinden.

Geschichte

Es ist das Abbild des Schiffs namens Argo. Das sagenhaft schnelle Schiff, gebaut von Argos mit Hilfe von Athene. Alle Vorbereitungen sind nun getroffen und die Reise steht kurz bevor. Jason hat eine erstaunliche Mannschaft mit mehr als 50 Männern hinter sich. Darunter befanden sich wie Herkules, Peleus, Telamon, Theseus, Castor und Pollux, Odysseus, Orpheus, die Söhne der Nordwinde, Akastos, der Sohn von Pelias, der Jasons Freund wurde, und Idmon, ein Prophet, um nur einige der berühmten Namen aus der antiken Mythologie zu nennen. Vor Abreise wurden den Göttern Geschenke und Opfergaben erbracht, somit waren die besten Voraussetzungen und Umstände für die Reise geschaffen. Das Vorhaben stand unter einem guten Stern

Ursprüngliche Bedeutung

„Reise."

Weitere Interpretation

- eine wichtige Reise
- Vorbereitung der Reise
- lange Reise
- Veränderungen
- Wandel
- Bewegung

- Zuversicht
- Optimismus
- Aufbruchsstimmung

Kleines Bild, links

Die Argonauten.

Geschichte

Die Besatzung der Argo, die Argonauten, bekommt ihr Essen für die Reise; sie beladen die Argo mit dem nötigen Proviant. Das zeigt die Vorbereitungen, die gemacht werden müssen, damit später auch alles nach Plan läuft. Um das zu bekommen, muss ein Preis bezahlt werden, der sich aber lohnt, denn nur so wird die Reise sicher verlaufen.

Ursprüngliche Bedeutung

„Glückliche Reise."

Weitere Interpretation

- materieller Verlust (dafür erhält man aber einen Wert)
- gute Reise
- Unternehmung, Vorhaben ohne Probleme
- Vorbereitungen sind notwendig
- Vorsicht ist besser als Nachsicht
- An was nun gedacht wird, zahlt sich später aus

Kleines Bild, rechts

Die Argonauten.

Geschichte

Auch dieses Bild zeigt eine Szenerie der Vorbereitung: die Mannschaft bringt die Argo zu Wasser, um das Schiff abfahrtbereit zu machen. Das Schiff auf den Schultern zu tragen, das ist vielleicht nicht so einfach und es nimmt einige Zeit in Anspruch, aber das Schiff wird seinen Platz im Wasser erreichen.

Ursprüngliche Bedeutung

„Hindernisse auf dem Weg."

Weitere Interpretation

- Verspätung der Abfahrt
- Verzögerungen
- eine Verspätung
- zusätzlicher Zeitaufwand
- Geduld
- Abwarten
- keine einfache Anreise
- kein reibungsloser Start
- nichts ist fixiert
- Hindernisse auf dem Weg

A

ABCDE

Karo 8

Ursprüngliche Bedeutung

„Handlungen einer guten, hilfsbereiten Person, um eine Anstellung zu finden."

Das große Bild

Ganymed.

Geschichte

Wir sehen eine Szene im Olymp – alle Götter sind beisammen; auf dem traditionellen Bild der Karte hebt sich insbesondere in der Mitte Neptun mit seinem Dreizack hervor (als Anlehnung an das Zeichen des Wassermanns). Mittelpunkt der Szenerie allerdings ist der junge & hübsche Ganymed. Er schenkt den Göttern Ambrosia und Nektar aus. Es war eine ehrenvolle Aufgabe, die er hatte und die ihm von Zeus gegeben wurde – Zeus liebte Ganymed sehr und fühlte sich dessen Wesen, dessen Jugend und Schönheit hingezogen. Er war der Schönste unter den Sterblichen. Und erneut nahm sich Zeus, was er wollte. Er näherte sich Ganymed in Gestalt eines Falken und nahm ihn mit in den Olymp. Um seien Anwesenheit zu rechtfertigen und dauerhaft zu machen, vermachte er dem jungen Mann diese bequeme und geschützte Position des Mundschenken der Götter.

Ursprüngliche Bedeutung

„Sicherer Stand."

Weitere Interpretation

- sichere Position
- sicherer Arbeitsplatz
- sichere Umgebung
- den richtigen Job

- die richtige Arbeit
- die richtige Aufgabe
- dauerhafte Arbeit
- feste Anstellung
- Gönner & Förderer
- positiver Leumund
- Pflicht
- Mission

Kleines Bild, links

Eine Lehrerin.

Geschichte

Eine Frau unterrichtet Schüler, es geht bei dieser Szene um das Lehren, den Unterricht, das Übermitteln von Wissen an andere. Auf der traditionellen Karte wird dies über mit der Szene der Lehrerin mit ihren Schülern dargestellt.

Ursprüngliche Bedeutung

„Aufgenommene Waise."

Weitere Interpretation

- Erziehung
- ein Beruf in der Pädagogik
- eine Sozialarbeit
- für eine gute Ausbildung sorgen
- sich bilden
- Unterkunft stellen
- Jemanden versorgen oder in Obhut nehmen
- Verantwortung

Kleines Bild rechts

Ein Mann mit einem Buch.

Geschichte

Das Bild erzählt die Geschichte eines Schülers, der mit seinem Buch lernt.

Ursprüngliche Bedeutung

„Schlechter Ruf, mangelnde Ausdauer."

Weitere Interpretation

- Studium
- gute Ausbildung
- Berufsausbildung
- erlernter Beruf
- Weiterbildung
- Bildung
- ohne Fleiß kein Preis
- ohne Anstrengung und Ausdauer bekommt man nichts und scheitert,

Karo 7

Ursprüngliche Bedeutung

„Wechselfälle."

Das große Bild

Pandora.

Geschichte

Der Titane Prometheus war wie viele andere Götter der Herrschaft des Zeus unterworfen. Bei einem Tieropfer täuschte er Zeus arglistig, indem er das beste Fleisch nicht dem Göttervater, sondern den Menschen, seinen Schützlingen, übergab. Als Strafe verweigerte Zeus den Menschen das Feuer. Prometheus aber stahl daraufhin das Feuer und brachte es gegen den Willen von Zeus zu den Menschen auf der Erde. Voller Zorn bestrafte Zeus Prometheus, er band ihn an einen Felsen und setzte ihn den Adlern aus. Doch die Rache war noch nicht zu Ende: Die Götter erschufen die schöne Pandora und schickten sie auf die Erde zu Epimetheus – er war der Bruder des Prometheus. Da eigentlich Prometheus als der kluge Vorausdenkende galt, wurde die Ursache bei Epimetheus, dem unklugen danach Denkenden gesucht. Und somit galt die Strafe auch ihm. Er heiratete Pandora, obwohl sein Bruder Prometheus ihn warnte, dass er niemals ein Geschenk der Götter annehmen sollte. Pandora nahm zudem eine verschlossene Vase mit auf die Erde, die Zeus ihr verbot zu öffnen, denn sie sei ein Geschenk ausschließlich für die Menschen. Der Inhalt dieser Vase waren alle Übel der Welt und die Hoffnung. Zeus wusste jedoch, dass sich Pandora nicht daranhalten würde. Und er behielt recht: Sie öffnete die Vase und somit entwichen der Vase alle Laster und Übel und breiteten sich fortan auf der Welt aus, wo sie zuvor nicht vorhanden waren. Pandora war schockiert und schloss die

Vase schnell wieder, doch dies bevor die Hoffnung der Vase entweichen konnte. Von nun an war die Erde ein trostloser Ort.

Ursprüngliche Bedeutung

„Strafen aller Art."

Weitere Interpretation

- Schmerzen aller Art
- Ärger & Probleme in allen möglichen Angelegenheiten
- Überstürztes Handeln
- Unüberlegtes Handeln
- Handeln mit schlechten Konsequenzen
- Unglück
- Pech
- Hoffnungslose Situation
- Strafe

Kleines Bild, links

Ein Mann.

Geschichte

Die Geschichte erzählt von einem Mann, der betteln muss; ein Bettler.

Ursprüngliche Bedeutung

„Elend."

Weitere Interpretation

- Elend
- schlechte Geschäfte
- schlechte finanzielle Lage

- Geldverlust
- bankrott, Pleite
- leider auf lange Sicht keine (finanzielle) Besserung
- Armut
- Insolvenz

Kleines Bild, rechts

Ein Mann.

Geschichte

Ein Mann ist verzweifelt aufgrund der Lage, in der er sich befindet.

Ursprüngliche Bedeutung

„Schlechte Geschäfte."

Weitere Interpretation

- schlechte Lage
- aussichtslose Lage
- hoffnungslos
- Geldverlust
- vorübergehende Rückschläge

M

Karo 6

Ursprüngliche Bedeutung

„Diese Karte kann sogar einen Verbrecher entlarven; da sie auf Dunkelheit hinweist."

(Mögliche Personenkarte)

Das große Bild

Das Krokodil und das Ichneumon.

Geschichte

Das Ichneumon, galt als heiliges Tier in der früheren ägyptischen Kultur. In den Gräbern der Pharaonen wurden einbalsamierte Überreste dieses Tieres, auch Pharaonenratte genannt (insbesondere im französischsprachigen Raum), gefunden. Auch sonst wurde die Tiere nach dem Tode einbalsamiert und an heiligen Stätten begraben. Es war ein Marderähnliches Raubtier. Das Krokodil, ein starkes und mächtiges Tier, hatte nicht so viele natürliche Feinde und galt daher als sehr gefährlich, aber im alten Volksglauben Ägyptens war das Ichneumon eine echte Gefahr für das Krokodil. Man sagte dem Tier nach, es würde schlafenden Krokodilen in das Maul krabbeln, ihnen dann das Herz aus dem Leib fressen und es somit töten.
Eine kleine Sache kann etwas Mächtiges und Großes zerstören.

Ursprüngliche Bedeutung

„Ein abartiger Mensch, der es versteht, alle Möglichkeiten zu nutzen, um die Boshaftigkeiten, die er verfolgt, zu verwirklichen."

Weitere Interpretation

- Betrug
- Verrat
- Gefahr
- böswillige Person, die genau weiß, was zu tun ist
- gefährliche Person
- böswillige Absichten
- jemanden schaden
- Hinterhalt
- gefährliche Situation

Kleines Bild, links

Ein Mann und eine Frau.

Geschichte

Auf der Karte des traditionellen Grand Jeu spielt eine Frau Gitarre und ein Mann schlägt die Trommel schlägt – sie spielen verschiedene Instrumente, jeder für sich und nicht zusammen.

Ursprüngliche Bedeutung

„Uneinigkeit, gefährliche Männer und Frauen, zum Bösen geneigt."

Weitere Interpretation

- Uneinigkeit
- Streit
- gespaltenes Paar
- Verlockung
- Verführung

- gefährlicher Mann und Frau öffnen "Türen zum Bösen", sie ziehen Dich in ihre Affäre
- Geld zur Unterhaltung
- Geldverschwendung

Kleines Bild, rechts

Ein Stern.

Geschichte

Ein Stern, der auf die Erde fällt. Ein Komet.

Ursprüngliche Bedeutung

„Ein Mann, der durch den Umgang mit Schurken verdorben ist."

Weitere Interpretation

- Achtung, negative Person im eigenen Umfeld
- Vorsicht walten lassen
- der eigene Ruf ist in Gefahr "ein Mann fällt zu Boden, wenn er sich mit Schurken umgibt"
- schlechte Gesellschaft
- schlechter Umgang schadet dem eigenen Image
- Ansehen verlieren
- das Gesicht verlieren

B

S. 178

Karo 5

Ursprüngliche Bedeutung

„Stur, stolz, verleumderisch."

Das große Bild

Phaeton.

Geschichte

Wir sehen Phaeton mit dem Sonnenwagen am Horizont entlangfahren. Phaeton war der Sohn des Sonnengottes Helios. Helios schuf Tag und Nacht, indem er mit seinem Streitwagen durch den Himmel ritt. Phaeton war so eigenbildet aufgrund seiner Herkunft. Der Sohn des berühmten und bedeutenden Helios zu sein war ein Grund für ihn, sich für Besseres zu halten. Aber seine Gefährten wollten, dass Phaeton seine Herkunft beweist, denn sie vermuteten Prahlerei hinter all diesem Auftreten. Phaeton bat seinen Vater, auf dem Wagen zu fahren, dieser. Verneinte, da es seinem Sohn an Erfahrung mangelte. Stur widersetzte sich der Sohn dem Vater und tat es aber trotzdem, was in einem Desaster endete. Ob die Göttin Artemis einen Skorpion schickte, um Phaeton abzulenken, ist je nach Überlieferung anders. Tatsache ist jedoch, dass die Pferde des Sonnenwagens beim Anblick des Himmelsskorpions erschraken, durchdrehten und Phaeton die Kontrolle verlor und der Wagen Richtung Erde stürzte. Das Bild erzählt von dem Moment, als Phaeton sah, was geschah, und er wusste, dass er die Situation nicht mehr kontrollieren konnte; der Skorpion war sehr nahe an den Pferden, richtete seinen Stachel auf und die Pferde wurden wild und Phaeton hatte keine Kraft, die Zügel der Pferde zu halten. Der Wagen kam der Erde zu nahe und es wurde ein Feuer entfacht, das Zeus stoppen konnte, indem er Phaeton mit einem Donner tötete, und die Pferde ritten wieder in den Himmel zurück, wo noch immer der Skorpion bis heute als Sternbild am Nachthimmel zu erkennen ist.

Ursprüngliche Bedeutung

„Schlechter Rat. Nicht bereit auf den Rat der Klugheit zu hören."

Weitere Interpretation

- schlecht, einem Rat nicht zu folgen
- nicht bereit zu sein, auf einen der Ratschläge der Vorsicht zu hören
- "Hochmut kommt vor dem Fall"
- nicht vorsichtig sein, unerfahren, oberflächlich, nicht zuhören, nur schlechte Erfahrungen könnten helfen
- Arroganz
- Sturheit
- Prahlerei, Angeberei
- (falscher) Stolz
- Hoffart
- ohne Ambitionen

Kleines Bild, links

Ein Mann.

Geschichte

Die Geschichte zeigt einen damaligen Schutzmann (Uniform) an einem Tisch sitzend und er scheint den Gesprächen im Raum zu lauschen (in unserem Jahrhundert könnte das ein Polizist sein).

Ursprüngliche Bedeutung

„Ein Mensch, den Fehlverhalten, verwerfliche Ideen oder ein schlechter Gedanke in die Hände der Polizei bringen."

Weitere Interpretation

- Ärger mit offiziellen Institutionen und Einrichtungen
- Ärger mit Behörden
- Übernahme von Verantwortung für schlechtes Verhalten
- Unannehmlichkeiten
- verwerfliche Ideen oder ein schlechter Gedanke führen in die Hände des Gesetzes

Kleines Bild, rechts

Zwei Frauen.

Geschichte

Die zwei Frauen, die hier zu sehen sind, streiten miteinander; sie scheinen auf einem Markt an einem offenen Ort zu sein.

Ursprüngliche Bedeutung

„Verlust des Arbeitsplatzes, da man seine Vorgesetzten verleumdet hat."

Weitere Interpretation

- sei vorsichtig, worauf Du Dich einlässt
- Diskussionen
- falsche Worte und Gerüchte sind nicht hilfreich und unangebracht, vor allem in der Öffentlichkeit, vor anderen oder bei der Arbeit – es kann Konsequenzen geben
- Konflikte mit Personen
- Gerede fällt auf einen selbst zurück
- Klatsch & Tratsch

Karo 4

Ursprüngliche Bedeutung

„Durch Liebe wirst Du Reichtum und Ruhm erlangen."

(Mögliche Personenkarte)

Das große Bild

Medea & Jason

Geschichte

Jason ist auf Kolchis angekommen, der Insel, auf der Aietes lebte, der Besitzer des Goldenen Vlieses. Es befand sich im heiligen Hain des Gottes Ares. Dort hatte Aietes das goldene Vlies in einen Baum gehängt und es wurde bewacht von einem Drachen, der groß war wie ein Schiff und der niemals schlief. Aietes gab das Vlies nur an Jason heraus, wenn es ihm gelang, zwei Proben zu bestehen: Er sollte die feuerspeienden Stiere und den Drachen besiegen. Medea, die zauberkundige Tochter des Aietes, verliebte sich in Jason, gab ihm einen Zaubertrank und ein Pulver, um die Herausforderungen zu überleben, die Aietes Jason auferlegt hatte. Nur mit der Hilfe von Medea konnte Jason erfolgreich sein.

Ursprüngliche Bedeutung

„Mächtiger Schutz"

Weitere Interpretation

- Schutz
- kraftvoller Schutz
- Unterstützung durch jemanden, der mächtig ist
- Erfolg, aber nicht ohne die Hilfe anderer
- man braucht jemanden

- die Unterstützung kommt, weil Du beschützt und geliebt wirst
- Zusammenhalt
- Hilfe
- gemeinsam stark

Kleines Bild, links

Jason und der Stier.

Geschichte

Jason hat Angst, doch er muss der Herausforderung ins Gesicht sehen und gegen die feuerspeienden Stiere kämpfen. Er gießt magisches Wasser, zu dem ihm Medea verholfen hatte, über die Stiere. Ohne die Hilfe der Medea wäre Jason in diesem Kampf verloren gewesen.

Ursprüngliche Bedeutung

„Furcht."

Weitere Interpretation

- sich der Angst, der Herausforderung stellen
- Nervosität (die erste Herausforderung Jasons)
- es geht nicht ohne Hilfe
- fehlendes Selbstvertrauen
- Zweifel

Kleines Bild, rechts

Jason und der Drache.

Geschichte

Nach der ersten bestanden Herausforderung ist Jason nun selbstbewusster und mächtiger als denn je und er ist ohne Furcht, sich der Herausforderung und dem Kampf gegen den Drachen zu stellen. Er benutzte das magische Pulver, zu dem ihm verholfen hatte, um den Drachen zu besiegen. Auch hier wäre Jason ohne die Hilfe der Medea in diesem Kampf verloren gewesen.

Ursprüngliche Bedeutung

„Sicherheit."

Weitere Interpretation

- Selbstbewusstsein
- Gewissheit
- Zuversicht (da es nicht die erste Herausforderung von Jason ist)
- zu wissen, dass das Ziel sicher ist
- Selbstvertrauen
- siegessicher
- trotz allem geht es nicht ohne Hilfe

E

Karo 3

Ursprüngliche Bedeutung

„Zuneigung, gekreuzte Vereinigung."

Das große Bild

Castor & Pollux.

Geschichte

Zeus war einst in Leda verliebt, und bekam mit ihr zwei Kinder Eine Sohn namens Pollux und eine Tochter namens Helena. Beide als Kinder des Gottes Zeus waren somit Halbgötter und waren unsterblich. Zum gleichen Zeitpunkt wurde auch der sterbliche Castor von Leda geboren. Dessen Vater war jedoch nicht Zeus, sondern Tyndaros, ein Sterblicher und somit war Castor als Sterblicher geboren. Die Halbbrüder glichen einander sehr und wurden auch als Zwillingsbrüder der Helena gesehen. Die Dioskuren Castor und Pollux aber hatten ein besonders inniges Verhältnis zueinander und waren einander sehr verbunden; sie waren immer zusammen zu jeder Zeit, selbst Jason begleiteten sie gemeinsam auf der Argo. Eines Tages geschah das Unvermeidliche: der sterbliche Castor verletzte sich und lag im Sterben. Pollux bat verzweifelt seinen Vater Zeus um Hilfe; er wollte von Castor nicht getrennt sein. Er bat seinen Vater, ihm zu gestatten, tagsüber im Hades (Reich der Toten) bei Castor zu sein und nachts Castor zu sich in den Olymp zu holen. Zeus erfüllte seinem Sohn diesen sehnlichsten Wunsch. So sieht man bis heute am Nachthimmel Castor & Pollux in ihrer ewigen Verbundenheit zueinander im Zeichen des Zwillings leuchten.

Ursprüngliche Bedeutung

„Freundschaft, Familienbande."

Weitere Interpretation

- Freundschaft
- Familienzusammenhalt
- tiefe Verbundenheit
- eine Verbindung, die nicht gelebt werden kann – manchmal aufgrund äußerer Einflüsse
- verbundene, die dennoch getrennt sein müssen
- Schicksalshafte Verbindung oder Zuneigung
- verbundene Seelen
- Verbundenheit bis über den Tod hinaus
- eine unvermeidbare Trennung, aber Seelen bleiben verbunden
- düstere Romantik

Kleines Bild, links

Zwei Palmen.

Geschichte

Du siehst zwei Palmen, die Blätter scheinen sich vorsichtig zu berühren, heimlich, aber dennoch stehen die Palmen auseinander. Sie sind voneinander getrennt.

Ursprüngliche Bedeutung

„Unglückliche Freundschaft, ohne Hoffnung auf Vereinigung."

Weitere Interpretation

- eine Art Traurigkeit
- zwei, die nicht zusammen sind, gehören zusammen

- Sehnsucht nach jemandem, bei dem man nicht sein kann bzw. mit dem man nicht sein kann
- keine Kraft, die Trennung zu überwinden
- unglückliche Freundschaft und
- keine Hoffnung auf Vereinigung oder Wiedervereinigung
- eine Verbindung bleibt getrennt
- etwas wird unerreichbar
- etwas wird eine Erinnerung sein

Kleines Bild, rechts

Ein Reiter.

Geschichte

Ein Mann reitet allein auf einem Pferd. In Anbetracht des Themas dieser Karte ist der Mann auf der Suche nach Trost und Liebe im Leben. Dafür reitet er von dannen.

Ursprüngliche Bedeutung

„Nach einem Schmerzen im Herzen ist eine Reise das Beste, was man tun kann."

Weitere Interpretation

- nach Liebeskummer ist eine Reise das Beste, was man tun kann, denn Entfernung bringt Heilung
- Vorangehen, um die wirkliche Liebe zu finden
- auf zu neuen Ufern
- etwas hinter sich lassen
- Zeit heilt Wunden
- Distanz heilt Wunden
- der neue Weg bringt das Glück
- erst einmal für sich sein

P

GRAND JEU
Lenormand

Karo 2

Ursprüngliche Bedeutung

„Zweideutiges Verhalten."

Das große Bild

Ein Kind sitzt auf einer Ziege.

Geschichte

Die Geschichte zeigt ein Kind, das auf einer Ziege durch die Natur reitet. Mit der Ziege wird erneut ein Bild des Gottes Pan, Sohn des Hermes, auf einer Karte symbolisiert. Pan verzauberte viele Menschen, vor allem die Frauen, mit seinem Flötenspiel. Aber ebenso war Pan aufgrund seiner Vorliebe für Sex und Intimität bekannt. Er lebte seine Sexualität intensiv. Er stand in einer starken Liebesbeziehung zu den Nymphen – den Wasserfeen. In späteren Jahrhunderten neigten die Menschen nicht mehr allzu sehr zu sexuellen Vergnügungen, und deshalb wurde Pan zu einer teuflischen Figur, oftmals dargestellt mit Ohren einer Ziege und einem Pferdehuf. Oder auch gaben die Menschen ihm das Aussehen und die Eigenschaften des Ziegenbocks als eine Art Allegorie des Teufels und die Sünden, insbesondere aufgrund seiner sexuellen Eskapaden. Das Kind ist ein Zeichen der Unschuld und auch der Schwangerschaft als Folge der Sexualität.

Ursprüngliche Bedeutung

„Fruchtbarkeit, Geburt."

Weitere Interpretation

- Sexualität
- Schwangerschaft
- Geburt
- Kind

- Nachwuchs
- Fruchtbarkeit
- Lust
- Trieb
- Unschuld
- Naturnähe, Naturinstinkt

Kleines Bild, links

Zwei Frauen.

Geschichte

Auf der traditionellen Karte sieht man ein junges, trauriges Mädchen mit einer bösen Fee. Dies Bild erzählt die Geschichte der Schwangerschaft und Fruchtbarkeit.

Ursprüngliche Bedeutung

„Ein junges Mädchen weint wegen eines nicht wiedergutzumachenden Fehlers."

Weitere Interpretation

- negative Folgen
- nicht gut mit den Folgen zurechtkommen
- junge Person, die wegen des eigenen Schicksals weint
- keine Unterstützung
- in der Schwangerschaft allein sein
- ungewollte Schwangerschaft
- ungewolltes Schicksal

Kleines Bild, rechts

Zwei Frauen.

Geschichte

Auf der traditionellen Karte sieht man ein junges, trauriges Mädchen mit einer guten Fee. Auch dieses Bild erzählt die Geschichte der Schwangerschaft und Fruchtbarkeit, aber als Pendant zum anderen kleinen Bild mit einem positiven Effekt.

Ursprüngliche Bedeutung

„Ein junges Mädchen ist stolz darauf, ihren Fehler wieder gutmachen zu können."

Weitere Interpretation

- positive Folgen
- mit Konsequenzen zurechtkommen
- junge Person, die stark und stolz ist und dem Schicksal zuversichtlich entgegentritt
- junge Person bekommt Unterstützung
- in der Schwangerschaft nicht allein sein
- gewollte Schwangerschaft
- gewolltes Schicksal

S

S. 194

Karo Ass

Ursprüngliche Bedeutung

„Brief oder Nachricht."

Das große Bild

Harpokrates & Hermes.

Geschichte

Harpokrates (der griechische Gott für den ägyptischen Horus) war ein sehr mächtiger Gott, in der Gestalt eines Falken spannte er seine Flügel um den Himmel der Erde und seine Augen waren der Mond und die Sonne. Er hatte eine tiefe innere Verbindung zu seinen Eltern Osiris und Isis und auch wenn er erwachsen, mächtig und weise ist, war er immer der liebende Sohn. Die Szene zeigt ihn auf ein er Lotusblüte sitzend. Er legt einen Finger auf seinen Mund und übergibt dem Götterboten Hermes eine Botschaft. Die Überlieferungen Plutarchs deuteten den Finger auf dem Mund als Symbol des Schweigens, der Stille, und so wurde Harpokrates laut Plutarch als Gott des Schweigens, der Stille und der Diskretion gesehen. Ohne Worte gibt er die Botschaft an Hermes weiter, der unter anderem als Gott der Beredsamkeit, der Botschaften, der Kommunikation (einschließlich der Wahrsagerei) angesehen wurde. Dies war der Hintergrund zu Zeiten der Entstehung der Karten und wirkt daher auf alle Bilder dieser Karte ein. Später wurde die Interpretation des Plutarch widerlegt und die tiefe Verbindung zu seinen Eltern Osiris und Isis und er der ewig liebende Sohn heben sehr das kindliche hervor und die Deutung das Harpokrates einem kindlichen Gott gleichgestellt wird rückt in den Fokus, ebenso wird die Geste des Fingers als eine sehr kindliche Geste gesehen. In der Bedeutung der Karte macht sich dies jedoch nicht bemerkbar.

Ursprüngliche Bedeutung

„Bote, Vertrauen."

Weitere Interpretation

- Bote, Übermittler, Überbringer
- Vertrauter
- Vertrauen
- Diskretion
- Nachrichten
- Botschaften
- Neuigkeiten
- Informationen
- Briefe
- Mitteilungen
- Pläne
- Geständnisse
- heimliches Geständnis

Kleines Bild, links

Argus.

Geschichte

Dieses Bild erzählt die Geschichte des Riesen „Argus", der Riese mit seinen 100 Augen. Wenn 50 seiner Augen schliefen, waren zugleich die anderen 50 Augen immer offen, damit er alles sehen konnte. Er liest einen Brief – wie ein Spion und somit kommen Dinge ans Licht.

Ursprüngliche Bedeutung

„Indiskreter Bote/ Vertrauter."

Weitere Interpretation

- Klatsch und Tratsch
- Indiskretion
- keine Vertrauensperson im Umfeld
- indiskreter Bote
- man wird beobachtet, daher sollte man heimlich und vorsichtig handeln
- unangenehme Nachrichten
- ein Geheimnis kommt ans Licht
- ein Geheimnis ist nicht gut aufgehoben
- fehlende Loyalität

Kleines Bild, rechts

Ein Kynokephale.

Geschichte

Ein Kynokephale bewacht eine heilige Papyrusrolle, diese Szene ist ein Symbol für Zuverlässigkeit.

Ursprüngliche Bedeutung

„Sicherer und diskreter Vertrauter."

Weitere Interpretation

- zuverlässige und ehrliche Kontakte
- vertraute, verlässliche Person
- vertrauenswürdige Freunde
- Verbündeter
- sicher und geheim
- gute Nachrichten
- ein Geheimnis wahren
- ein Geheimnis ist sicher

Die Pik Karten

S

Pik König

Ursprüngliche Bedeutung

„Ein Mann des Gesetzes, mit dem Du Angelegenheiten zu regeln hast."

(Mögliche Personenkarte)

Das große Bild

Eine Gerichtsszene.

Geschichte

Das Bild erzählt die Geschichte von Menes; Es wird gesagt, dass er der erste König von Ägypten war. Er ließ einst die Stadt Memphis erbauen. Er schützte die Stadt mit einer riesigen weißen Mauer vor dem Wasser des Nils. Hier führt er das Gericht an und so ist die Karte oft in Kombination mit einem Urteil, Konsequenzen und einer Art möglichem Verlust.

Ursprüngliche Bedeutung

„Prozess."

Weitere Interpretation

- erste Karte der juristischen Prozesse
- behördliche, amtliche Verfahren
- Autorität, Staatsgewalt, Behörde,
- Angelegenheiten mit Autoritäten oder. Behörden
- offizielle Angelegenheiten
- ein Prozess
- Gesetze, Justiz, Rechtsangelegenheiten
- Konflikte mit dem Gesetz
- der getrennte Mann, der geschiedene Mann, der Witwer

Kleines Bild, links

Ein Mann.

Geschichte

Es ist die Geschichte eines Mannes hinter Gitter; ein Gefangener in einer Gefängniszelle.

Ursprüngliche Bedeutung

„Strafprozess."

Weitere Interpretation

- ernsthafte Probleme
- gefährliche Angelegenheiten
- ernsthafte Konflikte
- Strafprozess
- verlorener Prozess
- Verleumdung
- Härte des Gesetzes
- unaufrichtiges Handeln mit gerechten Folgen

Kleines Bild, rechts

Zwei Männer. Ein Dokument.

Geschichte

Ein Gerichtsdiener oder auch aus heutiger Sicht gesehen, ein Gerichtsvollzieher legt einer anderen Person ein Urteilsschreiben vor.

Ursprüngliche Bedeutung

„Zivil- und Wirtschaftsprozess."

Weitere Interpretation

- Zivilprozess
- Scheidung
- Gerichtsbeschluss (oftmals in Geldangelegenheiten)
- Pfändung
- förmliches Dokument
- amtliches Schriftstück
- amtliche Korrespondenz
- förmliche Korrespondenz

Pik Dame

Ursprüngliche Bedeutung

„Verlassenheit oder Witwenschaft."

(Mögliche Personenkarte)

Das große Bild

Isis.

Geschichte

Dies ist die Geschichte von Isis, die Göttin der Geburt, der Wiedergeburt und der Magie. Isis war die Mutter, die Göttin des Schutzes für die liebenden Menschen, den Bauern, Seeleuten und Heiler. Isis & Osiris waren sich schon immer zugetan und wurden als Erwachsene ein Paar. Seth, der Bruder des Osiris nahm Nephthys, die Schwester der Isis zur Frau. Doch Seth konnte nicht lieben, er als Gegenstück zu Osiris war von Geburt an mit Hass erfüllt. Eines Nachts täuschte Nephthys vor, Isis zu sein, und liebte Osiris. Aus dieser Nacht heraus wurde Anubis geboren. Um das Kind und die Wahrheit vor Seth zu verbergen, nahm Isis den Knaben zu sich. Doch Seth, wusste es bereits und er ermordete voller Eifersucht und Neid Osiris. Er zerstückelte seinen Leichnam und verteilte diese im ganzen Land. Die trauernde Isis suchte jedes einzelne Teil des Osiris, um ihn schließlich mit dem Zauber und Magie wieder zusammenzufügen – Sie war immer noch so verliebt in ihn. Und mit ihrer Macht der Liebe, ihrer Macht der Magie und der Hilfe der Götter wurde ihr mit Osiris einen Sohn geschenkt, Horus. Und mit dem Tod des Osiris wurde das Jenseits geboren und er herrschte über es und Isis war die Auserwählte der Götter, die eine Brücke vom Diesseits zum Jenseits bilden konnte. Ihr Sohn Horus wurde erwachsen. Doch unvergessen war für ihn das Schicksal seiner Eltern. Und es kam der Tag, an dem er Rache verübte und Seth tötete.

Ursprüngliche Bedeutung

„Eine Frau trauert um ihren Mann."

Weitere Interpretation

- Traurigkeit
- die Trauer akzeptieren
- Willenskraft
- seelische Stärke
- das schreckliche Schicksal besiegen
- mit dem Schicksal weiterleben
- nach etwas Schlimmen wieder Hoffnung schöpfen
- niemals aufgeben, weitermachen
- jemand, der den Verlust einer geliebten Person betrauert
- Kampf mit Trauer und Verlust, aber es wird Heilung der Seele geben
- die getrennte Frau, die geschiedene Frau, die Witwe
- das Jenseits

Kleines Bild, links

Ein Mann, eine Öllampe.

Geschichte

Ein Mann füllt eine Lampe mit Öl, damit es wieder Licht im Dunkeln gibt.

Ursprüngliche Bedeutung

„Verlust eines Freundes."

Weitere Interpretation

- Verlust eines nahestehenden Kontaktes
- Verlassenheit

- Hass auf das Schicksal
- Trauer
- Trost zu finden, wird schwierig sein
- allein trauern
- zurückbleiben
- Einsamkeit
- Traurigkeit
- dennoch das Leben weiterleben, weitermachen
- bestehendes fortführen und Erinnerungen am Leben halten
- mit der Situation wachsen

Kleines Bild, rechts

Zwei Frauen.

Geschichte

Hier wird Isis gezeigt, in einer Szenerie während ihrer Suche nach Osiris' Leichnam. Sie teilt sich einer Dame mit, einer älteren Frau. Einige Überlieferungen sagen, die helfende Dame wäre die Königin Astarte, handfestere Belege hierzu gibt es aber nicht.

Ursprüngliche Bedeutung

„Trost."

Weitere Interpretation

- Trost
- Verständnis
- jemand teilte das gleiche Schicksal,
- Anteilnahme
- Zuspruch
- geteiltes Leid

Pik Bube

Ursprüngliche Bedeutung

„Ein Mann von Wissen, der in den Gesetzen und allen Belangen der Gerechtigkeit unterrichtet ist."

(Mögliche Personenkarte)

Das große Bild

Ein Mann mit einer Waage.

Geschichte

In der antiken römischen Geschichte war die Gerechtigkeit eher eine Männersache, aber wir alle wissen, dass die Göttin der Gerechtigkeit, Justitia, eine Frau ist. Auf dieser Karte sehen wir einen Mann, einen Philosophen, eine Waage in der Hand; Ähnlich dem Alchemisten auf den Karten, die der Gruppe der hermetischen Wissenschaft angehören (später mehr zu den Gruppen) bereitet auch er seine Arbeit vor, indem er die richtige Menge an Zutaten gegeneinander aufwiegt und die exakte Menge findet, die er für seine Arbeit benötigt. Manchmal ist das mehr von dem einen als von dem anderen oder es ist das Mittelmaß – es unterliegt immer den Umständen.

Ursprüngliche Bedeutung

„Gerechtigkeit, Gleichheit."

Weitere Interpretation

- die zweite Karte der juristischen Prozesse
- Gleichheit
- Gerechtigkeit
- ausgleichende Gerechtigkeit
- Gerechtigkeit wird gesprochen werden

- Gerechtigkeit wird kommen
- Die Balance, der Ausgleich
- es hängt immer von der Hauptperson ab, ob diese Karte für die Person verheißungsvoll ist oder nicht.

Kleines Bild, links

Zwei Männer und ein Richter.

Geschichte

Das traditionelle Bild der Karte erzählt die Szene, in der ein Richter mit zwei Männern interagiert – er verkündet sein Urteil, er kommuniziert Gerechtigkeit zwischen ihnen, er schlichtet mitunter auch Streit.

Ursprüngliche Bedeutung

„Vereinbarung."

Weitere Interpretation

- Einigung
- Frieden
- Ausgeglichenheit
- Angebot annehmen
- ein Handschlag
- einen Streit beilegen
- nach solch einer Schlichtung geht oft jeder getrennte Weg
- Einigung, aber kein Neuanfang
- Rechtliche Angelegenheiten
- behördliche, amtliche Angelegenheiten

Kleines Bild, rechts

Ein Mann vor einem Richter.

Geschichte

In dieser Szene spricht auf dem Bild der traditionellen Karte der Richter nur mit einer Person, er hält die Hand hoch, er hat auch hier auch hier sein Urteil gefällt und verkündet es.

Ursprüngliche Bedeutung

„Beschuldigungen ohne Ergebnis."

Weitere Interpretation

- die Suche nach Gerechtigkeit ist ohne Erfolg
- Schuldzuweisungen
- falsche Schuldzuweisungen
- falsche Annahmen
- falsche Vermutungen
- Fehlentscheidung

Pik 10

Ursprüngliche Bedeutung

„Diebstahl, Verlust."

Das große Bild

Laverna.

Geschichte

Laverna galt als die Göttin der Betrüger und Diebe und ebenso der Unterwelt, denn sie war dem Olymp, in dem sich die anderen Götter befanden, nicht äußerst zugewandt. Des Nachts schlich sie lieber mit ihren Füchsen und ihren Wölfen in den Wäldern in der Nähe der Stadt Rom umher. Die Wölfe und die Füchse waren ihre treuen Begleiter.

Ursprüngliche Bedeutung

„Dir wird ein mehr oder weniger erheblicher Diebstahl widerfahren, je nachdem welchen Einfluss Deine Mitmenschen auf dich haben oder welchen Spielraum Du ihnen gewährst."

Weitere Interpretation

- Diebstahl
- Verlust
- Verluste aller Art
- nächtliche Ereignisse, die Nacht
- dunkle Ereignisse, dunkle Kapitel
- geheime Ereignisse
- Heimlichkeiten
- Tränen wegen Verlust
- Krankheit
- Unglück
- Betrug

Kleines Bild, links

Ein Fuchs.

Geschichte

Schauplatz ist ein Bauernhof, dort hat ein Fuchs aufgelauert und eine Henne gestohlen.

Ursprüngliche Bedeutung

„Jemand beobachtet Deine Handlungen, versucht in Dein Inneres vorzudringen, um herauszufinden, wie er Dich täuschen kann."

Weitere Interpretation

- jemand beobachtet Deine Handlungen
- jemand lauert auf, versucht, nahe zu kommen, um herauszufinden, wo Deine Schwächen liegen
- Wissen gegen jemanden verwenden
- aus dem Hinterhalt kommen
- Opfer werden

Kleines Bild, rechts

Eine Frau.

Geschichte

Eine Frau entwendet auf der klassischen Karte einen Gegenstand aus der Schublade eines Schreibtisches. Offenbar geht es hier um den Diebstahl persönlichen Besitzes.

Ursprüngliche Bedeutung

„Diebstahl des Vertrauens."

Weitere Interpretation

- Vertrauensmissbrauch
- schwerer Verlust
- eindringen in die Privatsphäre der anderen
- private Informationen ausplaudern
- der Dieb ist im privaten Umfeld
- fremdes Eigentum zunutze machen

S. 216

Pik 9

Ursprüngliche Bedeutung

„Trauer, seelischer, moralischer Kummer, es braucht Zeit, um zur inneren Ruhe zurückzufinden."

Das große Bild

Helena.

Geschichte

Die Szene zeigt Helena in Gesellschaft ihrer Zofen. Es herrscht Krieg und sie haben Kenntnis darüber. Iris, die Göttin des Regenbogens übermittelt Helena die Nachricht, dass Paris mit Menelaos auf dem Schlachtfeld gegeneinander kämpften – die Männer, die sie beide liebte, wurden zu schrecklichen Feinden und befanden sich in einem tödlichen Konflikt. So wie ihr Vater Zeus, war auch Helena sehr der schnellen Gefühle und Liebe zugetan – sie konnte nicht anders als sich in Paris zu verlieben und dem Herzen zu folgen. Doch in diesem Krieg zerbrach die Liebe von Helena und Paris. Er wurde schwer verletzt und suchte Zuflucht bei seiner ersten Gemahlin, doch sie untersagte ihm die Hilfe. Helena wandte sich wieder Menelaos zu, der hingegen sie wieder zurücknahm.

Ursprüngliche Bedeutung

„Eine Frau denkt an das Unglück, das sie verursacht."

Weitere Interpretation

- unangenehme Nachrichten
- schlechte Nachrichten
- Verzweiflung
- Unruhe, Sorgen
- Unfähigkeit zu interagieren, handlungsunfähig

- Verletzung, die von einer geliebten Person verursacht wird
- Verletzung der Person, die man liebt
- an das Unglück denken, das man verursacht hat
- sich der eigenen Schuld bewusst werden/ sein
- Schuldeingeständnis
- Reue, Bedauern
- Rückkehr, zurückgehen (oftmals in alte Partnerschaft)
- Einen Fehltritt nicht verzeihen

Kleines Bild, links

Thetis & Achilles.

Geschichte

Thetis übergibt ihrem Sohn Achilles magische, verzauberte Waffen, denn seit seiner Geburt versuchte sie, ihn zu beschützen, aber ohne Erfolg, denn mit der Gabe der Waffen unterstützte sie ihn eher, und er war nun bereit in den Krieg zu ziehen, in dem er schließlich starb.

Ursprüngliche Bedeutung

„Ins Verderben rennen."

Weitere Interpretation

- sich verirren, sich irren
- einen Fehler machen
- sich täuschen
- falsche Handlung mit Folgen
- das Handeln besser überdenken, es ist noch nicht zu spät

Kleines Bild, rechts

Pfeile.

Geschichte

In Anbetracht der mythologischen Geschichten so beziehen sich diese Pfeile auf die die mächtigen Pfeile des Herkules.

Ursprüngliche Bedeutung

„Glückliches Schicksal. Eine schuldige Frau, gerettet durch den Talisman der. Venus."

Weitere Interpretation

- gerettet durch Liebe und Glauben
- unnatürliche Kräfte können wachsen
- das Unmögliche kann möglich werden
- man kann immer noch reagieren und die Situation zum Besseren wenden
- gutes Ende ist möglich
- Wendung zum Guten
- Entwicklung zum Guten
- man hat das Schicksal noch in der Hand
- aktiv gegen das Ungute ankämpfen, es bekämpfen
- einen Fehltritt verzeihen

M

Pik 8

Ursprüngliche Bedeutung

„Tränen, verursacht durch den Verlust einer geliebten Sache."

Das große Bild

Achilles.

Geschichte

Achilles spielt eine große Rolle in der Erzählung des Trojanischen Krieges. Er ermordete aus Rache Hektor, einen trojanischen Prinzen. Achilles war voller Hass und Rachegelüste, da Hektor Patroklos, den Vetter des Achilles, im Kampf getötet hatte. Er ermordete Hektor. Als jener im Sterben lag, bat er Achilles, ihn in die Stadt zu bringen, so dass er dort sterben konnte, doch Achilles schlug ihm boshaft diese Bitte aus, hingegen band er seinen Leichnam hinter einem Wagen und zog ihn immer wieder um die Mauern der Stadt und um das Grab des Patroklos hinter sich her. Zeus konnte das grausame Verhalten des sonst so edlen Achilles nicht tolerieren – er befahl Thetis, ihren Sohn zur Vernunft zu bringen und so übergab er den Leichnam Hektors wilden Tieren. Friede wurde geschaffen.

Ursprüngliche Bedeutung

„Die Folge der Rache eines Feindes."

Weitere Interpretation

- Rache
- Hass
- Grausamkeit
- niedrige bewegründe und boshafte oder auch verletzte Gefühle verursachen Schmerz und Kummer

- Fürsorge für andere ist nötig, ein Akt der Freundlichkeit ist jetzt wichtig
- ein Verlust verursacht Schmerz und Verzweiflung
- Herzlosigkeit
- verbitterte Gefühle
- Wahnsinn, Wahn

Kleines Bild, links

Eine Frau, ein Grab.

Geschichte

Es ist Andromache, die Frau Hektor's, die hier am Grab ihres Mannes ist. Sie ist nun verwitwet und trauert um ihren verstorbenen Gatten.

Ursprüngliche Bedeutung

„Weinende Familie."

Weitere Interpretation

- weinende Familie
- trauernde Angehörige
- Tränen
- Trauer
- Verlust
- Verlust nahestehender Personen
- Verlust von tiefer, naher Verbindung

Kleines Bild, rechts

Ein Totenkopf, Gebeine.

Geschichte

Diese Knochen sollen die Knochen des Pelops sein. Pelops' Vater Tantalus wurde von Zeus als Gast geladen, Teil der göttlichen Tafel im Olymp zu sein. Er stahl dort Ambrosia und Nektar, zudem versteckte er in seinem Heim einen goldenen Hund, den er aus dem Olymp mitnahm – er leugnete diese Taten. Außerdem testete er, ob die Götter wirklich allwissend waren, indem er seinen jüngsten Sohn opferte und den Göttern als Mahl darbrachte. Aber die Götter erkannten den Frevel, dass er seinen eigenen Sohn ermordet hatte, und so schickten sie Tantalus in die Hölle, um Qualen durch Durst und Hunger zu erleiden – sogenannte „Tantalus -Qualen" – die Moire Klotho gab daraufhin Peplos ein neues Leben.

Ursprüngliche Bedeutung

„Glückliches Schicksal. Ein Hindernis wird durch die Gunst des Mondes überwunden."

Weitere Interpretation

- die schrecklichen Zeiten sind vorbei
- die Verzweiflung ist weg,
- ein Neuanfang wird geschaffen
- ein Hindernis wird überwunden
- das Schlechte wird aus dem Leben verbannt
- man überwindet eine schlechte Zeit und beginnt wieder neu

Pik 7

Ursprüngliche Bedeutung

„Hoffnung, auf die Verwirklichung einer Idee."

Das große Bild

Der Alchemist startet sein Experiment.

Geschichte

Die Szene auf der Karte zeigt den Alchemisten in seinem Labor. Es ist der Beginn seines großen Experiments, welches sieben unterschiedliche Stufen umfasst. Zu Beginn füllt er etwas dunkles Rohmaterial in ein Reagenzglas. Er verschließt das Glas und erhitzt das Material über einer Feuerstelle. Es ist der Anfang, und er ist voller Erwartungen, Ehrgeiz und Freude. Aber auch verspürt er eine Zuversicht: er ist sich sicher, dass sein Experiment nicht scheitern wird. Alles wird einen guten Start haben und gut ausgehen – so wird zumindest vermutet.

Ursprüngliche Bedeutung

„Der erste Schritt zur Durchführung einer Ehe"

Weitere Interpretation

- Anfang
- Jugend
- Start (oft im emotionalen Kontext; erste Gefühle),
- wunderbare Zeit
- erste Liebe
- neue oder erste Schritte
- eine Beziehung, die jetzt beginnt, kann von langer Dauer sein
- Zeichen für eine glückliche Ehe

- positive Karte, eine Situation wird positiv, auch wenn die Aussichten nicht so positiv sind
- Euphorie
- Zuversicht
- Optimismus

Kleineres Bild, links

Eine junge Frau.

Geschichte

Ein einfaches, junges Mädchen (anhand ihrer Kleidung lässt sich eine Verbindung zur damaligen Schicht der arbeitenden Klasse herstellen), sie wandelt durch die Natur, sie scheint allein zu sein, aber in ihrem Herzen ist sie es nicht, weil sie verliebt ist.

Ursprüngliche Bedeutung

„Diese Frau ist das Objekt Deiner Begierde/ Wahl."

Weitere Interpretation

- erste Liebe
- erste Liebesgefühle
- in jemanden verliebt zu sein
- es ist die Frau der ersten Wahl, jemand, den man von Herzen gewählt hat

Kleines Bild, rechts

Ein Paar.

Geschichte

Hier sieht man ein junges Mädchen, das sich mit einem Arbeiter unterhält, vielleicht ist es ein junges Paar (beide auch hier angehörig der Arbeiterklasse). Sie blicken in eine glänzende Zukunft, weil sie arbeiten und sich das Leben leisten können. Der Mann hat eine Anstellung, also ist er seriös und vertrauenswürdig und bietet Sicherheit.

Ursprüngliche Bedeutung

„Sie glaubt, geliebt zu werden und verlässt sich auf die Versprechungen."

Weitere Interpretation

- jemand glaubt/ fühlt geliebt zu werden und hofft, gute Zeiten zu erleben
- es herrscht Liebe, Vertrauen und Harmonie
- ein Zusammensein,
- man beginnt im Leben zusammen zu sein
- zusammenleben
- Jugend, erfüllte Hoffnungen und Träume
- Sicherheit
- sichere Zukunft
- erfüllte Hoffnungen und Träume, die man in der Jugend hatte

Pik 6

Ursprüngliche Bedeutung

„Täuschung, die Du erst erkennen wirst, wenn keine Zeit mehr ist."

Das große Bild

Das Trojanische Pferd.

Geschichte

Die Szene zeigt das berühmte Trojanische Pferd – inzwischen war klar, dass es nicht möglich war, die trojanischen Soldaten mit bloßer Gewalt zu besiegen und die Stadt einzunehmen. Auch der Seher Kalchas gab den Hinweis, dass der Sieg nur durch eine List und einem gerissenen Plan möglich wäre. Dieser war nur mit Hilfe von Zeus, Hera und Athene möglich und mit der Unterstützung der Götter bauten die Griechen ein Pferd aus Holz, in dem sich die Soldaten verstecken konnten. Odysseus täuschte vor, sich mit dem Heer zurückzuziehen und die Schiffe entfernten sich von der Küste. Zurück blieb nur ein riesiges Holzpferd, in dem sich jedoch die griechischen Soldaten versteckt hatten. Aufgrund der Warnungen des Priesters Laokoon und Kassandra, die beide besagten, das Pferd würde den Untergang Trojas bringen, wurden einige der Trojaner misstrauisch und wollten das hölzerne Pferd im Wasser des Meeres ertränken. Aber Athene verhinderte dies, indem sie zwei schreckliche Schlangen aufs Wasser schickte, die jeden fraßen, der ihnen zu nahekam. So wurde das Pferd aller Warnung zum Trotz doch in die Stadt Troja gezogen, in dem Glauben, das Pferd sei nun doch ein Geschenk für die Götter und die Einwohner feierten einen vermeintlichen Sieg. In der darauffolgenden Nacht stiegen griechische Soldaten aus dem Pferd öffneten die Tore der Stadt. Die zuvor zurückgezogenen Soldaten waren indessen wieder zurückgekehrt, konnten die Tore der Stadt betreten und Troja zu Fall bringen. Dies geschah teils auf so grausame Weise, dass selbst die Götter erzürnten und die Rückkehr der Griechen erschwerte, wie die Irrfahrten des Odysseus berichten.

Ursprüngliche Bedeutung

„Katastrophales Ereignis."

Weitere Interpretation

- katastrophale Ereignisse
- Betrug
- Verrat
- Gefahr
- Unglück
- Unrecht
- Hinterhalt
- Bedrohung
- der Schein trügt
- unangebrachtes Vertrauen
- Warnungen beachten und nicht überhören

Kleines Bild, links

Eine Frau und ein Mann

Geschichte

In der Geschichte sehen wir eine Dame namens Briseis, eigentlich Hippodameia. Sie war die Lieblingssklavin und Konkubine des Achilles. Sie kniet neben dem Sterbebett des Patroklos, der von Hektor ermordet wurde. Sie war Patroklos sehr verbunden, der er versicherte ihr eine aussichtsreiche Zukunft als Achilles Ehefrau.

Ursprüngliche Bedeutung

„Du wirst unter der Wirkung einer Zwietracht leiden, für die Du keine Schuld trägst."

Weitere Interpretation

- Leiden, die Du selbst nicht verursacht hast
- Kummer durch andere
- Tränen, die andere verursachten
- Leid aufgrund äußerer Umstände

Kleines Bild, rechts

Ein Reiter.

Geschichte

In der Szene wird Pyrrhus dargestellt, der Sohn des Achilles. Er gleicht seinem Vater in Aussehen und Stärke und er zählt zu jenen Helden, die sich im trojanischen Pferd befanden. Er hat zum Sieg mit beigetragen.

Ursprüngliche Bedeutung

„Glückliches Schicksal. Dank des Jupiter Talisman wirst Du erreichen, was Du Dir wünschst."

Weitere Interpretation

- Einsatz zahlt sich aus
- für etwas eingestehen
- nicht aufgeben
- jemanden nacheifern
- sich anderen anschließen, um Erfolg zu haben
- Schicksalswende bringt einen nah an das, was man will

Pik 5

Ursprüngliche Bedeutung

„Deine religiösen Grundsätze und das erworbene Wissen geben Dir mehr Hoffnung."

(Mögliche Personenkarte)

Das große Bild

Chiron.

Geschichte

Die Szene zeigt Chiron. Er stirbt. Chiron gehörte optisch den Kentauren an. Sie waren halb Mensch, halb Pferd – und galten normalerweise als grausame Kreaturen, die auf der Erde mehr Schaden angerichtet haben als anderes. Aber Chiron war anders in seiner Art, womöglich da er teils anderen Ursprungs war. Doch aufgrund seines Äußeren wurde er von seiner Mutter Philyra verstoßen und lebte seither in einer Höhle. Trotz dieses Schicksals verlor er nicht den Sinn für das Gute und er wurde Meister in verschiedenen Künsten: der Musik, der Astrologie, des Schreibens und des Bogenschießens. Er wurde von den Göttern sehr geschätzt und viele junge Männer wurden zu ihm geschickt, um eine ausgezeichnete Ausbildung zu erhalten (z.B. Castor, Pollux, Jason). Chiron war auch Meister in der Heilkunst, in dieser Kunst bildete er Asklepios aus, der später Gott der Medizin wurde. Durch all das wurde Chiron unsterblich. Aber dennoch wird Chiron auf dem Bild sterbend gezeigt. In einer Zeit, in der die Kentauren verfolgt wurden, wurde er versehentlich durch einen Pfeil, der mit dem Blut der Hydra vertränkt war, verletzt, und selbst Asklepios konnte ihn nicht heilen. Aufgrund seiner Unsterblichkeit war er dazu verdammt, ewig zu leiden. Chiron aber gab seine Unsterblichkeit an Prometheus, der dadurch von seiner Sünde befreit wurde und nicht mehr den Adlern ausgesetzt sein war.

Das Bild stellt den Augenblick seines Todes dar; er steigt hinab in den Himmel, dort gab ihm Zeus auf Firmament den Platz des Sternzeichen Schütze.

Ursprüngliche Bedeutung

„Ein wilder, fantasievoller Charakter, dominiert von Weichheit und Sorglosigkeit. Mit großem Wissen bleibst Du ohne Zukunft."

Weitere Interpretation

- selbst wenn hier Potenzial vorhanden ist, wenn es nicht gefördert wird und wenn man nicht fleißig und ehrlich ist, wird man scheitern
- verlorenes Potenzial, nicht genutztes Potenzial
- vorsichtig ist geboten davor, zu faul zu sein
- trotz Intelligenz und Wissen, ist eine gesicherte Zukunft ungewiss oder sogar unwahrscheinlich
- Sorglosigkeit, nicht an die Zukunft denken
- Ohnmacht, erlegen sein
- Menschen mit (harten) Schicksal in der Vergangenheit
- Menschen, die viel Bildung und Heilung geben können

Kleines Bild, links

Ein Jäger.

Geschichte

Hier ist ein Jäger, aber nicht während der Jagd und auch ohne Jagdtrophäe.

Ursprüngliche Bedeutung

„Persönlichkeiten des Unglücks; der Erfolg kann diese nicht erreichen."

Weitere Interpretation

- es ist nicht der richtige Zeitpunkt für den Erfolg
- die Zeit ist noch nicht reif, das Talent ist noch nicht ausgereift
- nicht aktiv sein, abwarten
- stagnierende Situation
- Pechvögel, Charaktere des Unglücks - der Erfolg kann diese Menschen oftmals nicht erreichen oder wenn nur sehr schwer

Kleines Bild, rechts

Ein Mann.

Geschichte

Ein Mann zu Fuß, er balanciert und versucht das Gleichgewicht zu halten: mit Flügeln auf der einen und einem Gewicht in der anderen Hand.

Ursprüngliche Bedeutung

„Unüberwindbare Hindernisse."

Weitere Interpretation

- emotional in keiner stabilen Stimmung
- unausgeglichen, ungleiche Sache
- fehlendes Gleichgewicht
- man braucht mehr Selbstvertrauen und mehr Erfahrung
- nicht das eigene Limit sein: Du hast Flügel zum Fliegen, aber hindere Dich selbst nicht daran
- unüberwindbares Hindernis, wenn man die falsche Einstellung hat

Pik 4

Ursprüngliche Bedeutung

„Künstlichkeit, die Eifersucht suggeriert."

Das große Bild

Hera & Semele.

Geschichte

Erneut zeigt sich in dieser Geschichte Hera, die Gattin des Zeus von ihrer eifersüchtigen Seite. Zeus liebte die schöne Semele, die Tochter der Harmonia. Er versprach ihr, ihr jeden Wunsch zu erfüllen und bis zum Tod in sie verliebt zu sein. Als Hera von dem Verhältnis erfuhr, fasste sie aus Eifersucht einen heimtückischen Plan und suchte die junge Semele auf. Um sich Zutritt zu verschaffen, wählte Hera, in Gestalt der alten Amme Beroe von Semele zu erscheinen. Sie ließ Zweifel in Semele aufkeimen, denn sie sagte ihr, dass Zeus nicht wirklich Zeus sei. Daher legte sie Semele nahe, Zeus zu bitten seine Identität zu beweisen, er solle sich ihr in seiner göttlichen Gestalt zeigen, als Beweis seiner Liebe. Würde er leugnen und ihr diesen Wunsch verwehren, würde er sie nicht lieben und ein Betrüger sein. Hera wusste, um die Tatsache, dass Semele dies nicht überleben würde, denn der Glanz würde sie vernichten, so wie nichts Irdisches bestehen kann, wenn es der Sonne zu nahekommt. Semele hielt sich an die Worte und bat Zeus darum. Er weigerte sich, da er wusste, was passieren würde, doch Semele bestand vehement darauf. Schließlich zeigte er sich aus Liebe in seiner natürlichen Gestalt. Und es geschah, wie es geschehen sollte, Semele starb durch den Anblick des Glanzes. Das Kind, ihr Sohn Dionysos wurde von den Göttern jedoch gerettet.

Ursprüngliche Bedeutung

„Boshafter Rat mit dem Ziel, einen Rivalen loszuwerden."

Weitere Interpretation

- böse, hinterhältige Ratschläge
- Ratschläge einer eifersüchtigen Person
- Eifersucht als Antrieb für das Handeln
- boshafte Absichten
- Heimtücke
- blindes Vertrauen (wird zum Verhängnis)
- Leichtgläubigkeit (wird zum Verhängnis)
- einen Rivalen ausbooten
- Konkurrenz
- Schmerz und Trauer (verursacht durch böswilliges Verhalten)

Kleines Bild, links

Ein Kind, ein Feuer.

Geschichte

Ein Strohhaufen, den ein Kind anzündet; man sieht den Rauch, ein Feuer entfacht.

Ursprüngliche Bedeutung

„Unbefriedigte Eifersucht."

Weitere Interpretation

- Eifersucht im Verzug
- etwas bahnt sich an
- aufgeheizte Stimmung
- angespannte Lage

- Zündstoff für Streitigkeiten
- mangelnde Fürsorge hat Folgen
- Leichtsinn

Kleines Bild, rechts

Eine Frau, Blitze.

Geschichte

Es ist jene Nacht, in der Heras böser Plan aufgeht und Zeus sich Semele in seiner göttlichen Gestalt zeigte und sie deswegen starb. Sie wurde von Blitz des Zeus getroffen.

Ursprüngliche Bedeutung

„Befriedigte Eifersucht."

Weitere Interpretation

- befriedigte Eifersucht
- erfolgreiche Rache
- „das Böse siegt"
- ein unguter Plan geht auf
- mit List und Heimtücke etwas verwirklichen
- die Folgen eines schlechten Ratschlages erfahren

Pik 3

Ursprüngliche Bedeutung

„Schwere Erkrankung, Lebensgefahr."

Das große Bild

Die Moiren.

Geschichte

Die Karte erzählt die Geschichte des Schicksals. Sie zeigt die drei Schicksalsgöttinnen, die Moiren. Sie sind das personifizierte Schicksal eines Menschen. Und selbst die Götter konnten ein von den Moiren bestimmtes Schicksal nicht abwenden. Ihre Namen sind Klotho (die Spinnerin), Lachesis (die Zuteilerin) und Atropos (die Unabwendbare). Sie bestimmten die Geschicke der der Welt, der Götter und der Menschen und sie standen über allem. Das Bild zeigt die drei Moiren auf einer Wolke und sie verrichten ihre Arbeit: Klotho spinnt den Lebensfaden, Lachesis knüpft ihn und Atropos wird ihn durchtrennen, wenn die Zeit gekommen ist. Sie repräsentierten den Kreislauf des Lebens, man kann sagen, dass sie für Geburt, Leben und Tod stehen.

Ursprüngliche Bedeutung

„Unsichere Existenz."

Weitere Interpretation

- Herausforderungen des Lebens
- Schicksal (unabwendbar)
- das Schicksal muss angenommen werden
- Schicksalshafte Situation im Leben
- schlechte Lebensphase
- eine dunkle Stunde

- Stunde der Not
- ein Schicksal, das einen ganz persönlich betrifft
- was auch immer im Moment passiert, ist schicksalhaft und daher unvermeidlich. Meistens werden diese Ereignisse als furchtbar und sehr belastend empfunden, und dass sie es meistens leider auch
- diese Karte erschien im Ursprung als eine Karte, die Todesfälle in der unmittelbaren persönlichen Umgebung bedeutete
- zudem war dies früher auch eine Karte mit Hinweis auf Krankheit und Tod

Kleines Bild, links

Lachesis.

Geschichte

Lachesis knüpft einen Lebensfaden, der zuvor von Klotho gesponnen wurde. Die Legende besagt, dass goldene Wolle für die schönen Momente im Leben und schwarze Wolle für die schwierigen Zeiten im Leben gesponnen wurde und die Abfolge dieser von Lachesis entschieden und geknüpft wurde.

Ursprüngliche Bedeutung

„Langes und ruhiges Leben."

Weitere Interpretation

- nur vorübergehende Gefahr
- kurze schlechte Phase
- schnell vorübergehendes Pech
- langes und angenehmes Leben

Kleines Bild, rechts

Atropos.

Geschichte

Atropos (die Metapher für den Tod) durchtrennt den Lebensfaden, der von Klotho gesponnen und von Lachesis geknüpft wurde. Der Kreis schließt sich hier.

Ursprüngliche Bedeutung

„Vorzeitiger Tod."

Weitere Interpretation

- große Veränderung im Leben
- es um große Lebenseinschnitte
- sich verändernde Lebensabschnitte
- etwas geht zu Ende
- etwas wird beendet (aber nicht von einem selbst)
- Ende
- kein Neuanfang
- in der alten Tradition: vorzeitiger Tod, Tod

U

S. 244

Pik 2

Ursprüngliche Bedeutung

„Vertraulichkeiten, Geheimnisse, die Du nutzen wirst."

Das große Bild

Kalchas und Menelaos.

Geschichte

Alles ist für den Krieg vorbereitet und die griechischen Helden und Soldaten suchten ihren Seher, Kalchas, auf, um den Verlauf der Ereignisse zu erfragen. Es gab eine Opferzeremonie, um die Geheimnisse der Zukunft zu offenbaren. Dem Seher erschien in der Vision ein Drache, und der Drache fraß neun Vögel – nun wusste Kalchas, dass der Trojanische Krieg neun Jahre dauern wird, und dass Troja fallen wird. Auch sah er, dass sie Achilles brauchen würden, um den Krieg gegen die trojanische Armee zu gewinnen. Zudem bedarf es der Hilfe des Odysseus und einer List – mit Waffengewalt allein würde die Stadt nicht fallen.

Ursprüngliche Bedeutung

„Gesunde Ansichten."

Weitere Interpretation

- Rat in einer schwierigen Situation
- der Rat eines Vertrauten
- geheimer Rat
- nützlicher Rat
- geheime Treffen
- geheime Nachricht
- geheime Hinweise
- sich einen Vorteil verschaffen

Kleines Bild, links

Eine Urne.

Geschichte

Hier ist eine Urne, die mit Asche gefüllt ist; es soll sich in einigen Überlieferungen um die Urne mit der Asche des Laomedon, der zweite König von Troja, handeln. Er war ein Mann der gebrochenen Worte und Versprechungen; Dies Verhalten führt zu seinem Verderben: er wurde Opfer des Zorns der Götter und anderer Zwist führte ihn bis hin zu seinem Tod.

Ursprüngliche Bedeutung

„Der Talisman des Saturn ist ein glückliches Hilfsmittel gegen jede Rache.“

Weitere Interpretation

- jemand nicht vertrauen
- keine wirklichen Ratschläge
- leere Versprechungen
- sein Wort nicht halten
- Konsequenzen der Unzuverlässigkeit
- Konsequenzen falschen Vertrauens
- ein Streit entzweit für immer

Kleines Bild, rechts

Schild & Schwert.

Geschichte

Das Bild zeigt zwei Schwerter mit einem Schild und es ist ein Hinweis, dass ein Konflikt aufkommt. Es ist offensichtlich, dass es eine Schlacht geben wird, also kämpfe und verteidige Dich.

Ursprüngliche Bedeutung

„Beginn von Feindseligkeiten."

Weitere Interpretation

- Beginn von Feindseligkeiten
- ein Konflikt beginnt
- eine Auseinandersetzung, ein Konflikt ist nicht zu vermeiden
- Feinde sind da, nun ist es an der Zeit, sich zu schützen und zu verteidigen

Pik Ass

Ursprüngliche Bedeutung

„Zweideutiges Verhalten, nächtliches Rendezvous"

Das große Bild

Europa.

Geschichte

Aus der antiken Mythologie wissen wir, dass sich Zeus in jener Erzählung in einen weißen Stier verwandelte, als er unter dem liebenden Einfluss der Venus stand, um Europa, die schöne Tochter des Agenor, zu entführen. Er war so sehr in Europa verliebt und konnte dieser Leidenschaft nicht widerstehen. Er entführte sie in Gestalt eines Stieres und trug sie auf dem Rücken über das weite Meer bis zur Insel Kreta. Danach lebte er lange Zeit zusammen mit Europa auf der Insel Kreta, unter einem Baum, von dem es heißt, dass er immer grüne Blätter hat. In ältere Erzählung ist Zeus zu jener Begebenheit noch nicht mit Hera verheiratet und seine Absicht ist, Europa zu heiraten – erst spätere Versionen bringen die Ehe mit Hera, den Betrug an ihr, ihre Eifersucht und ihre Rache mit ein. In Bezug auf die Bedeutung der Karte wird die Entführung Europas' durch Zeus aber durchaus in den Kontext der Affären und Heimlichkeiten gesetzt.

Ursprüngliche Bedeutung

„Verzweiflung in einer Familie wegen der Ungerechtigkeit eines Kindes. Entführung eines Mädchens."

Weitere Interpretation

- Sexualität
- Lust
- Leidenschaft

- (heimliche) Vergnügen
- (heimliche) Laster
- heimliche Affäre
- heimliche Beziehung
- Flucht, Abreise
- überstürztes Fortgehen
- Verzweiflung,
- etwas, das in Eile weggenommen wird

Kleines Bild, links

Eine Frau.

Geschichte

Die Szene der Originalkarte zeigt eine Frau im Türrahmen stehe. Man kann annehmen, sie steht in ihrer Haustür. Sie schaut hinaus, scheint auf jemanden zu warten, einen Mann zum Beispiel. Ob sie ihm Eintritt in ihr Haus gewährt?

Ursprüngliche Bedeutung

„Ein junges Mädchen wird sich verlieren/ wird verloren gehen."

Weitere Interpretation

- Vorsicht walten lassen
- nicht mit dem Feuer spielen
- riskantes Spiel
- Verführung
- Gefahr, eine gute Position, das Ansehen zu verlieren
- überdenken, mit und auf wen man sich einlässt
- die Geliebte, die wartet
- der Geliebte, der wartet
- die Affäre, nicht der/die richtige Partner/in

Kleineres rechtes Bild

Ein Mann.

Geschichte

Du siehst einen Mann, der allein an einem Tisch sitzt und ein Glas in der Hand hält. Er trinkt Alkohol in Einsamkeit.

Ursprüngliche Bedeutung

„Ein verkommener Mann."

Weitere Interpretation

- Sucht
- Drogen
- Abhängigkeit
- Sucht nach… (im schlechten Sinne)
- schlechter Mensch
- schwacher Mensch (mental)

HINWEIS Es ist von Vorteil, wenn Du Dir insbesondere die positivsten Karten und die negativste Karte des Grand Jeu merkst, um diese später während einer Legung sofort zu erkennen.

Im Großen Lenormand findest Du drei Karten, die sagen wir positiv sind, wie ein Joker im Kartenspiel zum Beispiel. Eine drei Karten, die einen wirklich starken positiven Einfluss haben und eine, die einen leider sehr starken negativen Einfluss hat.

Es ist also sehr wichtig für die Interpretation Deiner Legungen, wenn zum Beispiel eine dieser Glückskarten auftaucht, denn wenn dies der Fall ist, wird der Ausgang der Situation positiv, zu Deinen Gunsten oder trotz allem dennoch sehr verheißungsvoll sein, auch wenn es wirklich ungünstig aussieht. Oder eine schlechte Prognose wird etwas abgeschwächt.

Die Karten sagen nicht, dass etwas Unangenehmes ganz plötzlich schön wird, sondern sie nehmen die Schwere heraus und lassen Dich mitunter wissen, dass etwas Schlechtes für Dich dennoch gute Folgen haben kann

Es ist also immer wichtig, einen ersten Blick darauf zu werfen, ob Du eine dieser drei Karten in der Auslage der Karten siehst oder ob Du die schlechteste Karte des Spiels siehst, denn auch ihr Einfluss ist enorm auf den Ausgang der Dinge.

Die Glücksbringer & das schlechte Omen

Die 3 besten Karten im Großen Lenormand

- Kreuz Ass: die Erfolgskarte,
- Herz 3: die Karte des Geistes und
- Pik 7: die Karte der Hoffnung

Eine oder mehrere dieser Karten, die erscheinen, sind immer als ein positives und glückliches Zeichen.

Die schlechteste Karte im Großen Lenormand

Und es ist in der Natur der Dinge, dass wo es Licht gibt, es auch Schatten gibt. So wird es Legungen geben, in denen Du die schlechteste aller Karten sehen wirst:

- Pik 3: die Schicksalskarte

Diese Karte in einer Legung bedeutet unter anderem, dass die Situation mit viel Vorsicht und Verantwortung betrachtet werden muss. Denn dieses Mal ist das Problem ein herausforderndes Schicksal, das gelöst werden muss. Es führt kein Weg daran vorbei. Die Pik Dame zum Beispiel zeigt auch eine Konfrontation mit dem Schicksal, und diese ist auch nicht sehr willkommen, aber meistens taucht in diesem Fall die Pik Dame auf, wenn sich das Schlechte in Gutes verwandelt – die Schicksalsumkehr. Aber das Wichtigste wird immer das Erscheinen der Karte Pik 3 sein. Diese Karte verleiht anderen Karten oder der Legung eine dunklere und ernstere Note. Situationen mit der Pik 3 sollten niemals unterschätzt werden.

Die Energie dieser vier Karten, der drei stärksten positiven Karten und der schlechtesten Karte, hat einen großen Einfluss auf die anderen Karten – bevor Du also mit der Interpretation der Karten beginnst, schau genau hin, ob Du eine dieser Karten siehst.

Exkurs „Petit Lenormand"

Das französische „Petit Lenormand" ist ein Kartenspiel aus 37 Karten, die dem Großen Lenormand entnommen sind: optisch mit den drei Bildern, den Blumen und den Spielkarten. Und thematisch nahezu mit der gleichen Bedeutung. Ausgelegt werden die Karten jedoch nach ihrem eigenen System. Jede Position bestimmt dann, welche Facette der Karte zur Deutung hinzugezogen wird. Die Bedeutungen sind im „Petit Lenormand" den Karten aufgedruckt.

Folgende 37 Karten enthält das französische „Petit Lenormand":

0 Die weibliche Hauptperson – benannt nach Mlle. Lenormand

1 Die Herz 9	2 Karo 6	3 Pik 10
4 Herz König	5 Herz 7	6 Kreuz König
7 Kreuz Dame	8 Karo 9	9 Pik Dame
10 Karo Bube	11 Kreuz Bube	12 Karo 7
13 Pik Bube	14 Kreuz 9	15 Kreuz 10
16 Herz 6	17 Herz Dame	18 Herz 10
19 Pik 6	20 Pik 8	21 Kreuz 8
22 Karo Dame	23 Kreuz 7	24 Herz Bube
25 Kreuz Ass	26 Karo 10	27 Pik 7
28 Herz Ass	29 Pik Ass	30 Pik König
31 Karo Ass	32 Herz 8	33 Karo 8
34 Karo König	35 Pik 9	36 Kreuz 6

Auffallend ist hier, dass die Karten, die entnommen wurden, exakt der Anordnung von Spielkarten entsprechen, die man auch auf den deutschen 36 Lenormand Wahrsagekarten findet. Ebenso ist jede Karte des französischen kleinen Lenormands oben rechts mit einer Zahl und einem Titel der Karte versehen, die ebenso der deutschen Lenormand Karte entspricht. Dies sind aber auch die einzigen Parallelen, denn weder in der Deutung jeder einzelnen Karte noch in der Auslage der Karten gleichen sich diese Systeme. All meine fundierten Recherchen schließen Verbindungen dieser Kartendecks miteinander nachweislich aus. Es sind vermeintliche Brücken.

KAPITEL II
Erste Erkenntnisse
Grundregeln
(Der Start des Grand Jeu)

Die 7 Grundregeln des Wahrsagens mit den Großen Lenormand Karten

Mach nun eine Zeitreise in die Vergangenheit und lies die Karten wie damals im Jahr 1845.

Die Erklärung des Spiels, wie in diesem Buch dargestellt, entspricht und beruft sich auf die ursprüngliche Anleitung des Wahrsagens mit dem Grand Jeu – die wahre, traditionelle Art und Weise der Zukunftsdeutung mit diesen Karten, so wie sie einst im späten 19. Jahrhundert praktiziert wurde.

Mit dem vorherigen Kapitel hast Du die Bedeutungen der Karten verinnerlichen können, und Du kennst sie nun aufgrund der Erklärung, die Dir eben hier gegeben wurde, in und auswendig. Jetzt musst Du nur noch die Regeln kennen, die Du befolgen musst, um die Karten gemäß den alten traditionellen Methoden aus dem Jahr 1845 zu legen und zu deuten.

Was auch immer jemand darüber wissen möchte, was einmal in der Zukunft passieren wird, Du als Kartenleger musst die Methode der Zukunftsdeutung mit diesen Karten perfekt beherrschen: Du musst zuerst die Karten mischen, die Karten abheben und dann verdeckt auf den Tisch legen und die Anzahl der Karten dem Stapel entnehmen, die Du für Deine Legung benötigst. Die Anzahl der Karten, die Du vom Stapel entnehmen musst, ist unterschiedlich und hängt erst einmal immer von der Methode ab, die Du verwenden magst. Aber bei der Auslage der Großen Lenormand Karten ist es immer wichtig, diese in einer ungeraden Anzahl dem Kartenstapel zu entnehmen sind. Niemals werden Legungen mit einer geraden Anzahl von Karten durchgeführt; Du wirst während der Lektüre dieses Buches erkennen, weshalb.

Erste Regel Wenn die Karte der Hauptperson nicht Teil der Karten ist, die gezogen werden, repräsentiert die Karte in der Mitte diejenige Person, die die Karte befragt, und ihre Situation. Diese Karte macht den Anfang; sie ist die Grundlage der Informationen, die Du und Dein Klient ersuchen.

Zweite Regel Die Karten auf der linken Seite (aus Deiner Perspektive als Kartenleger gesehen) haben eine enge Verbindung zu der Karte in der Mitte; sie können sie zum Guten oder Schlechten beeinflussen, je nachdem, ob sie positiv oder negativ in ihrer Bedeutung sind. In den Karten auf der linken Seite kannst Du Folgendes erkennen: die Gewohnheiten der Hauptperson, den aktuellen Zustand, die Moral oder auch, wo diese fehlt, oder wo Probleme liegen, wichtige oder weniger wichtige persönliche Tatsachen. Das bedeutet, dass Du auch sehen kannst, ob die Person wohlhabend oder arm ist, eine Ehe führt oder einen Beruf bzw. eine Tätigkeit ausübt. Hier findest Du alle Informationen, die Du über denjenigen wissen solltest, der die Karten befragt.

Die Karten auf der rechten Seite bestimmen den Charakter, die Gedanken und die Zukunft der Person, die durch die Karte in der Mitte dargestellt wird. Auf dieser Seite siehst Du in den Karten auch, was der Person am meisten gefällt, was gewünscht wird und was aber schwer zu haben sein kann.

Diese Karten zur rechten Seite haben daher einen großen Einfluss auf die Zukunft der Person. Mehr als die anderen. Wenn sie positiv sind, ist es ein Hinweis für den Fragesteller, dass Erfolg zu erwarten ist, aber wenn sie negativ sind und wenn es Hindernisse in der Zukunft zu sehen gibt, ist dies ein sicherer Hinweis für den Fragesteller, der Lage zu misstrauen oder vorsichtig zu sein.

Beispiel (zum Nachlegen)

Du solltest nun im Allgemeinen wissen, dass sich bei den Großen Lenormand Karten die Priorität der Bilder, die Du zur Deutung verwendest, je nach Position der Karte im Spiel verändert; und die Karte in der Mitte durch das kleinere Bild rechts oder links beeinflusst werden kann. Ich werde Dir dies Anhand dieser Legung von 5 Karten als Beispiel beschreiben.

HINWEIS Ich empfehle Dir immer, für jedes Beispiel, das in diesem Buch erklärt wird, die im Beispiel vorkommenden Karten herauszunehmen und dann der Erklärung Schritt für Schritt nicht nur theoretisch, sondern auch praktisch zu folgen.

Folgende Karten sind gezogen:

Kreuz König Kreuz Dame Kreuz Bube Kreuz 10 Kreuz 9

Stell Dir nun vor, ein Herr konsultiert Deine Karten, und Du weißt erst einmal nicht, was er wissen möchte, doch bereits anhand der Karten in diesem Beispiel kannst Du einiges erkennen:

1. Die Karte in der Mitte ist der Kreuz Bube. Der Kreuz Bube repräsentiert die Person, die die Karten befragt; es scheint, dass der Mann fast alles tut, um seine Ziele zu erreichen; aber er wird nur dann erfolgreich sein, wenn er seine Fähigkeiten und seine Intelligenz gezielt einsetzt, Versprechungen macht und damit andere gekonnt verführt. Merke hier, es wird bei dieser Karte nur das große Bild und die eigentliche Hauptbedeutung der Karte für die Person verwendet.

2. Direkt zu seiner Linken befindet sich die Kreuz Dame; eine Frau von guter Gesellschaft, nett und großzügig. Man beachte nun aber auch das kleinere Bild, das auf die linke Seite des Fragestellers zeigt (eine Frau, die einen Fächer in der Hand hält). Das bedeutet, dass der Herr eine Frau zu treffen scheint, die sorglos ist und das Vergnügen genießt, und von der er aufgrund ihrer Großzügigkeit sich einen Vorteil versprechen kann.

3. Die zweite Karte zu seiner Linken ist der Kreuz König; ein erfahrender Mann, der in der Lage ist, weise Ratschläge zu geben. Das bedeutet: Der Fragesteller muss sich um geschäftliche Angelegenheiten kümmern, die möglicherweise eine lange Reise erfordern (Erinnere Dich an Jasons Geschichte, zu der diese Karte zählt). Das zweite kleine Bild auf der linken Seite (zwei Felsgruppen und eine Taube, die die Felsen passieren muss) bedeutet außerdem, dass der Herr vorsichtig sein sollte und generell Vorsichtsmaßnahmen treffen muss, denn sein geschäftlicher Erfolg ist noch zweifelhaft.

4. Die erste Karte rechts neben dem Fragesteller ist die Kreuz 10, die den Erfolg in einer unsicheren, riskanten Situation/in einer unsicheren Angelegenheit verspricht. Wenn Du nun das kleine Bild deutest, das auf die rechte Seite der mittleren Karte zeigt (ein Zweig eines Weinstocks mit mehreren Weintrauben, über dem sich der Talisman des Mars befindet), kannst Du ersehen, dass der Fragesteller einen mächtigen Gegenspieler hat, der ein Hindernis für seine geschäftlichen Angelegenheiten darstellt. und alle Ambitionen und Wünsche des „Feindes" sind auf dieses eine Geschäft gerichtet. Er kann ein Rivale oder vielmehr ein Konkurrent sein.

HINWEIS In Anlehnung an die ursprüngliche Anleitung des Grand Jeu gibt es hier an dieser Stelle bereits diesen zusätzlichen Hinweis zur Interpretation: Erinnere Dich: das eine Bild enthält die Abbildung des Mars Talismans, und dies besagte: *„Großer Mut, der Dich dazu bringen wird, Dein Leben zu riskieren, um einen Feind einen Grad an Stärke zu*

nehmen. Der Talisman des Mars macht Dich unverwundbar. "
So wird demnach in dieser Situation das Tragen des Talismans des Mars von großem Nutzen sein, da dieser dem Fragesteller den Mut und Kraft gibt, um den Einfluss/ die Macht seines Feindes zu verringern/loszuwerden". Für den Moment kannst Du diese Information aber getrost beiseitelegen, denn dies wird Teil eines späteren Kapitels in diesem Buch sein.

5. Als folgende Karte siehst Du die Kreuz 9. Diese Karte ist sehr gut für den fragenden Herrn, denn sie sagt ihm Erfolg voraus (siehe ab Seite 54 im Deutungsteil, Kreuz 9). Der Fragesteller könnte ein Kaufmann / ein Geschäftsmann sein, denn er hat eine Handelskarte zur linken Seite liegen (die Seite, die Dir z.B. mehr über die Gewohnheiten und die Lebensumstände der Person verrät). Er ist nicht verheiratet, weil er zu seiner Linken keine Karte hat, die ein Zeichen für eine Ehe wäre. Er ist nicht reich, weil er keine Karte zu seiner linken Seite hat, die für Reichtum steht. Es ist nichts äußerst Ungünstiges für den Fragesteller in all diesen Karten. Und sogar das kleinere Bild der Karte Kreuz 9, das zur rechten Seite der mittleren Karte zeigt (ein Händler), und das sich direkt auf den Fragesteller bezieht, zeigt somit Erfolg und Gewinn an.

6. Als eine abschließende Botschaft kannst Du sagen, dass der Herr in dem, was er sich wünscht, Erfolg haben wird, aber nicht ohne, dass er die Erfahrung von Schwierigkeiten macht, und selbst am Zenit seines Erfolgs können bestimmte Ereignisse immer noch seinen Interessen schaden oder den Erfolg gefährden.
In der Erklärung, die soeben gegeben wurde, ist Dir vielleicht aufgefallen, dass es von den kleineren Bildern, die für die Interpretation verwendet wurden, nur jeweils die beiden verwendet wurden, die auf die rechte Seite und die beiden, die auf die linke Seite der Karte zeigen, die den Fragesteller darstellt. Das liegt daran, dass nur diese Bilder in direkter Verbindung mit der Hauptperson stehen. Die anderen Bilder haben mit der Hauptperson nichts zu tun, und deshalb können sie unbeachtet bleiben.

Dritte Regel Stell Dir nun eine andere Ausgangslage vor: Du hast einen männlichen Fragesteller, und die Karte der weiblichen Hauptperson taucht gleichzeitig in den fünf gezogenen Karten auf, so ist dies ein Beweis dafür, dass die Person, die die Karten befragt, an jemandem ganz besonders interessiert ist; diese besondere Person wird durch die gegensätzliche Personenkarte repräsentiert. In diesem Fall wird es nicht schwierig sein, die Karten nach den vorherigen Regeln zu deuten, um darin das zu sehen, was der Fragesteller wissen möchte.

Vierte Regel Wenn eine der Absichten des Fragestellers darin besteht, mehr über die Gedanken oder das Schicksal einer anderen Person zu erfahren, so werden die kleinen Bilder, die in keiner Beziehung zur Karte in der Mitte (in diesem Falle ist das die andere Person) stehen und unwichtig waren, nun mit der Person in Verbindung gesetzt, die die Karten befragt, sozusagen mit dem eigentlichen Fragesteller.

HINWEIS Wenn Du diese Legung machst, um die Gedanken einer anderen Person in Erfahrung zu bringen; sei es, was sie über Dich selbst denkt oder über eine andere Person, so liegt der einzige Unterschied darin, dass die Karte der Hauptperson oder die Position, die sie repräsentiert (die Karte in der Mitte), jene Person darstellt, nach der Du fragst, und nicht Dich selbst.

Beispiel (zum Nachlegen)

Dieses Beispiel soll dies für Dich verständlicher und transparenter machen: Stell Dir vor, eine Dame wird Dich aufsuchen, um die Karten zu befragen und sie sagt Dir, was sie wissen möchte:

"Ich möchte mir über die Absichten eines jungen Mannes im Klaren sein, der seinen Worten nach sehr an einer Beziehung mit mir interessiert zu sein scheint. Ich will wissen, worauf ich hoffen kann, was kann ich erwarten?"

Du mischst die Karten für die Dame, hebst sie ab und legst sie verdeckt auf den Tisch und nimmst die ersten fünf Karten. (Erkläre dabei Deinem Klienten immer, was Du tun wirst, und ermögliche Deinem Gegenüber immer, Fragen zu stellen).

Kreuz 7   Karo 10   Karo Bube   Herz 6   Herz 2

1. Die Karte in der Mitte ist der Karo Bube (Odysseus in Verkleidung). Sie zeigt an, dass die Art und Weise, wie sich die Person der Dame präsentiert, nicht der Art entsprechen, wie die Person eigentlich ist, oder dass die besagten Worte nicht den wahren Absichten der Person entsprechen: Der Gedanke der Person ist verborgen. Die Person scheint unehrlich zu sein, zu lügen oder zumindest nicht alles zu erzählen. Die Person ist "verkleidet". Merke hier, es wird nur das große Bild und die eigentliche Hauptbedeutung der Karte für die Person verwendet.

2. Die erste Karte auf der linken Seite, Karo 10, (Jason & Pelias) besagt, dass der Mann für eine Handelsunternehmen verantwortlich zu sein scheint und für dieses arbeitet und die Karte gibt einen Hinweis darauf, dass er das Unternehmen verlassen wird.

3. Die zweite Karte links, die Kreuz 7 (Pan), ist ein wichtiges Zeichen der Verführung. Daher sind die Handlungen des jungen Mannes, an dem die Dame interessiert ist, nicht tiefgründig oder auch nicht ernsthafter Absicht. Er ist nicht reich, weil es links keine Karten gibt, die Reichtum zeigen. Er hat aber Intelligenz und Talente; davon zeugt das kleine Bild (der Architekt, die Pläne der Argo), das sich links von ihm befindet. Aber das zweite, kleinere Bild (ein Arbeiter, der sein Werkzeug in den Händen hält) erklärt, dass er nie die Macht oder die Möglichkeit hatte, ein großes Vermögen zu machen.

4. Er hofft, reich zu werden und möchte dies durch eine Heirat erreichen. Das könnte ihn zu einer höheren Position in der Gesellschaft verhelfen. Dies erklärt sich durch die Herz 6, die zum Thema Ehe gehört (der Alchemist blickt mit Zufriedenheit auf den in Gold verwandelten Stein). Das Material verwandelt sich in Gold, was Reichtum & Gelingen anzeigt. Hier zeigt das erste wichtige kleine Bild zur rechten Seite der Karte in der Mitte (das kleine linke Bild der Karte) eine ältere und wohlhabende Frau, die zusammen mit einem jüngeren Mann dargestellt wird. Dieses Bild unterstreicht auch die Absichten der Person.

5. Die zweite Karte auf der rechten Seite, Herz 2 (eine Gruppe von Rebhühnern mit einem Hund), sagt mit dem kleinen Bild, das auf die rechte Seite der mittleren Karte zeigt (ein Eremit, ein Mönch), dass der Herr eigentlich sehr zurückgezogen und ziemlich desinteressiert ist; dieser Mann hat ehrlich gesagt keinen tiefen Gedanken/keine feste oder innere Absicht, in einer Ehe/Beziehung mit der Dame zu sein.

Dies war ein genauerer Blick auf das Leben oder die Gedanken der anderen Person – jetzt kommt aber zudem der Schritt, sich die Bilder anzusehen, die in Verbindung mit der Dame stehen, die die Karten befragt (das sind in diesem Fall alle kleinen Bilder, die keiner engen Verbindung zu der Karte der anderen Person stehen, zu der mittleren Karte):

Die Deutung der kleineren Bilder, die nicht in direkter Verbindung zu der Person stehen, nach der gefragt wird, bezieht sich auf die Person, die die Karten befragt, den eigentlichen Fragesteller. Schau Dir hierzu nun all die kleinen Bilder an, die zuvor nicht für die Interpretation verwendet wurden. Dies betrifft auch die kleinen Bilder der Karte in der Mitte. Diese restlichen kleinen Bilder erzählen Dir etwas über die Dame. Die Karte in der Mitte aber stellt nach wie vor nur die Person dar, nach der die Dame fragte und nicht die Dame selbst – und somit gehören die kleinen Bilder auf dieser Karte zu der Dame, denn sie standen zuvor nicht mit dem Herrn in direkter Verbindung, und deshalb muss man sie nun in Relation zu der Dame setzen.

Schau Dir nun an, was die jeweils rechts angeordneten kleinen Bilder über die Dame verraten:

6. Die Karte in der Mitte, Karo Bube, zeigt mit dem kleinen Bild (Soldaten in einer Reihe), dass sie an eine überlegene, befehlende Kraft/ Macht glaubt, die Ereignisse im Leben geschehen lässt und man diesen folgen muss, so lässt dies vermuten, dass die Dame denken könnte, dass all dies aus einem bestimmten Grund geschieht, einer Art Schicksal.

7. Das zweite kleine Bild der Karte Herz 6 (ein älterer Mann, mit einer jungen Frau) zeigt die ehrlichen und aufrichtigen Absichten der Dame, und dies wird zudem durch die folgende Karte, Herz 2, bewiesen, die von ihrem Kern her als Karte der Treue interpretiert werden kann.

8. Das dritte kleine Bild (ein Brunnen umgeben von Grün) auf jener Karte Herz 2 handelt jedoch eher davon, dass es nur eine Schmeichelei ist, aber diese wird sie glücklich machen, wenn auch nur für eine gewisse Zeit.

9. Das erste kleine Bild, das Du zur Linken siehst (Hera auf einer Wolke), zeigt eine Art Schutz; was besagt, dass die Dame durch diese Situation geführt wird.

10. Das zweite kleine Bild zur linken Seite, Karo 10 (Jason im Wald von Dodona, ein Orakel) ist bereits ein Hinweis darauf, dass all dies Anlass zur Sorge geben könnte, und dies wird durch das dritte kleine Bild auf der linken Seite auf der Karte Kreuz 7 (ein Ofen, mit Feuer und Funken) mit der Botschaft belegt, dass derjenige, an dem sie interessiert ist, nur ein Verführer sein wird.

HINWEIS Du siehst, diese Legung ist eine Möglichkeit, all die Fragen zu beantworten, die jemand über die Gedanken, Absichten oder die Lebenssituation einer anderen Person hat. Und merke Dir hier, wenn jemand diese Legung machen möchte, um die Gedanken einer anderen Person zu erfahren, besteht der wesentliche immer Unterschied darin, dass die andere Person ausnahmslos durch die ursprüngliche Karte der Hauptperson oder durch die Karte in der Mitte der Legung repräsentiert wird.

Innerhalb der verschiedenen Möglichkeiten, die Karten zu befragen, gibt es zwei weitere Ausgangslagen, die Du kennen musst:

Fünfte Regel Es ist notwendig, auch die Situation vorherzusehen, in der sich eine Karte der Hauptperson unter den gezogenen Karten wiederfindet, aber diese Karte nicht als mittlere Karte auftaucht. Unabhängig davon, ob die Karte der Hauptperson rechts oder links platziert wird, die Art des Umgangs damit und die Erklärung hierzu bleibt die gleiche:

Wenn sich z.B. eine Karte links und drei rechts von der Karte der Hauptperson befinden und umgekehrt, sind die Bedeutungen der Karten rechts und links wie üblich in den Kontext zu stellen, wie zuvor in den Beispielen erklärt wurde. Dies sollte Dir nun keine Schwierigkeiten mehr bereiten.

Wenn jedoch die Karte der Hauptperson als erste Karte auf der linken Seite erscheint und der Fragesteller alle anderen Karten auf seiner rechten Seite hat, also nach der Karte der Hauptperson, ist dies manchmal auch ein Zeichen von Konflikten oder Streit mit anderen Personen oder sich selbst. Auch kann es von Gleichgültigkeit der Person sprechen. Gleichgültigkeit gegenüber allem, was Freunde, Familie oder Menschen, die einem nahe stehen, betrifft. Es würde auch bedeuten, dass dieser Mensch sich nach all dem sehnt und verlangt, was er nicht hat, und dass er vielleicht überhaupt nicht mit dem zufrieden ist, was ihm aktuell gegeben ist.

Wenn hingegen die Karte der Hauptperson als erste Karte auf der rechten Seite erscheint und alle anderen Karten auf der linken Seite der Hauptperson liegen, ist dies ein Zeichen von Unkompliziertheit, eine Person voller Zuneigung, ein Zeichen von Stabilität, Treue zur Familie und zu denen, mit denen die Person häufig in Kontakt ist und um sich hat.

Sechste Regel Wenn beide Personenkarten, sowohl die weibliche als auch die männliche Hauptperson, in der gleichen Legung von fünf Karten auftauchen, ist es immer so, dass die Interpretation wie gewohnt zu machen ist. Aber dennoch ist es notwendig, eine wichtige Botschaft zu berücksichtigen: Die eine der beiden Personenkarten, die mehr auf der rechten Seite platziert ist, liebt je nach Kontext aufrichtig jene Person, die sich auf der linken Seite befindet, und diejenige, die mehr auf der linken Seite platziert ist, ist eher gleichgültig gegenüber allem in Bezug auf die Person auf der rechten Seite. Die Zuneigung, die hier gezeigt wird, wäre gewöhnlich mehr aus Pflicht oder Höflichkeit.

Siebente Regel Aus irgendeinem Grund kann es manchmal wichtig sein, sich die weibliche und die männliche Hauptperson zusätzlich genauer anzusehen. Dies wird dann nur mit dem kompletten Deck der Orakelkarten möglich sein. Mische die Karten erneut, hebe sie einmal ab und ziehe bis zu neun Karten nacheinander. Mach dies, bis alle Karten ausgeteilt sind und bilde somit elf Kartenstapel und lege sie von links nach rechts.

Der 11. Stapel enthält nur 4 Karten. Schau Dir nun die verschiedenen Stapel an: Den ersten Stapel, in dem sich eine der Personenkarten befindet, nimmst Du und er wird von Dir nach links gelegt. Der Stapel mit den 4 Karten, der 11. Stapel, wird nun von Dir in die Mitte gelegt. Den Stapel, in dem sich dann die andere Karte der Hauptperson befindet, legst Du nun nach rechts als dritten Stapel.

Alle anderen Karten werden beiseitegelassen und sind von nun an nicht mehr Teil dieser Legung.

Beispiel (zum Nachlegen)

Stell Dir vor, die erste der beiden Personenkarten, die sich im linken Stapel befindet, ist die weibliche Hauptperson; rechts von diesem Stapel wird nun der Stapel mit vier Karten (der elfte Stapel) platziert, so dass er in der Mitte liegt, und der Stapel, der die Karte der männlichen Hauptperson enthält, wird neben den mittleren Stapel gelegt. So sollten diese drei Stapel nun vor Dir liegen:

5 Karten   4 Karten   5 Karten

weibliche Hauptperson/ 11.Stapel/ männliche Hauptperson

Zusammen ergeben das insgesamt 14 Karten. Diese fügst Du nun zusammen und teilst sie in zwei Teile auf, da es zwei Personen sind, Nun hast Du vor Dir zwei Stapel mit je sieben Karten. Wenn Du nun die Karten von links nach rechts austeilst, ergibt sich diese Legung:

Sieben Karten, die für die weibliche Hauptperson stehen und

sieben Karten, die für die männliche Hauptperson stehen.

Wenn Du nun den Grundregeln der vorherigen Schritte, die Du jetzt kennst, und der Methode der Interpretation folgst, ist es leicht, alles herauszufinden, was Du über die beiden Personen wissen willst.

Übungsteil & die Moderne Tradition

Training mit den kleinen Legungen/ den Shortcuts

Dieser nun folgende Abschnitt in diesem Kapitel dient Dir zu Übungszwecken und ist nicht Teil des traditionellen Spieles.

Es ist immer effektiver, motivierender und unterhaltsamer, ein neues Kartensystem zu erlernen, indem man mit den Karten stetig übt und aktiv ist. Du kannst bereits damit beginnen, das Kartendeuten zu üben, auch wenn einige der Symbole und Zeichen auf den Karten noch nicht erklärt sind. Du kommst den Karten näher, indem Du sie benutzt, indem Du mit ihnen spielst – Du wirst ein Fundament bilden, auf dem Du aufbauen kannst, und Du wirst leichter in der Lage sein, die weiteren Informationen der kommenden Kapitel hinzuzufügen.

Um mit dem Üben des Kartendeutens zu beginnen, kannst Du eine kleinere Legung, einen Shortcut, anwenden. Diese Art Legung ist immer mit weniger Karten, und dies wird Dir helfen, mit den Karten und den verschiedenen Ausgangslagen vertraut zu werden. Du wirst ein Gefühl, eine Sicherheit dafür bekommen, welches Bild Du für Deine Interpretation wählen solltest – dadurch lernst Du zu erkennen, wie die Karten miteinander interagieren.

Zum Üben kannst Du drei verschiedene Arten von kleinen Legungen verwenden:

- Drei Karten (Deutung: alte Tradition, moderne Tradition)
- Drei Karten (inkl. einer Personenkarte)
- Fünf Karten (inkl. einer Personenkarte)

An dieser Stelle, beim Üben, ist es erst einmal nicht wichtig, dass Du die richtige Interpretation oder die wahre Vorhersage triffst. Es geht – wie gesagt – darum, ein Gefühl dafür zu

bekommen, wie die Karten miteinander interagieren und worauf es im ersten Schritt des Grand Jeu ankommt.

Beispiel (zum Üben)

Drei Karten ohne eine Personenkarte

Beginne Deine Übung mit der Legung Nummer eins, eine Legung mit drei Karten in alter oder in moderner Tradition (in moderner Tradition bedeutet in diesem Zusammenhang, dass diese Legung in der Originalanleitung nicht erwähnt wird und aus anderer Quelle überliefert wurde).

Nimm drei Karten vom Stapel – die Originalkarten sind riesig – ich mische sie nicht wirklich wie andere Karten, Du kannst es machen, aber ich ziehe es vor, die Karten zu halten, den Finger darüber gehen zu lassen und das Gefühl zu haben, eine bestimmte Karte herauszuziehen. Oder ich nehme immer direkt die obersten Karten. Ganz gleich wie, nimm drei Karten und lege sie vor Dir auf den Tisch:

Nun hast Du die Karten vor Dir – und in diesem Beispiel wird keine Personenkarte gezogen und Du befolgst nun die traditionellen Grundregeln.

HINWEIS Laut moderner Tradition würdest Du nun die Karten von links nach rechts nur mit dem Großen Bild deuten, da keine Personenkarte vorhanden ist, Im Falle der modernen Variante schau Dir die Bedeutungen jeder Karte an und versuche dann, einen Satz als abschließende Aussage mit den drei Bedeutungen zu machen. Setze die Worte der Bilder immer in den Kontext der Frage. Wenn es keine Karte der

Hauptperson gibt, konzentrierst Du Dich in der modernen Tradition nur darauf, das Große Bild zu lesen,
(Würdest Du richtig in eine Legung des Grand Jeu einsteigen, würdest Du natürlich die Schritte der Grundregeln gehen müssen).

Beispiel (zum Üben)

Drei Karten, darunter eine Karte der Hauptperson

In diesem Beispiel nimmst Du zum Üben eine Personenkarte, je nachdem, wer die Karten konsultiert, ein weiblicher oder männlicher Klient. Lege die Karte vor Dir auf den Tisch. Nimm dann den Kartenstapel und ziehe zwei weitere Karten. Platziere sie links und rechts um die Personenkarte. Schau Dir nun Karte Nr. 2 an, die Karte links neben der Personenkarte: hier benötigst Du nun das kleine rechte Bild für Deine Interpretation. Das kleine rechte Bild ist jenes der beiden kleinen Bilder, das die Personenkarte an der linken Seite berührt – An dieser Stelle musst Du nicht auf das große Bild der Karte schauen, sondern nur auf das kleine rechte Bild. Danach schaust Du Dir die Karte Nr. 3 an. Du schaust Dir wieder nur ein kleines Bild an. Hier benötigts Du für Deine Interpretation das kleine linke Bild auf der Karte, denn das linke Bild ist jenes der beiden kleineren Bilder, das die Personenkarte an der rechten Seite berührt. Die großen Bilder haben keine Bedeutung.

HINWEIS Wenn eine Personenkarte in der Auslage vorhanden ist, musst Du bedenken: Die Karten, die die Personenkarte berühren, müssen mit der Botschaft der kleinen Bilder gelesen werden. Immer abhängig davon, welches der kleinen Bilder die Personenkarte berührt. Die linke Seite der Personenkarte bezieht sich auf das kleine rechte Bild der Karte, die links neben der Personenkarte platziert ist. Die rechte Seite der Personenkarte bezieht sich auf das kleine linke Bild der Karte, die rechts neben der Personenkarte platziert ist. Eine Karte, die eine Personenkarte berührt, ist nicht mit dem großen Bild zu lesen.

WICHTIG Die Grundregeln in diesem Kapitel beschreiben die ursprüngliche und echte Methode der Deutung. Du verbindest all die kleinen Bilder mit der Karte der Hauptperson bzw. der Karte in der Mitte.

Hier unterscheidet sich die Moderne Tradition etwas in der Deutung: für den Fall, wenn keine Personenkarte vorhanden ist, liegt der Fokus auf den großen Bildern.

Für den Fall, dass eine Personenkarte vorhanden ist, werden nur die nächstgelegenen kleinen Bilder gedeutet, die der direkt angrenzenden Karten.

Das soll Dich nicht verwirren. Aber es ist wichtig für Dich, eine Methode, die aus der modernen Tradition stammt & von manchen auch bevorzugt wird, zu kennen.

Das muss nicht gleich falsch sein, es ist nur eine moderne Methode der Interpretation und Deutung, und sie hilft Dir in Übungszwecken, Dich schneller an die Bedeutungen der großen Bilder zu gewöhnen. Doch willst Du das Grand Jeu jemanden deuten, wähle immer die ursprüngliche Methode.

Beispiel (zum Üben)

Fünf Karten, darunter eine Personenkarte

In diesem Beispiel nimmst Du zum Üben eine Personenkarte, je nachdem, wer die Karten konsultiert, ein weiblicher oder männlicher Klient. Lege die Karte vor Dir auf den Tisch. Nimm dann den Kartenstapel und ziehe vier weitere Karten. Platziere sie links und rechts um die Personenkarte, wie oben in der Abbildung angezeigt.

Du beginnst mit den Karten, die direkt an die Personenkarte angrenzen (denke daran: eine Karte, die die Personenkarte berührt, muss mit einem kleinen Bild gelesen werden, das große Bild wird ignoriert), also würdest Du hier das kleine rechte Bild der Karte Nummer zwei und das kleine linke Bild der Karte Nummer drei lesen – denn es sind die kleinen Bilder, die die Personenkarte berühren, und die somit einen Einfluss auf die Person und ihre Situation haben.

Nachdem Du Deine Interpretation der beiden kleinen Bilder von Karte Nummer zwei und drei gemacht hast, gehst Du nun zu den Karten vier und fünf über. Nach den traditionellen Grundregeln wirst Du hier nun auch jeweils nur die kleinen Bilder für Deine Interpretation heranziehen.

Hier unterscheidet sich die Moderne Tradition wieder in der Deutung: Die Moderne besagt, dass Karte Nummer vier und fünf, die Personenkarte nicht berühren, deshalb benutzt Du jetzt in der modernen Tradition die Bedeutungen der großen Bilder. Nachdem Du Deine Interpretation der beiden größeren Bilder gemacht hast, schließt Du Deine Legung mit einer

abschließenden Aussage, in der Du alle Botschaften der Karten miteinander verbindest (natürlich immer im Kontext zur Frage).

HINWEIS In einer Legung mit mehr als drei Karten darfst Du in der modernen Tradition für die Interpretation der Karten, die die Personenkarte nicht berühren, die Bedeutungen des großen Bildes verwenden, und nur für die Interpretation der Karten angrenzend an die Personenkarte musst Du Dir das kleine Bild ansehen.

Mit Abschluss dieses Kapitels kennst Du nun die verschiedenen Möglichkeiten einer Interpretation der kleinen Legungen. Eine davon ist die Methode von 1845, die Art und Weise, wie die Karten wirklich gelesen wurden, den ersten Schritt im Grand Jeu.
Und Du hast mit dem Übungsteil die Möglichkeiten, Dich an die Karten zu gewöhnen, indem Du, wenn Du magst, zudem mit der Variante der modernen Tradition experimentierst.

Denke daran, dass die zweite Variante gut zur Übung ist, aber wenn Du die Karten des Grand Jeu auf seriöse, professionelle und authentische Weise für Dich oder andere verwenden möchtest, dann solltest Du immer die sieben Grundregeln und den kommenden Regeln zum Wahrsagen mit den Großen Lenormand Karten folgen.

ANMERKUNG Vielleicht ist Dir ein kleiner Satz im Beispiel der Legung aufgefallen und in Erinnerung geblieben. Auf Seite 264 hieß es:

"... Dies erklärt sich durch die Herz 6), die zum Thema Ehe (der Alchemist blickt mit Zufriedenheit auf den in Gold verwandelten Stein) ..."

Die Herz 6 ist Teil des Themas der Ehe. Das nächste Kapitel wird alle Geheimnisse über die Themen des Spiels enthüllen.

KAPITEL III
Die Unterteilung des Grand Jeu Lenormand
Die Themen der Großen Lenormand Karten

Coup de Cinq Cartes sur les Cinq Parties.
Die Legung von Fünf Karten in Fünf Gruppen.

Vergangenheit, Gegenwart und Zukunft
(basierend auf den Tierkreiszeichen)

Die Themen der Großen Lenormand Karten

Wie man in der Originalanleitung des Grand Jeu de Mlle Le Normand nachlesen kann, sind die Karten in verschiedene Gruppen eingeteilt. Die Gruppen haben unterschiedliche Inhalte und unterliegen unterschiedlichen Themen. Jede der Gruppen erzählt ihre eigene Geschichte oftmals in einer Reihenfolge der Karten, die nicht der Reihenfolge der Spielkartensymbole entspricht. Die Reihenfolge, die Dir durch die Gruppen vorgegeben wird, ist die ursprüngliche Reihenfolge der Großen Lenormand Karten. Es ist der beste Weg, die Karten anhand der Gruppen zu lernen, denen sie angehören, denn so wirst Du später jede Karte schneller erkennen und die Bedeutung leichter verstehen, anstatt die Karten nur in der Reihenfolge der Spielkarten zu lernen. Und Du wirst so auch erkennen, wie sich mehrere Karten zueinander verhalten und sich dadurch erklären. Dies wird Dir helfen, die Karten noch besser zu verstehen. Für die Zukunftsdeutung mit diesen Karten ist es notwendig, die Struktur und das wahre Wesen jeder einzelnen Karte zu verstehen, sonst verlierst Du Dich auf dem Weg durch die Welt der Großen Lenormand Karten.

Das Kartenspiel ist in 6 verschiedene Kartengruppen aufzuteilen. Diese Gruppen haben ein Hauptthema, wie z.B. Handel, Liebe, Beziehungen, und das wird einen Einfluss auf jede Interpretation haben.

HINWEIS Ich sage immer 6 Gruppen, weil ich die Karten der Hauptpersonen als sehr wichtig empfinde und daher auch als eigene Gruppe sehe. In der Originalanleitung liest man von 5 Gruppen. Das liegt daran, dass darin die Personenkarten nicht einer Gruppe angehören.

I "Les Consultantes"

Die Hauptpersonen

Der Herr   Die Dame

Diese Gruppe ist sehr einfach im Hinterkopf zu behalten. Es ist die Gruppe der Hauptcharaktere – die beiden Karten der Hauptpersonen. Hier findest Du die Karte der Dame & des Herrn. Sie repräsentieren eine Person, die Fragestellerin oder den Fragesteller. Diese Karten können für eine Legung ausgewählt werden, oder Du kannst sie zufällig erscheinen lassen, wenn die Karten dies wünschen. Wenn eine dieser Karten für eine Legung ausgewählt wird, beginnst Du hier mit Deiner Interpretation. Wenn die Karte vorher nicht gewählt wurde und eine dieser Karten auftaucht, ist diese besonders wichtig, da sie einen großen Einfluss auf die aktuelle Situation hat und Du interpretierst sodann diese und die weiteren Karten anhand der zuvor genannten Regeln.

II "La Conquête de la Toison d'Or"

Die Eroberung des Goldenen Vlieses

Die Eroberung des Goldenen Vlieses ist eine Gruppe von fünf Karten. Dies ist die erste alte Legende, von der die Karten sprechen.
Diese Karten repräsentieren alle zusammen das Themengebiet Handel, Arbeit, Geschäft und Beruf.

Dies sind die 5 Karten der Gruppe (entsprechend der Reihenfolge der Handlung)

Karo 10   Karo 9   Kreuz König Karo 4   Kreuz Ass

Diese fünf Karten erzählen die Geschichte von Jason und seiner Eroberung des „Goldenen Vlieses". Normalerweise endet die Geschichte mit der Karte Kreuz Ass, aber in der Originalanleitung wird erwähnt, dass man die Kreuz 9 nach dem Ass als letzte Karte hinzufügen kann, da Herkules Teil der Gefährten Jason's war. Aber es blieb auch nur bei dieser Erwähnung, denn wie man beim Kreuz Ass sehen kann, ist die eigentliche Aufgabe von Jason vorbei und abgeschlossen, Die Karte Kreuz 9 scheint also etwas fehl am Platz zu sein. Und so gab die ursprüngliche Anleitung der Karte Kreuz 9 nur namentlich dieses Double Feature: sie steht sowohl für den Handel als auch für ein Tierkreiszeichen. Trotzdem wurde die Karte offiziell nur der Gruppe des Tierkreises zugeordnet.

Alle Karten der Gruppe des „Goldenen Vlieses" beeinflussen eine Legung auf eine bestimmte Weise: In einer Legung mit mehr Karten kann es sein, dass viele Karten von dieser Gruppe stammen. Die Legung wird somit einen eher geschäftlichen, handelsbezogenen Touch haben, denn Du weißt bereits, dass diese Karten das Thema Handel, Arbeit, Geschäft und Beruf repräsentieren. Wenn daher mehrere dieser Karten in einer Legung oder auf bestimmten Positionen erscheinen, kann dies bereits als Hinweis darauf gesehen werden, dass das Anliegen sehr geschäftsbezogen, beruflicher Natur oder eher materiellem und nüchternem Charakter und weniger emotional sein könnte.

III "La Guerre de Troie" ou "Le Droit du Fort su le Faible"

Der „Trojanische Krieg" oder der „Sieg des Starken über den Schwachen"

Die nächste antike Geschichte führt Dich zurück in die Zeit des Trojanischen Krieges. Der Trojanische Krieg ist ein bekanntes Kapitel der alten Geschichte und Mythologie, also musste er auch in diesem Spiel stattfinden. Diese Gruppe wurde auch von Mlle Lenormand „Der Sieg des Starken über den Schwachen" genannt und symbolisiert Situationen des Privatlebens, Herausforderungen, soziale Probleme – wichtig zu wissen ist, dass es nur eine positive Karte in dieser Gruppe gibt; die anderen sind als schlechtere und ungünstigere Karten zu sehen.

Dies sind die 9 Karten der Gruppe (entsprechend der Reihenfolge der Handlung):

Karo Dame Kreuz 5   Pik 2   Karo Bube   Kreuz 10   Pik 9   Kreuz 6

Pik 6   Pik 8

Nun besuchst Du den Arbeitsplatz des Alchemisten, sein Labor und erfährst mehr über:

IV "La Science Hermetique" ou "La Mariage di Beya et Gabertin"

Die „Hermetische Wissenschaft" oder die „Hochzeit von Beya und Gabertin"

Aufgrund des chemischen Experiments des Alchemisten wird diese Kartengruppe auch die Suche nach dem "Stein der Weisen" genannt.

Es gibt sieben Karten in dieser Gruppe, und Du kannst sie leicht erkennen, denn der Schauplatz des großen Bildes ist immer das Labor/die Küche des Alchemisten, der mit Leidenschaft arbeitet und forscht. Diese Karten sind Beispiele für alle Liebes- und Beziehungssituationen in unserem Leben. Daher ist diese Kartengruppe diejenige, die Dich in das Thema der persönlichen Beziehungen führt. Diese Karten repräsentieren normalerweise unsere Verbindungen und Interaktionen mit anderen, unsere Freundschaften, unsere Ehe und unsere Liebesbeziehungen.
In seinem Experiment durchläuft der Alchemist verschiedene Ebenen/Stufen, in denen seine Materialien unterschiedlich miteinander agieren & reagieren – diesen spiegelt die verschiedenen Stadien der Beziehung oder des Miteinanders wider; zum Beispiel von zärtlichen Banden der Liebe an bis hin zu einem festen Band der Ehe.
Und Du kannst Dir daher vorstellen, dass es etwas emotionaler werden könnte, wenn diese Karten auftauchen.

Dies sind die 7 Karten dieser Gruppe (entsprechend der Reihenfolge der Handlung):

Pik 7   Kreuz 3   Kreuz 4   Kreuz 8   Herz 7   Herz 10   Herz 6

V "Les Événements Imprévus"

Die unvorhergesehenen Ereignisse

Die Karten der "Unvorhergesehenen Ereignisse" sprechen von verschiedenen Lebenssituationen und verschiedenen Ereignissen im Leben. Sie zeigen alltägliche Aspekte und Situationen des Lebens. Sie können als Karten gesehen werden, die auf eine Art schicksalhafte Ereignisse und Situationen ansprechen; das Schicksal, das uns gegeben ist, und dem wir uns stellen müssen. Diese Karten erzählen ebenso über das soziale Leben und von den sozialen Problemen. Wir kennen viele dieser Geschehnisse, die zufällig passieren, und diese Karten handeln von jenen Herausforderungen des alltäglichen Lebens. Diese Kartengruppe kommt jener Gruppe nahe, die die Geschichte des „Trojanischen Krieges" erzählt, aber sie wird als separate Gruppe aufgeführt, weil hier die verschiedenen Karten nicht durch eine alte historische Geschichte miteinander verbunden sind. Jede Karte erscheint unabhängig von den anderen in dieser Gruppe. Es gibt keine durchgehende Handlung. Jede Karte hat ihre eigene, eigenständige in sich abgeschlossene Geschichte.

Dies sind die 19 Karten dieser Gruppe:

Entnommen aus den Kreuz Karten:

Kreuz 2 Kreuz Bube Kreuz Dame

Entnommen aus den Herz Karten:

Herz Ass Herz 2 Herz 3 Herz 5 Herz 8 Herz König

Entnommen aus den Karo Karten:

Karo Ass Karo 2 Karo 6 Karo 7 Karo König

Entnommen aus den Pik Karten:

Pik 3 Pik 4 Pik 10 Pik Dame Pik König

VI "Zodiac" ou "L'Ordre du Temps"

Die Tierkreiszeichen oder die Ordnung der Zeit, die Bestimmung der Zeit

Die letzte Kartengruppe stellt die Tierkreiszeichen dar – sie sind dazu da, je nach Position und Auftauchen in einer Legung, um einen Hinweis auf die Zeit oder den Zeitpunkt eines Ereignisses zu geben (in der alten Tradition gaben sie auch Rückschlüsse & Hinweise auf bevorstehende Krankheiten). Wenn die Karten nicht mit der Berechnung der Zeit zusammenhängen, haben sie natürlich ihre allgemeine Bedeutung, die durch die Geschichten der Bilder und Symbole erklärt wird - genau wie bei den anderen Karten. Diese Karten sind, unabhängig vom Tierkreiszeichen, vergleichbar mit der Kartengruppe "Die unvorhergesehenen Ereignisse", denn auch diese Karten (außer wie bereits erwähnt Kreuz 9) sind nicht durch eine zusammenhängende Geschichte wie der „Trojanische Krieg", die „Eroberung des Goldenen Vlieses" oder die „Hochzeit von Beya & Gabertin" miteinander verbunden. Jede Karte kann als unabhängig voneinander angesehen werden – sie haben nur gemeinsam, dass sie ein Tierkreiszeichen symbolisieren und die einzige Reihenfolge, der sie folgen, die des Tierkreises ist.

Dies sind die 12 Karten dieser Gruppe (in der Reihenfolge der Tierkreiszeichen):

Herz Bube Pik Ass Karo 3 Kreuz 9 Herz 9 Herz Dame

Pik Bube Karo 5 Pik 5 Kreuz 7 Karo 8 Herz 4

Jedem der 12 Tierkreiszeichen wird zudem ein Geschlecht zugeordnet:

Herz Bube	Widder	männlich
Pik Ass	Stier	weiblich
Karo 3	Zwillinge	männlich
Kreuz 9	Krebs	weiblich
Herz 9	Löwe	männlich
Herz Dame	Jungfrau	weiblich
Pik Bube	Waage	männlich
Karo 5	Skorpion	weiblich
Pik 5	Schütze	männlich
Kreuz 7	Steinbock	weiblich
Karo 8	Wassermann	männlich
Herz 4	Fische	weiblich

HINWEIS Eine wichtige Erinnerung für Dich ist an dieser Stelle nochmals nahezulegen, die Bedeutungen der Karten immer entsprechend den verschiedenen Gruppen zu lernen, denn sie haben eine Storyline, der Du folgen kannst, um die Karten zu so leichter zu verstehen. Denn anhand der Bedeutungen der alten Geschichte, die Du von den Karten erzählt bekommst, kannst Du schneller die Karten miteinander verbinden. Halte Dich beim Lernen bitte nicht an die Reihenfolge der Spielkarten, sondern immer an die Reihenfolge der Gruppen und Geschichten, so zeigen sich Dir die Großen Lenormand Karten ohne Verwirrung. Es ist auch wichtig zu sagen, dass Du kein Experte für Mythologie sein oder werden musst, um die Karten zu deuten. In Kapitel I wurden Dir alle Geschichten erzählt, dort kannst Du immer nachschlagen. Wichtig ist nur, die Botschaft der Geschichten auf die Lebenssituationen zu übertragen und in den Kontext zu setzen. Wenn Du anhand der Bilder auf der Karte weißt, was passiert, wirst Du ohne Zweifel verstehen, was die Karte Dir sagen will.

Coup de Cinq Cartes sur les Cinq Parties

Die Legung von Fünf Karten in Fünf Gruppen

(basierend auf den Gruppen, in die das Grand Jeu de Mlle. Le Normand unterteilt ist)

Wie Du inzwischen weißt, gibt es im Großen Lenormand Gruppen, die sich auf persönliche Lebenssituationen oder auf die Themen des Lebens beziehen. Es gibt fünf Themen Gruppen (die sechste ist für mich jene mit den zwei Personenkarten).
Für den Fall, dass eine Lebenssituationen unklar ist oder eine Person Fragen darüber hat, was in den verschiedenen Lebensbereichen passieren wird, gibt es die Legung der „Fünf Karten in Fünf Gruppen", die auf den verschiedenen

Kartengruppen des Großen Lenormands basiert und nun der nächste Schritt im Großen Spiel sein wird.

Es ist wichtig, über die Namen und Position der fünf Kartenstapel in dieser Legung den Überblick zu bewahren und diese nicht durcheinander zu bringen, daher soll Dir das folgende Bild helfen, Dich daran zu erinnern, an welcher Position sich welcher Stapel, welche Gruppe befindet:

Die 5 Kartenstapel/ die 5 Gruppen

1. Goldene Vlies	2. Trojanischer Krieg	3. Beya & Gabertin

4. Unvorhergesehene Ereignisse	5. Ordnung der Zeit

Bevor Du mit dieser Auslage der Karten und der Legung beginnst, ist es nach alter Tradition wichtig, die Legung auf besondere Weise vorzubereiten – das macht dies alles immer so mysteriös, aber das ist ja mitunter auch das Schöne am Kartenlegen.

Es gibt eine besondere Art, die Karten auszuteilen; Die Tradition sagt, dass Du Dich immer an diese Regel halten musst, sonst wird das Orakel nicht richtig oder nicht klar sprechen oder es wird etwas vor Dir verbergen. Halte Dich also immer daran. Es ist simpel - auch wenn es auf den ersten Blick kompliziert erscheint, aber es ist wirklich einfach:

Mische, hebe die Karten ab und entnimm die obere Karte für den männlichen Fragesteller und die untere Karte für den weiblichen Fragesteller. Entnimm immer beide Karten, egal ob die Person männlich oder weiblich ist – Du musst dem Spiel immer beide Karten entnehmen. Diese beiden Karten werden als Reserve zur Seite gelegt, und dienen später als zusätzliche Information über das Thema oder das Ereignis, das Deinen Klienten am meisten interessiert.

Nun geht es weiter mit der Auslage der anderen Karten:

1. Zähle die Karten ab 1, 2, 3... bis zwölf und lege die 12. Karte auf den ersten Stapel/die erste Position.

Zähle nun 1, 2, 3... nur bis zehn und lege diese Karte auf den 2. Stapel.

Zähle wieder bis zehn und lege diese Karte auf den 3. Stapel.

Frneut: Zähle bitte bis zehn und lege diese Karte auf den 4. Stapel.

Dann zählst Du noch einmal bis zehn und legst diese Karte auf den 5. Stapel.

Nun solltest Du fünf Stapel mit jeweils einer Karte haben.

Diesen Schritt musst Du noch vier weitere Male ausführen, aber er wird sich jedes Mal ein wenig ändern. Folge den Anweisungen hier, wie Du die nächsten Schritte ausführen musst:

2. Zähle die Karten noch einmal ab, aber diesmal wird es anders sein: Bitte zähle nur bis elf und lege die 11. Karte auf den ersten Stapel.

Nun zähle, bis Karte Nummer neun und lege diese auf den 2. Stapel.

Zähle wieder bis neun und lege diese Karte auf den 3. Stapel.

Zähle wieder bis neun und lege diese Karte auf den 4. Stapel.

und zähle noch einmal bis neun und lege diese Karte auf den 5. Stapel.

Nun hast Du fünf Stapel mit je zwei Karten.

3. Wiederhole den Vorgang, aber jetzt mit diesem Unterschied:

Zähle bitte zunächst bis zehn und lege diese 10. Karte auf den 1. Stapel.

Zähle nun bis acht und lege die achte Karte auf den 2. Stapel.

Zähle wieder bis acht und lege diese Karte auf den 3. Stapel.

Zähle wieder bis acht und lege diese Karte auf den 4. Stapel.

Zähle nun noch einmal bis acht, und lege diese Karte auf den 5. Stapel.

Jetzt solltest Du fünf Stapel mit jeweils drei Karten haben.

4. Im vierten Schritt musst Du zuerst bis neun zählen und diese neunte Karte auf den 1. Stapel legen.

Danach zählst Du bitte bis sieben und legst diese Karte auf den 2. Stapel.

Zähle nun wieder bis sieben und lege die Karte auf den 3. Stapel.

Zähle wieder bis sieben und lege diese Karte auf den 4. Stapel.

Wenn Du wieder bis sieben zählst, kannst Du die Karte auf den 5. Stapel legen.

Jetzt hast Du fünf Stapel mit je vier Karten.

5. (Letzter Schritt) Nun musst Du zuerst bis acht zählen und diese Karte auf den 1. Stapel legen.

Bitte zähle nun bis sechs und lege die 6. Karte auf den 2. Stapel.

Zähle bis sechs und lege diese Karte auf den 3. Stapel.

Zähle wieder bis sechs und lege die Karte auf den 4. Stapel.

Und zum Schluss zähle wieder bis sechs und lege die letzte Karte auf den 5. Stapel.

Jetzt hast Du fünf Stapel mit jeweils fünf Karten.

Du erkennst, dass Du alles richtig gemacht haben, wenn Du nach jedem Schritt keine Karten mehr in Deinen Händen hältst, weil die Karten abgezählt werden. Es ist Mathematik und so berechnet, dass es immer aufgeht. Nach jeder Runde, die Du gemacht hast, sollten keine Karten mehr in Deiner Hand sein. Die restlichen Karten, die nicht Teil der Auslage sind, kannst Du erst einmal bis auf Weiteres beiseitelegen.

Da Du nun die Karten ausgelegt hast, kannst Du dem nächsten Schritt folgen:

Die fünf Stapel mit je fünf Karten können nun umgedreht werden, eine Karte nach der anderen, und sollten von links (Position der ersten Karte) nach rechts (Position der letzten Karte) ausgelegt werden, beginnend mit dem ersten Stapel von fünf Karten.

Nun schaust Du genau hin, ob Du unter den fünf Karten jedes Stapels Karten der Art findest, die thematisch und der Einteilung nach zu der Gruppe gehören, nach der der Stapel benannt ist (zum Beispiel: überprüfe, ob Du eine Karte aus der Reihe des „Goldenen Vlieses" in dem Stapel siehst, der zur Geschichte des „Goldenen Vlieses" gehört).

Wenn es aber keine Karte der Reihe "das Goldene Vlies" in dem ersten Stapel gibt, der den Beruf & Handel repräsentiert, dann bedeutet dies, dass es keine berufliche Handlung, kein berufliches Thema, kein Ereignis in dieser Sache für den Fragesteller anstehen wird.

Und wenn es keine Karte des "Trojanischen Krieges" in dem zweiten Stapel gibt, der den "Der Sieg des Starken über den Schwachen" darstellt, dann bedeutet es, dass in der aktuellen und kommenden Situation der Fragesteller keine Angst vor Täuschung und Ungerechtigkeit haben muss.

Wenn es keine Karte der "Hermetischen Wissenschaften" in dem dritten Stapel gibt, der die "Mariage du Beya et Gabertin"/ die Ehe & Beziehungen anzeigt, bedeutet dies, dass es keine Beziehungsprobleme geben wird.

Und wenn sich im vierten Stapel, dem der "Unvorhergesehenen Ereignisse", keine der verschiedenen Karten befindet, die zu dieser Gruppe gehören, dann sagt dies dem Fragesteller, dass in der nächsten Zeit nichts Schicksalhaftes passieren wird.

Wenn sich keine Karten der "Tierkreiszeichen" in dem fünften Stapel befinden, der die "Ordnung der Zeit" anzeigt, liegt das daran, dass der Fragesteller aktuell keine wichtige Lebensphase zu durchlaufen hat oder dass es sich nicht um ein Ereignis handelt, das die Person dazu veranlasst, auf ihrem Weg anzuhalten oder diesen gar zu überdenken. Zudem gilt, wenn diese Art von Karte hier fehlt, ist es auch ein Zeichen dafür, dass der Hinweis der Karten, den Zeitpunkt eines Ereignisses anhand eines Sternzeichens zu bestimmen, nicht gegeben ist.

HINWEIS Hier ist es wichtig für Dich zu wissen, dass im Stapel "Ordnung der Zeit" die erst platzierte Karte den Zeitpunkt des Ereignisses des ersten Stapels der gesamten Kartenlegung, den Stapel des Berufs, bestimmt, die zweite Karte den Zeitpunkt der Ereignisse, die durch den Stapel des „Trojanischen Krieges" angezeigt werden, die dritt platzierte Karte im Stapel der "Ordnung der Zeit" bestimmt den Zeitpunkt der Ereignisse des dritten Stapels (den der Beziehungen); und die vierte Karte enthüllt den Zeitpunkt der Geschehnisse im Stapel der "Unvorhergesehenen Ereignisse", also die Ereignisse des vierten Stapels. Die Karte im Stapel "Ordnung der Zeit" bezieht sich immer auf die fragende Person selbst. Es ist sehr wichtig zu bedenken und zu wissen, dass nur die Karten, die ein Tierkreiszeichen darstellen, eine Funktion/Bedeutung im letzten Stapel haben, andere sind an dieser Stelle ohne Bedeutung, zeigen keine Ereignisse und können ignoriert werden.

Um die Zeit zu bestimmen, musst Du wissen, dass es verschiedene Zeiträume gibt, die sich auf die Tierkreiszeichen beziehen:

Vergangenheit, Gegenwart und Zukunft

(basierend auf den Tierkreiszeichen)

Diese Zeiträume gelten vorab im Allgemeinen:

1. Wassermann & Fische	Vergangenheit
2. Fische & Widder	jüngste Vergangenheit
3. Widder & Stier	Präsens/ Gegenwart
4. Zwillinge & Krebs	Gegenwart/ nahe Zukunft
5. Löwe & Jungfrau	ferne Zeit/ fernere Zukunft

6. Waage & Skorpion   ferne Zeit/ fernere Zukunft

7. Schütze & Steinbock   sehr ferne Zeit in der

Zukunft, ungewisse Zeit

Die Zeitskala findest Du hier als Übersicht:

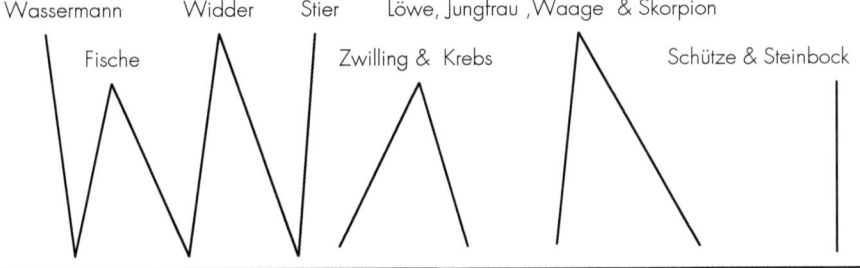

Du kannst diese Zeiträume anwenden, wenn Du allgemeine Informationen über ein Ereignis oder eine Situation wünschst. Manchmal gibt es zum Beispiel in der Vergangenheit ein Ereignis, das noch immer Ursache für die Probleme oder aktuellen Situation des Fragestellers ist. Mit dem Zeichen des Wassermanns bekommst Du den Hinweis, dass in der Vergangenheit etwas passiert ist, das zum Teil der Grund dafür ist, dass manche Dinge genauso sind, wie sie jetzt sind.

HINWEIS Wie von Zeitzeugen bekannt, wird gesagt, dass Mlle. Lenormand eine Leidenschaft für Mathematik, Horoskope, das Rechnen und das Spiel mit Zahlen hatte – und so war es ihr immer ein Vergnügen, die Methoden und Umstände zu erforschen, um die Zeit bevorstehender Ereignisse noch genauer berechnen zu können.

So wird jedem Tierkreiszeichen zudem ein Zahlenwert zugeordnet – diese Zahl wird später im Falle einer genaueren Berechnung der Zeit eine Rolle spielen.

Der individuelle Zahlenwert der Tierkreiszeichen:

Widder	3	Löwe	15	Schütze	27
Stier	6	Jungfrau	18	Steinbock	30
Zwillinge	9	Waage	21	Wassermann	33
Krebs	12	Skorpion	24	Fische	36

Wenn demnach ein Tierkreiszeichen die Zeit eines Ereignisses allein bestimmt, siehst Du anhand des Zahlenwertes, dass die Zeit, in der das Ereignis eintritt, immer im Verhältnis zu 3, 6, 9 usw. steht.

Wird beispielsweise der Zeitpunkt eines beruflichen Ereignisses oder einer Hochzeit durch das Sternzeichen Zwillinge beeinflusst, findet dieses Ereignis zu einem Zeitpunkt statt, der doppelt so weit in der Zukunft liegt, als wenn es durch das Zeichen Widder beeinflusst werden würde. (Widder hat den Wert 3 und Zwillinge hat den Wert 9; das bedeutet: der Zwilling hat mit 9 zweimal mehr den Wert als der des Widders: 3 + (2 x 3) = 9). Wird dieses Ereignis aber z.B. von Krebs oder Löwe bestimmt, so findet dies 3-mal oder 4-mal später in der Zukunft auf der Zeitskala statt, als wenn das Ereignis durch das Sternzeichen Widder bestimmt werden würde.

Für die Zeitskala der Zukunft kannst Du Dich dabei auch immer auf das Alter des Fragestellers beziehen und/ oder die durchschnittliche Lebenserwartung, die wir im Allgemeinen haben. Und so wirst Du mit etwas Übung und Erfahrung in Zukunft leicht die Zeit des Ereignisses errechnen können.

Beispiel (zum Nachlegen)

Stell Dir vor, dass eine Person sich über eine Lebenssituation im Klaren werden will, und Du wendest dafür die Methode der „Fünf Karten in den Fünf Gruppen" an, die gerade in diesem Kapitel erklärt wurde. Du hast die Karten wie zuvor ausgelegt und dabei auch zwei Karten als Reserve beiseitegelegt.

1. Der erste Stapel enthält keine berufliche Karte, daher ist er nicht nützlich und wird für Deine Interpretation nicht wichtig sein.

2. Der zweite Stapel enthält nur eine Karte des "Trojanischen Krieges", und diese Karte enthüllt nichts, womit der Fragesteller in Verbindung steht, somit zeigt sie nichts Wichtiges an – nur eher eine allgemeinere Information, keine Warnung, nichts Schlechtes. Die Karte fällt zwar auf, aber Du musst nicht tiefer darauf eingehen.

3. Im dritten Stapel ist keine Karte enthalten, die dem Thema Beziehung oder Ehe gleichkommt, daher ist sie auch dieser Stapel für Deine Interpretation nicht wichtig.

4. Der vierte Stapel ist der einzige Stapel, in dem sich wichtige Karten befinden, die zu dem Thema gehören: eine Karte gehört zum „Trojanischen Krieg" (Karo Dame) und die vier anderen Karten gehören alle zu der Gruppe "Unvorhergesehene Ereignisse".

Karo Dame Pik König Herz 3 Herz König Kreuz 2

Die Karte in der Mitte ist die Herz 3. Diese Karte steht für jemanden mit Talent und Geist. Aufgrund der Kartenposition neben dem Pik König ist das rechte kleine Bild (der Gerichtsvollzieher und der versiegelte Brief) so zu interpretieren, dass die Person ein armer junger Mann zu sein scheint, der vielleicht finanzielle Sorgen oder Schulden hat und durch diese Situation einfach gefangen / in Ketten ist.

Die 2. Karte auf der linken Seite, die Karo Dame, zeigt eine unschöne Bekanntschaft an, die der Herr gemacht hat (es ist die Karte, die einen schlechten Menschen repräsentiert). Und aufgrund des kleinen Bildes rechts auf dieser Karte (Paris überreicht der Venus, Aphrodite den Apfel) kann man sagen, dass dieser junge Mann in dieser Situation ist, weil er engen Kontakt zu einer Person mit boshafter Absicht hat. Diese Person ist eifersüchtig, weil sie sieht, dass jemand anderes über sie selbst gestellt wird, also versuchte diese Person, dem jungen Mann in einem Akt der Rache zu schaden.

Aber der Mann ist ein ehrlicher Mensch. Dies wird durch die Deutung der ersten Karte zu seiner Rechten, dem Herz König, und durch das kleine linke Bild dieser Karte (das Buch der Gesetze Salomons) bewiesen: Ein junger Mann hat einen klaren und guten Verstand und Geist; er muss dem Rat und der Lehre seiner eigenen Erfahrung folgen und vielleicht sogar dem Rat eines weisen Mannes, dem er zugeneigt ist und zu dem er positiv aufblickt.

Die zweite Karte zu seiner Rechten, Kreuz 2, mit dem kleinen Bild auf der linken Seite (ein Felsen, auf dem ein Vogel sitzt), kann so interpretiert werden, dass der Mann aus dieser Verlegenheit herauskommen den schlechten Einfluss dieser Person loswerden wird. Später wird er erneut als guter Mensch angesehen werden und auf seine Art Ruhm und Reichtum erlangen, wenn nur wenn er sich fortan auf seine Talente und seinen Geist konzentriert und nicht mehr auf die falschen Personen.

Im Folgenden solltest Du Dir nun die Karte ansehen, die am Anfang der Legung weggelegt wurde. Die erste reservierte

Karte gilt für den männlichen Fragesteller. Es stellt sich in diesem Beispiel heraus, dass es sich bei dieser Karte um die Kreuz 6 handelt:

Der Herr wird durch diese Karte vor Problemen, Konflikten und Meinungsverschiedenheiten gewarnt. Er sollte aber dennoch auf dem eigentlichen Weg geradeaus weitergehen; Jetzt umzukehren, würde zum Scheitern führen. Er muss die Situation überwinden, denn er kann nicht zurücktreten und Dinge ungeschehen machen.

Schau nun in den letzten, den fünften Stapel. Hier ist die vierte Karte im Stapel "Ordnung der Zeit" (sie steht für den Zeitpunkt der Geschehnisse des vierten Stapels in der Legung) zufällig das Sternzeichen Zwilling. Das Zeichen Zwilling repräsentiert die Zahl/den Wert 9. Es ist die Karte, die das Ereignis/den Zeitpunkt bestimmt, zu dem der Fragesteller eine Änderung der Situation erfahren wird.

Vergleichs - Tabelle des Lebens mit den Jahren

Erläuterung zur Tabelle

Die antiken Philosophen unterteilten das Leben beginnend mit 15 Jahren an in 12 Perioden, die jeweils 5 Jahre umfassen. Jede dieser Perioden steht unter dem Einfluss eines Tierkreiszeichens. Genau wie das Mondjahr, das die Philosophen verwendeten, das hier aus 360 Tagen besteht. Es ist in 12 Teile zu je 30 Tagen unterteilt. Innerhalb der 30 Tage gehören immer drei Zeiträume von 10 Tagen.

Sternzeichen	Anzahl der Jahre, die unter dem Einfluss des Sternzeichens stehen	Die Reihenfolge der Tier-kreiszeichen	Wert jedes Sternzeichens in Bezug auf ein Jahr
	Von/bis	Monate	Tage/ Dekade
Widder	15 – 20	1	30 / 3
Stier	20 – 25	2	60 / 6
Zwillinge	25 – 30	3	90 / 9
Krebs	30 – 35	4	120 / 12
Löwe	35 – 40	5	150 / 15
Jungfrau	40 – 45	6	180 / 18
Waage	45 – 50	7	210 / 21
Skorpion	50 – 55	8	240 / 24
Schütze	55 – 60	9	270 / 27
Steinbock	60 – 65	10	300 / 30
Wassermann	65 – 70	11	330 / 30
Fische	70 – 75	12	360 / 36

Beispiel (zum Nachrechnen)

So errechnest Du nun die Zeit des Ereignisses gemäß dieser Tabelle:

1. Angenommen, der Fragesteller ist 26 Jahre, 6 Monate und 15 Tage alt; er befindet sich daher, wie anhand der Tabelle zu erkennen ist, im Zeichen Zwillinge, das mit dem 25. Lebensjahr beginnt und mit dem 30. Lebensjahr endet.

2. Es ist nun notwendig, die Zeit, die der Fragesteller seinem Alter nach noch unter diesem Zeichen zu verweilen hat, zu berechnen: zieht man 26 Jahre, 6 Monate und 15 Tage von 30 Jahren ab, so ergibt sich: 3 Jahre, 5 Monate und 15 Tage. Der Fragesteller muss also noch 3 Jahre, 5 Monate und 15 Tage unter dem Einfluss des Tierkreiszeichens Zwillinge verbleiben.

3. Dann musst Du die 3 Jahre, 5 Monate und 15 Tage in 12 Teile aufteilen. Um diese Einteilung zu vereinfachen, solltest Du die gesamte Zeit in Tage umrechnen:

Beginnend mit den Jahren: 3 Jahre sind 3 mal 360 Tage (erinnere Dich, dass das Jahr der alten Philosophen 360 Tage lang war), was 1080 Tage ergibt.

Schau Dir nun die Tabelle an, um die Monate umzurechnen: Es ist zu sehen, dass 5 Monate 150 Tage ergeben. Diese müssen daher zu den 1080 Tagen addiert werden, was 1230 Tage ergibt, zu dieser Summe müssen nun die restlichen 15 Tage addiert werden, was insgesamt 1245 Tage ergibt.

Teile nun diese 1245 Tage durch 12 und es ergibt sich diese Division:

1245 : 12 = 103,75

Das Ergebnis sind 103 Tage, mit einem Rest von 0,75. Du kannst den Rest immer vernachlässigen, da der Rest nicht von Bedeutung ist. Es wird auch nicht aufgerundet.

4. Danach sollten die 103 Tage mit der Nummer der Position des Tierkreiszeichens multipliziert werden, das mit dem Ereignis in Verbindung steht: im Beispiel sind dies die Zwillinge, deren Platz in der Reihenfolge der Zeichen die Nummer 3 ist. Die Berechnung lautet also: 103 Tage x 3 = 309 Tage oder 10 Monate 9 Tage.

Die Situation des jungen Mannes wird sich also zu dieser Zeit ändern.

HINWEIS Die ursprüngliche Anleitung des Grand Jeu besagt, dass primär die Position in der Reihenfolge der Zeichen und nicht der eigenständige Wert des Tierkreiszeichens für die letzte Multiplikation eingenommen werden sollte. Es gibt aber auch Quellen, die mit dem eigenständigen Wert des Sternzeichens rechnen, was in diesem Beispiel der Wert 9 wäre – es gibt diese zwei verschiedenen Optionen. Und bei der zweiten macht es absolut Sinn, dass Du Dich an den allgemeinen Wert des Zeichens, das im Stapel zu finden ist, erinnern und diesen im Auge behalten musst.

Es wird auch gesagt, dass ohne eine Karte des Tierkreiszeichens es nicht möglich ist, die genaue Zeit eines Ereignisses zu bestimmen und Du auf eine andere Methode zur Bestimmung der Zeit zurückgreifen musst: Es ist Dir dann möglich, wie gewohnt nach dem Alter der Person zu fragen und dann von diesem Teil an die bekannten Schritte zu befolgen; und im letzten Schritt ist es dann nur nötig, das Tierkreiszeichen zur Berechnung zu nehmen, das aufgrund des Alters des Fragesteller aktuell noch Einfluss auf diesen ausübt, was anhand der Tabelle sehr leicht für Dich zu ersehen ist.

KAPITEL IV
Coup de Cinq Cartes sur les Cinq Parties
Ergänzung zu Kapitel III
Die Legung von Fünf Karten in Fünf Gruppen

&

die Proben

Die Legung der fünfzehn Karten

Die Legung der neun Karten

(zusätzliche Informationen – Beispiel)

Coup de Cinq Cartes sur les Cinq Parties

Die Legung der Fünf Karten in Fünf Gruppen

Die Legung der 15 & 9 Karten (eine zusätzliche Information)

Die Zukunftsdeutung mit den Großen Lenormand Karten unterliegt ausnahmslos bestimmten Regeln, die immer besser und leichter zu verstehen sind, wenn man sie an konkreten Beispielen erklärt. In diesem Kapitel wird anhand eines Beispiels ein zusätzlicher Schritt erläutert, der bei der Legung der „Fünf Karten in Fünf Gruppen" mit durchzuführen ist.

HINWEIS Du musst Dich, während jeder Legung im Großen Spiel an die zu Beginn genannten sieben Grundregeln halten und die Aussagen, die Du innerhalb der verschiedenen Schritte des Grand Jeu machst, solltest Du sorgfältig treffen und, falls erforderlich, diese Aussagen erklären und begründen.

In der Anleitung aus dem Jahre 1845 wurde zum besseren Verständnis für die Legung der Fünf Gruppen ein weiteres Beispiel aus dem Leben der Mlle. Lenormand selbst hinzugefügt.
Für dieses Beispiel benötigst Du zum besseren Verständnis diese wenigen historischen Hintergrundinformationen:

Es gab viele wichtige und außergewöhnliche Prognosen von Mlle. Lenormand, von denen einige auch in der ein oder anderen Biografie dieser berühmten Wahrsagerin niedergeschrieben sind. Eine berühmte Erzählung handelte von einer Prophezeiung, die sie bereits in jungen Jahren, noch vor ihrer großen Karriere, während ihrer Zeit in einem Kloster machte. Mlle. Lenormand war in einem Benediktinerkloster, als die Äbtissin wegen Fehlverhaltens abgesetzt wurde; Das führte dazu, dass sich viele Gerüchte im Kloster und sogar außerhalb dieser Mauern verbreiteten. Es wurde gesagt, dass Mlle. Lenormand heimlich das Orakel in Bezug auf diese Dame befragt hatte. Diese Vorhersage wurde durch Erzählungen

bekannt, und enthüllte, welche Folgen diese Amtsenthebung hätte und ob die Äbtissin wieder eingesetzt oder ersetzt würde.

Beispiel (zum Nachlegen)

Du beginnst mit dem Mischen und Abheben der Karten, wie im zweiten Kapitel erklärt, und gehst wie dort beschrieben vor, um zu sehen, wie die Situation der Person dargestellt wird und ob einige Ereignisse von den Karten hervorgehoben werden. Folgende sieben Karten liegen:

Pik 9   Pik König   Pik 3   Hauptperson Pik Ass   Pik 5   Karo Ass

Links von der Mitte befindet sich die Pik 3 (die drei Moiren), die zweite Karte ist der Pik König (Menes, der Vorsitzende eines Gerichts, er hält Plädoyers), die dritte Karte ist die Pik 9 (Helena, die ihre Verzweiflung verbirgt, in Gesellschaft ihrer Zofen). Auf der rechten Seite ist die erste Karte das Pik Ass (Zeus verwandelt sich in einen Stier, um Europa zu entführen), die zweite Karte ist die Pik 5 (der Tod des Zentauren Chiron) und die dritte Karte ist das Karo Ass (Harpokrates).

Nachdem Du Dir diese sechs Karten angeschaut hast, in deren Mitte sich die Fragestellerin, in diesem Beispiel die Äbtissin, befindet (sie wird durch die Karte der weiblichen Hauptperson repräsentiert und Dir dadurch von großer Bedeutung erscheint), kannst Du die Karten wie folgt deuten:

Die erste Karte zu ihrer Linken, die Moiren (die Karte mit dem stärksten Einfluss auf den Fragesteller), zeigt den Tod an; Sie denkt an den Tod. Der Tod überschattet sie; aber um zu sagen, dass die Dame selbst mit dem Tode bedroht sein würde, müsste sie eine Karte wie die Pik 8 auf der rechten Seite haben. Es ist also offensichtlich, dass die Karte der

Moiren den Tod/das Ende ihrer Stellung, ihren Verlust, ihren Untergang ankündigt; und was dies belegt, ist die Tatsache, dass den Moiren die Karte von Menes vorausgeht, der den Vorsitz bei den Verhandlungen führt, eine Karte, die auch Gesetze, Strenge, Gerechtigkeit, Entscheidungen oder ein Urteil darstellt. Die dritte Karte auf der linken Seite, Helena, zeigt die Verzweiflung der Fragestellerin. Es ist zudem ein Gedanke der Reue in dieser Karte erkennbar, die Dame ist "gefallen", sie weiß um ihre Niederlage, die Strenge des Gesetzes, die Gerechtigkeit hat sie getroffen.

Die drei Karten auf der rechten Seite zeigen nun die Ursache des Verlustes an, und diese Karten zeigen auch die Gedanken an: Du siehst auf der Karte Pik Ass, Zeus und Europa, eine Szene, die auf ein zweideutiges Verhalten hinweist. Auf der zweiten Karte siehst Du den Tod des Zentauren Chiron, was auf Schwäche und Nachlässigkeit beim Nachgehen von Verpflichtungen hinweist und somit einen Schuldigen, ein Selbstverschulden zeigt. Und die dritte Karte, die Harpokrates, die Karte des Boten & der Botschaften, und ihr linkes kleines Bild mit Argus, das sich hier auf die Hauptperson bezieht, zeigt die Indiskretion

Die letzte der Karten auf der linken Seite, Pik 9, zeigt die Verzweiflung der Hauptperson und die letzte Karte rechts, Karo Ass, zeigt einen indiskreten Boten oder Vertrauten. Bei all diesen Informationen besteht kein Zweifel daran, dass die Amtsenthebung der Dame durch die Indiskretion eines Vertrauten verursacht wurde.

Mit der nachfolgenden Methode, der Probe, kannst Du sehen, ob und was von dieser ersten Vorschau zu bestätigen, zu widerlegen oder zu ergänzen ist:

Die Legung der Fünfzehn Karten

Du mischst alle Karten erneut, und nachdem Du die Karten gemischt hast, hebst Du sie einmal ab und ziehst fünfzehn zufällige Karten aus dem Stapel. Nun werden diese fünfzehn Karten in der Reihenfolge, in der sie gezogen wurden, von links nach rechts einem bestimmten Schema nach ausgelegt. Die erste Karte auf Position eins, die zweite Karte auf Position zwei... usw. (siehe das Bild).

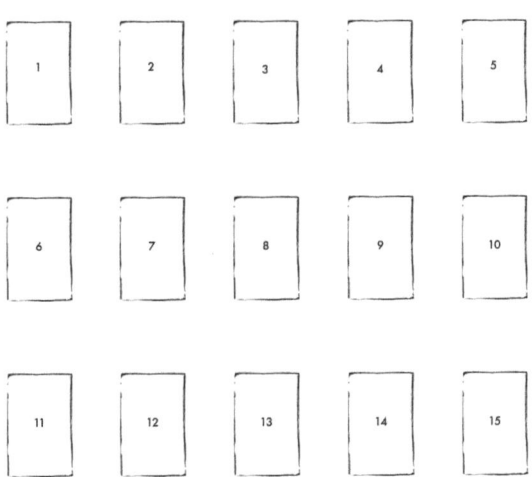

Jeder der fünfzehn Positionen, die von einer Karte belegt wird, wird eine bestimmte Bedeutung zugewiesen, diese wird dann in Verbindung zu der Bedeutung der Karte gesetzt, die sich nach der Auslage auf der entsprechenden Position befindet.
Du kannst hier immer nachschlagen, welche Bedeutung jede Position innehält und Dich somit mit den Positionen nach und nach vertraut machen.

Die **1. Position** beschreibt eine friedliche Person, einen Selbstständigen oder jemanden, der einen bezahlten Beruf oder generell eine Erwerbstätigkeit ausübt, Jemand, der ein festes Einkommen hat, einen Rentner, Pensionär. Aber die Position zeigt eine Karte, die eine Person beschreibt oder mit ihr in Verbindung steht. Wenn dies eine gute Karte ist, sagt sie Leichtigkeit und Ruhe voraus.

Die **2. Position** bedeutet Vermögensverlust, einen schlechten Lebenswandel, ungeordnete Lebensverhältnisse. Sie zeigt wo Verlust und Chaos herrscht.

Die **3. Position** steht für Glück, Gesundheit, Sicherheit, Schutz. Sie zeigt wo Freude und Sicherheit gegeben ist.

Die **4. Position** ist ungünstig für verliebte, ungebundene Personen. Gut fällt sie nur für Beamte, Mediziner und Künstler, und Personen, die den Ehrgeiz haben, etwas zu erreichen, aus.

Die **5. Position** bedeutet, dass eine Person ihre Versprechen nicht hält oder mehr verspricht, als sie wirklich halten kann. Die Position, die Bereiche zeigt, in denen mit Unzuverlässigkeit zu rechnen ist.

Die **6. Position** beschreibt Bereiche, in denen ein Start nicht gut verläuft; einen schlechten Geschäftsstart oder einen schlechten Beginn von Unternehmungen, was allerdings durch die Unachtsamkeit der daran beteiligten Personen verursacht wird.

Die **7. Position** zeigt an, dass jemand durch die Unterstützung einer Person, oftmals einer Frau, bekommt, was er will, oder einen erwarten Nachrichten, die je nach Karte gut oder schlecht sein werden.

Die **8. Position** steht für eine Ehe oder eine Beziehung, die einem Schwierigkeiten bereitet. Oder aber auch schwierige Lebensumstände im Allgemeinen.

Die **9. Position** beschreibt eine Täuschung, einen Diebstahl. Etwas wird genommen, sei es die Vorstellung von etwas oder in der Tat ein Gegenstand. Wenn die Karte Karo 5 hier läge, würde es sich um einen Diebstahl durch einen Diener, einen Diebstahl im häuslichen, privaten Bereich handeln; die Karte Karo Ass hingegen würde auf einen Schaden aufgrund von indiskretem Verhalten hinweisen; und die Pik 10 wäre ein Diebstahl, der das persönliche Schicksal sehr beeinflussen würde.

Die **10. Position** ist gut für Prüfungen und kommt jeden Menschen zugute, der mit Würde und Anstand erzogen wurde.

Die **11. Position** steht für einen Ortswechsel, eine Bewegung, eine Veränderung im Allgemeinen und sie zeigt Unbeständigkeit.

Die **12. Position** bedeutet, gute Nachrichten und Dinge zu erhalten. Sie zeigt das Gelingen, erfolgreiche Unternehmungen oder Erfolg bei der Arbeit.

Die **13. Position** ist nur gut für „Schurken und Verräter" gedacht, denn ihnen macht das Schlechte, das sie verheißt, nichts aus, aber für eine Person, die sich in leider dieser Position befindet, obwohl sie gute Absichten hat und sich gut benimmt, wird diese Position immer noch einen Verlust (z. B. von Reichtum oder Arbeit) bedeuten.

Die **14. Position** steht für unvorhergesehene Krankheit oder Verletzungen.

Die **15. Position** steht für eine glückliche Ehe, Reisen und Freude.

Wenn Du die Karten & die Methode der Probe oft anwendest, wirst Du bald die grundlegenden Bedeutungen der fünfzehn Positionen kennen, aber da dies allein für die Erklärung dieser

Methode nicht hilfreich ist, ist das folgende Beispiel eine Stütze, als Hilfe, diese Schritte zu verstehen.

Beispiel (zur Erklärung & zum Nachlegen)

Du hast die Legung vorbereitet und siehst nun, dass die Karte der Hauptperson nicht Teil Deiner fünfzehn Karten ist und dass es unter diesen fünfzehn Karten auch nur eine Karte von den sechs Karten gibt, die die mittlere Karte (die Hauptperson) zuvor umgeben haben.

Die Pik 9 (Helena) ist die Karte, die wieder auftaucht. Da hier fast keine Karte erneut auftaucht und auch die Karte der Hauptperson fehlt, so hast Du bereits viele Informationen, die Du brauchst, gewonnen, verfolge die Karten nun nur bis inklusive der Position, auf der sich Karten befinden, die wiederholt auftauchen. Schau auf die Kartenfolge, um mögliche weiteren Informationen zu erhalten:

Die erste Deiner fünfzehn Karten ist die Herz 8 (der Adler und die Kröte). Diese Karte bedeutet, dass eine Person frei von jedem ist, der ihr Schaden zufügt. Diese Karte ist friedliches Glück. Eine wirkliche Verbindung zwischen der Bedeutung der Karte und der Bedeutung der Position kann man nur dann herstellen, wenn man sagen kann, dass ein ehrlicher und friedlicher Mensch, unabhängig von seinem Status oder Reichtum, nur dadurch glücklich geworden ist, weil er jemanden losgeworden ist, der ihm geschadet hat.

Die zweite Karte, Herz 7, (der Alchemist, der das Lösungsmittel hinzugibt) zeigt einen Besuch oder den Erhalt einer Nachricht an. Diese Karte liegt an zweiter Stelle. Die Position des Vermögensverlusts und des schlechten Lebenswandels. Die Interpretation könnte in diesem Falle sein, dass eine Person, die gedankenlos ist und sich schlecht benimmt, aufgrund des eigenen Fehlverhaltens eine Nachricht oder einen Besuch erhält mit der Botschaft, dass es Konsequenzen in Form einer sofortigen Bestrafung gibt. Dies führt zum Verlust von etwas oder sogar dem Verlust der wirtschaftlichen Existenz der Person.

Die dritte Karte ist der Karo König (Cadmus &. Minerva) und die dritte Position, die sie einnimmt, steht für Glück, Leichtigkeit und Überzeugung. Das sind Gegensätze, die man so nicht so einfach miteinander vereinbaren kann. Es gibt auch keine einfache Erklärung, da die Karte einen ernsthaften Mann voller Weisheit und Vernunft darstellt. Hier muss man etwas hinter die Fassade schauen und genau auf den Kontext achten, denn es gibt einige Fälle, in denen diese Karte in dieser Position dennoch Sinn ergibt: Ein junger Mann, zum Beispiel, der einfach. Ohne großen Besitz, aber dennoch sehr eitel ist, weil er einen guten Ruf hat, möchte die Aufmerksamkeit oder Gunst anderer gewinnen, indem er sich bewusst als seriös & hilfsbereit zeigt und überzeugend argumentiert, um sich den gewünschten Respekt zu verschaffen.

Die vierte Karte, Karo 2, (Ein Kind auf einer Ziege) und die vierte Position, die sie einnimmt, sind für ineinander verliebte Personen leider nicht verheißungsvoll. Wenn es sich bei der Hauptperson um eine verheiratete Person handelt, wird hier keine Erklärung notwendig sein, da die Person bereits offiziell gebunden ist. Es ist aber dann notwendig die Karte genauer zu betrachten, wenn es sich bei Deiner Klientin um ein junges Mädchen oder eine junge alleinstehende Frau handelt. Sie muss Angst haben, einen Fehler der Unachtsamkeit zu begehen. Dieser würde z. B. zu einer ungewollten Schwangerschaft führen, die sie zur Verzweiflung bringen würde. Wenn es sich um einen jungen Mann handeln würde, würde er sich aufgrund seines unbedachten Verhaltens in einer ungewollten, ungünstigen Lage wiederfinden.

Die fünfte Karte ist die Pik 9 (Helena). Von allen Karten, die gerade erklärt wurden, ist dies die einzige Karte, die Dich in diesem Beispiel wirklich interessiert, da diese Karte zuvor schon einmal aufgetaucht ist. In der Szene des großen Bildes versteckt Helena ihre Verzweiflung. Diese Karte ist eine Karte, die nicht nur Verzweiflung, sondern auch Reue zeigt. Die fünfte Position, die diese Karte einnimmt, kann also nur so interpretiert werden, dass die Person ihre Versprechen nicht einhält, nicht verlässlich, nicht loyal ist. Die Dame, für die Du die Karten deutest, wird daher Reue empfinden, weil sie ihre Versprechen nicht gehalten hat.

Du kannst jetzt hier mit dieser Probe aufhören, denn in diesem Beispiel ist hier keine andere Karte mehr, die für Dich nützlich wäre, denn es ist keine weitere Karte unter den anderen, die bereits aufgetaucht war. Und Du bist den Weg gegangen, bis zu der Karte, Pik 9, die zuvor dabei war.

HINWEIS sollten keine Karten erneut dabei sein, so wären diese ersten Karten Deiner Legung entweder nur alltägliche Ereignisse, Geschäftsbeziehungen, private Situationen oder die Karten können sogar von minimaler oder weniger wichtigen Bedeutung sein oder Deine Eingangslegung hätte Dir schon alles Wissenswerte genannt. Und nichts müsste ergänzt oder bestätigt werden.
Aber Du kannst die gezogenen fünfzehn Karten immer in Verbindung zu der Bedeutung der Positionen setzen, auf der sie sich befinden, und interpretieren, ob diese einen Sinn ergeben, um so dennoch einige interessante Fakten über die Hauptperson oder die Situation zu erfahren.

Die Legung der Neun Karten

Nach der Legung mit diesen fünfzehn Karten gibt es den nächsten Schritt. Du mischst alle Karten erneut, hebst sie einmal ab, entnimmst dieses Mal dem Kartenspiel neun Karten und legst sie in 3 x 3 Karten aus (siehe Bild).

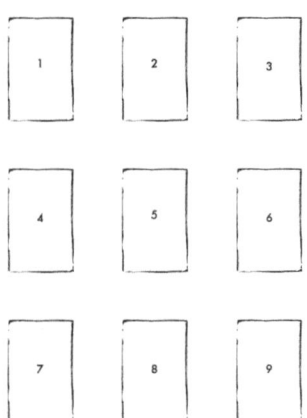

Diese neun Karten können in einigen Legungen die Anzeichen von sehr wichtigen und bedeutsamen Ereignissen aufweisen, aber es muss beachtet werden, dass ein Ereignis immer mit der ersten Karte beginnt und durch die dritte, sechste und neunte Karte vervollständigt und erklärt wird.

Wichtig innerhalb dieser neun Karten sind also immer die Karten Nr. 1, 3, 6 und 9.

Beispiel (zur Erklärung & zum Nachlegen)

Diesmal befindet sich unter diesen neun Karten wieder nur eine der sechs Karten, die zuvor die Karte Hauptperson umgaben. Es ist die Pik 3 (die Moiren), aber die Karte der Hauptperson ist noch immer nicht in den gezogenen Karten enthalten.

In diesem Beispiel hast Du diese Karten gezogen:

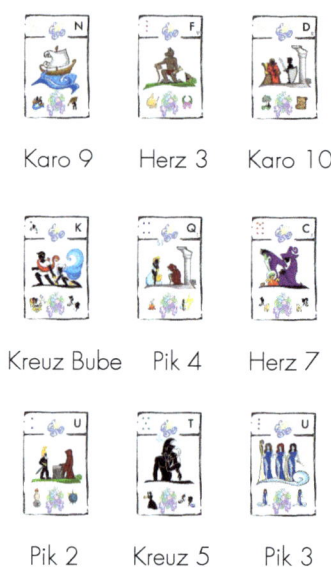

Karo 9   Herz 3   Karo 10

Kreuz Bube   Pik 4   Herz 7

Pik 2   Kreuz 5   Pik 3

Die erste Karte ist die Karo 9 (die Argo); die zweite Karte ist die Herz 3 (der Kynokephale); die dritte Karte ist die Karo 10 (Jason & Pelias); die vierte Karte ist der Kreuz Bube (Hypomennes & Atalanta); die fünfte Karte ist die Pik 4 (Semele & Hera); die sechste Karte ist die Herz 7 (der Alchemist & das Lösungsmittel); die siebente Karte ist die Pik 2 (Menelaos & Kalchas); die achte Karte ist die Kreuz 5 (Paris & Helena); und die neunte Karte ist die Pik 3 (die drei Moiren).

Die erste Karte, Karo 9 (die Argo mit den Argonauten, die sich auf die Reise nach Kolchis begeben), zeigt einen Aufbruch an, aber die dritte Karte, Karo 10 (Jason & Pelias), zeigt rein theoretisch nichts Neues an, was dem Aufbruch folgen kann (bezogen auf die Kernbedeutung oder die Handlung der antiken Geschichte); Und was die Bedeutung der Karte in Bezug auf "heimtückische Ratschläge" betrifft, so gibt es hiermit

eine Bedeutung, die zwar interessant wäre, aber um diesem Ansatz ernsthaft zu folgen, müsste diese Karte chronologisch gesehen vor der Karte der Abreise liegen.

Die sechste Karte, Herz 7 (der Alchemist, der das Lösungsmittel hinzufügt), kündigt laut dem Sinn der Karte etwas an, das hinzukommt: (bildlich) einen Besuch. Diese Karte könnte auch eine Begleitung darstellen, was für Deine Deutung bedeuten würde, dass die Abreise nicht nur von einer Person, sondern von mehreren Personen erfolgen würde.

Die neunte Karte, Pik 3 (die drei Moiren), die einzige Karte in dieser Legung, die eine all jener Karten ist, die zuvor die Karte der Hauptperson begleitet haben.

Daher ist sie auch hier die einzige Karte, die Dich primär interessieren sollte, denn sie sollte einen wichtigen Hinweis geben, und dennoch, dort platziert, hat sie leider keine zufriedenstellende Bedeutung, denn die Karte bedeutet Verlust, Schicksal, Bestimmung, Unabwendbares. Und es wäre besser, diese Karte würde der Karte, dem Ereignis der Abreise, des Abschieds, vorausgehen. Die Informationen, die Dir diese Legung geben, scheinen daher weniger für die Hauptperson zu sprechen, wenn es darum geht, ob sie wieder in ihre Position integriert wird, denn die Karten bestätigen eher, dass ihre Anstellung wirklich endet und sie in ihrer Position ersetzt und die Dame nicht rehabilitiert wird.

Zusammengefasste Interpretation der neun Karten

Die erste Karte, die Karo 9, deutet auf einen Aufbruch hin und kann eine Veränderung bedeuten.

Die dritte Karte, Karo 10, zeigt, dass man heimtückische Ratschläge erhielt,

Die sechste Karte, Herz 7, die die Botschaft und den Besuch – also der Vorbote des Ereignisses, und dessen Folge, der Verlust des Arbeitsplatzes, der durch die neunte Karte Pik 3, in Gestalt des "Todes" dargestellt wurden.

Du kannst nun die direkte Beziehung, die diese Karten zueinander haben, erkennen. Die letzte Karte bedeutet "Tod", das Ende der Anstellung der Hauptperson.

Es ist offensichtlich, dass diese Legung Dir mit ihrer Prognose die Amtsenthebung der Nonne anzeigt.

Diese Amtsenthebung ist eine Entziehung ihrer Pflichten und sie ist auf die heimtückischen Ratschläge einer anderen Person und den Kontakt zu Personen zurückzuführen, die den Regeln und Gesetzen der Kirche widersprachen. Immer im Hintergrund mit der Absicht dieses Verlustes. Die Indiskretion, die diesen Verlust verursachte, war zuvor ebenso in den Karten zu sehen.

HINWEIS Um das Grand Jeu der Mlle Lenormand originalgetreu nach seinen echten Regeln zu spielen, ist es wichtig und unerlässlich, diesen Teil, der gerade als Legung der fünfzehn und neun Karten erklärt wurde, anzuwenden.

Nachdem Du Dir nun alle Informationen sorgfältig eingeprägt hast, kannst Du nun zu dem Teil der Fünf Gruppen übergehen, der wie zuvor auf den Seiten 286 bis 292 erklärt wurde.

… weiter im **Beispiel**

Die Karten sind verteilt.

Du beginnst mit dem ersten Stapel (Beruf & Handel), und der braucht nicht näher untersucht zu werden, da Du dort weder die Karte der Hauptperson findest noch eine der sechs Karten, die Du zu Beginn mit der Hauptperson gemeinsam präsent waren, und es ist ebenso keine Karte aus der eigenen Gruppe "Eroberung des Goldenen Vlieses" in diesem Stapel enthalten.

Du kannst weder die Karte der Hauptperson noch eine der sechs Karten im Stapel "Das Recht des Starken über den Schwachen" finden.

Aber der Stapel enthält eine Karte, die zu der Geschichte des "Trojanischen Krieg" gehört, Dieser Stapel muss daher von Dir genauer betrachtet und gedeutet werden.

Er beinhaltet folgende Karten:

Kreuz Ass   Herz 5   Karo 8   Karo Bube   Herz 8

Die erste Karte ist das Kreuz Ass (Jason und das Goldene Vlies), die zweite Karte ist die Herz 5 (die Audienz beim König) und die dritte Karte ist die Karo 8 (Ganymed), die vierte Karte ist der Karo Bube (Odysseus in Verkleidung) und die fünfte Karte ist die Herz 8 (der Adler, der eine Kröte entfernt).

Die Karte, die eine Person repräsentiert, ist in diesem Beispiel nun die Karo 8, die Karte des Ganymeds, da es die Karte in der Mitte ist und es keine direkte Personenkarte gibt.
Diese Karte zeigt eine sichere Position und die erste Karte auf der linken Seite, die Herz 5 (die Audienz beim König), zeigt eine Person in einer mächtigen Position an, und es ist die Karte mit der größten Wirkung auf die Hauptperson. Die zweite Karte auf der linken Seite, das Kreuz Ass (Jason und das Goldene Vlies), kündigt den vollen Erfolg an.

Die erste Karte auf der rechten Seite, der Karo Bube, (Odysseus), zeigt eine kluge Person, eine nützliche Entdeckung oder Erkenntnis, über die die Hauptperson nachdenkt, und die zweite Karte auf der rechten Seite, die Herz 8 (der Adler mit der Kröte), deutet eine heimliche Freude, eine Erleichterung an, einen Verlust oder aufkommende Distanz zu einer Person, die schädlich war.

Nun, diese sichere Arbeitsatmosphäre, dieser starke Charakter und diese Persönlichkeit, dieser volle Erfolg, und auf der anderen Seite, dieser kluge Charakter, diese kluge Persönlichkeit und den Verlust einer schädlichen Person, trifft das alles auf Deine Hauptperson, die Dame zu? Nein, wahrscheinlich nicht; Aber das gilt womöglich für eine andere Person, vielleicht eine Person, die sie ersetzen möchte, oder die dann an ihrer Stelle stehen wird.

Kommen wir nun zum nächsten Stapel, "Beya & Gabertin", in dem sich die Karte der Hauptperson befindet, und der sich wie folgt zusammensetzt:

Kreuz 8   Dame   Karo 6   Herz Ass   Pik 7

Die erste Karte ist die Kreuz 8 (der Alchemist mit zwei Reagenzgläsern oder die Hochzeit von „Beya & Gabertin"). Die zweite Karte zeigt die Dame selbst und die dritte Karte ist die Karo 6 (das Krokodil & das Ichneumon), die vierte Karte ist das Herz Ass (Danaos und seine Töchter) und die fünfte Karte wird durch die Pik 7 dargestellt (der Alchemist beginnt sein Experiment).

Du solltest Dir zuerst den Platz ansehen, den die Karte der Dame einnimmt. Du findest sie mit der Kreuz 8 zu ihrer Linken. Die Kreuz 8 ist die Heiratskarte. Die erste Karte zur Linken ist wie immer die Karte mit dem meisten Einfluss auf die Person.

HINWEIS Wenn die Karte Kreuz 8 innerhalb des Stapels "Beya & Gabertin", der Stapel der Heirat, gefunden wird, zeigt die Karte immer eine definitive Heirat oder den Begriff einer wichtigen Verbindung an, unabhängig von ihrer Position oder der weiteren Kartenfolge innerhalb dieses Stapels.

Zu Rechten der Dame befindet sich die Karo 6, ein Verräter, über den sie nachdenkt, und einige Gedanken gehören auch den Familienangelegenheiten, dargestellt durch das Herz Ass, und die letzte Karte, Pik 7, beschäftigt sich mit ihrer Beziehung.

Bei diesem ersten Überblick gibt es anfänglich einige Schwierigkeiten, alle Fakten, die diese Karten nennen, miteinander zu verbinden, aber gehe es Schritt für Schritt durch:

Die Dame ist „verheiratet", gebunden, weil sie die Karte der Ehe links neben sich liegen hat. Die Kreuz 8 ist die Karte mit dem größten Effekt auf die Dame und es gibt in diesem Stapel eine weitere Karte, die mit dem Thema der Heirat verbunden ist, die Pik 7. Auf diese Karte konzentrieren sich ihre Gedanken.

Aber denk daran, Du hast immer noch eine Reservekarte vom Beginn Deiner Legung, die dann immer ihren Platz im Stapel der Hauptperson hat (Seite 288).

Diese Reservekarte ist in diesem Beispiel der Pik Bube (der Mann mit der Waage), der Gerechtigkeit und gleichzeitig auch eine Warnung an die Hauptperson darstellt.

So geben Dir die Karten also die Information, dass die Dame verheiratet ist, was durch die linke Karte und das kleine Bild angezeigt wird. Das kleine Bild zeigt "Das Feste und das Flüchtige bleiben auseinander", was aber bedeutet, dass es Uneinigkeit in ihrer Ehe gibt.

Da die Nonne jedoch für ihren religiösen Weg, ein Gelübde ablegen und einen Vertrag mit einer geistlichen Vereinigung schließen musste, steht die Karte Kreuz 8, die Ehestandskarte, symbolisch für diese Vereinigung. Doch dieses Gelübde wurde gebrochen, was durch das kleine Bild der Karte Kreuz 8 mit der Uneinigkeit belegt wird, so werden die Fakten zur Hauptperson belegt und die Reservekarte, der Pik Bube, warnt die Hauptperson, dass ihr Sturz sicher, gerechtfertigt und ohne

Wiederkehr ist. Diese Warnung ist umso sicherer und ernster zu nehmen, da sie von einer ernsten Figur, dem Pik Buben ausgesprochen wird.

Die Karte auf der rechten Seite, die Karo 6, erklärt, woran die Dame denkt. Die Karte deutet darauf hin, dass sie daran denkt, dass ihr unumkehrbares Schicksal von einem Verräter verursacht wurde, und das kleine Bild, das Uneinigkeit bedeutet und sich auf die Hauptperson bezieht, belegt diese Interpretation zusätzlich.

Die Dame wird sich zudem in eine weniger gut angesehene Familie zurückziehen, die sie eigentlich nicht angehört, was durch das kleine linke Bild auf der Karte Herz Ass (das Räuchergefäß) zu sehen ist. Diese Familie ist von niedrigem gesellschaftlichem Stand, weniger gebildet, weil sie von der Karte Pik 7 beschrieben wird, die das Einfache und Gewöhnliche darstellt.

Nun geht es weiter mit dem Stapel der "unvorhergesehenen Ereignisse", der sich aus diesen Karten zusammensetzt:

Pik 2   Herz König Pik König   Karo 10   Kreuz Dame

Die erste Karte ist die Pik 2, die zweite Karte ist der Herz König, die dritte Karte ist der Pik König, die vierte ist die Karo10 und die fünfte Karte wird durch die Kreuz Dame dargestellt.

Du siehst, dass die Hauptperson durch den Pik König (Menes) repräsentiert wird, was auch die Karte der juristischen Prozesse ist. Die Dame wird von schlechten Gedanken, einem schlechten Gewissen geplagt, und sie geht von Beratung zu Beratung, um herauszufinden, was sie tun soll.

Die erste Karte zu ihrer Linken ist der Herz König, ein Symbol der Weisheit, das sie zu ruhigeren Gedanken zurückführen soll und ihr empfiehlt, wieder Harmonie & Einklang mit der Religion zu finden, die sie immer respektieren sollte.

Und die zweite Karte auf der linken Seite, die Pik 2, sagt der Dame, dass das, was sie eigentlich tun will, zu ihrem Nachteil wäre. Sie sollte diesen nützlichen Rat annehmen, doch die nächste Karte auf der rechten Seite, die Karo 10, steht für einen schädlicher Ratschlag, der sie mehr beeindruckt und mit dem sie mehr konform geht, denn die letzte Karte auf der rechten Seite, die Kreuz Dame, deutet auf Leichtigkeit, Nachlässigkeit hin. Auch auf das Verdrängen und das Vergessen von allem, was aus der Sicht der Dame das Ende der eigenen Sorgen bringt. Sie möchte so schnell wie möglich vergessen und das Leben wieder genießen.

Nun schaust Du Dir den Stapel "Ordnung der Zeit" an, der sich aus diesen Karten zusammensetzt:

Pik 10   Karo 3   Pik 4   Kreuz 10   Herz Dame

Die erste Karte ist die Pik 10 (Laverna), die zweite Karte ist die Karo 3 (Castor & Pollux), die dritte Karte ist die Pik 4 (Semele & Hera), die vierte Karte ist die Kreuz 10 (Odysseus und Diomedes) und die fünfte Karte wird durch die Herz Dame (Astraea) dargestellt.

HINWEIS Wie bereits erläutert, haben in diesem Stapel nur die Karten, die ein Tierkreiszeichen darstellen, eine Funktion.

Nur die zweite und die fünfte Karte, stellen in diesem Beispiel ein Tierkreiszeichen dar. Die zweite Karte, die Karte der Zwillinge, die den Geschehnissen des Stapels Nummer zwei "das Recht des Starken über den Schwachen" zugeordnet wird, deutet darauf hin, dass nicht sofort als die Beschwerden über sie erhoben wurden beschlossen wurde, dass die Dame ersetzt werden würde, sondern, dass diese Entscheidung erst innerhalb eines Zeitraums von drei bis neun Monaten getroffen wurde.

Die fünfte Karte, die Karte der Jungfrau, die keinem anderen Stapel entspricht, sondern in direkter Verbindung zur Hauptperson steht, zeigt, dass diese die Warnungen aus dem Kloster selbst erhalten hat und sie davon überzeugt war, dass sie und ihre Stellung in einem Zeitraum von neun bis achtzehn Monaten ersetzt werden würde (siehe Zeittabelle, Seite 294).

Um hier die korrekte, bzw. eine noch genauere Zeit zu berechnen, müsstest Du das Alter der Hauptperson kennen.

ZUSAMMENFASSUNG (Schritt für Schritt)

Für eine traditionelle Legung mit den Großen Lenormand Karten ergibt sich bisher nun die folgende Reihenfolge in der Vorgehensweise:

1. Beginnend mit der ersten Legung (ab Seite 257), dort heißt es, dass Du zuerst die Karten mischst und abhebst und austeilst, dann schaust Du Dir an, ob die Karte der Hauptperson zu finden ist, und Du beginnst, diese anhand der Karten zu beschreiben, die zur Linken und zur Rechten sind.

Merke Dir auch die Varianten, wenn die Karte der Hauptperson an dem einen oder anderen Ende der Kartenreihe auftaucht und nicht zwei oder drei Karten auf einer ihrer Seiten hat; dann kannst Du die Person nur nach den Karten beschreiben, die entweder auf der einen oder auf der anderen Seite angrenzen.

Merke Dir die Karten dieser Legung, sie können Dir einen interessanten Einblick in das Leben der Person geben: Dies ist

insbesondere dann der Fall, wenn diese Karten in den weiteren Schritten, beim erneuten Mischen, Abheben und Auslegen wieder auftauchen (ganz gleich, ob es sich dabei um nur eine oder mehrere dieser Karten handelt).

2. Im zweiten Schritt, der Legung mit den fünfzehn Karten, solltest Du jedoch darauf achten, dass Du immer alle gezogenen Karten umgehend offen auslegst, die zweite neben der ersten von links nach rechts und die dritte neben den anderen beiden und so weiter, bis die fünfzehn Karten dem Spiel entnommen sind. So kannst Du in den fünfzehn aufgedeckten Karten sofort sehen, ob die Karten, die zuvor die Hauptperson begleitet haben, vorhanden sind. Und wenn welche vorhanden sind, sieht Du auch sofort, wie viele von ihnen erneut Teil der Legung sind und welche Positionen sie einnehmen.

Erklärung

Angenommen, zwei unter den fünfzehn Karten waren Teil der Karten der Ausgangslegung. Die Karten befinden sich nun auf der ersten und fünften Position.

(Die Erklärung der beiden Positionen, der ersten und fünften, kannst Du auf Seite 306 nachschlagen).

Setze nun die Art der Karte mit der Position, die sie einnimmt in Verbindung. Dabei wirst Du sicher erkennen, welche wichtige Botschaft das erneute Erscheinen der Karten mit sich bringt.

Sollten keine Karten wiederholt dabei sein, so hätten die ersten Karten bereits vieles gesagt oder sie wären nur alltägliche Ereignisse, Geschäftsbeziehungen, private Situationen oder die Karten können sogar von minimaler oder weniger wichtigen Bedeutung sein.
In diesem Fall kannst Du dann die gezogenen fünfzehn Karten immer in Verbindung zu der Bedeutung der Positionen setzen,

in der sie sich befinden, und interpretieren, um so interessante Fakten über die Hauptperson zu erfahren.

3. Nachdem Du die Karten ein drittes Mal gemischt und abgehoben hast, ziehst Du neun Karten und legst sie alle offen vor Dir aus, von links nach rechts, 3 x 3 (Seite 311). Du siehst wieder sofort, ob eine oder mehrere Karten erneut unter den neun Karten zu finden sind. Wie wichtig diese für die Hauptperson sind, und in welcher Verbindung sie zur Person stehen, erfährst Du, wenn Du Dir die Art und Weise anschaust, wie die neun Karten interpretiert werden (ab Seite 311).

Wenn in die Karten, die erneut aufgetaucht sind, die Karten der Hauptpersonen enthalten sind, bedeutet dies, dass die Person enger mit den Ereignissen oder einer Person verbunden ist, je nachdem welche Hauptpersonenkarte mit im Spiel ist.

4. Diese vorab durchgeführten Schritte beinhalten auch den nun kommenden Schritt: die Legung der „Fünf Karten in fünf Gruppen" (wie ab Seite 286 angegeben).

Mit dem ersten Stapel kannst Du erkennen, ob der Fragesteller in einem Angestelltenverhältnis ist, eine Firma oder ein Geschäft hat, welchen Beruf oder welche Einkünfte die Person hat und ob das wirtschaftliche Leben gut oder schlecht ist. Auch ist zu erkennen, ob das Anliegen der Person beruflicher Natur ist. All dies ist dann der Fall, wenn sich eine oder mehrere der fünf Karten aus der Reihe des „Goldenen Vlieses" im Stapel befinden.

Im zweiten Stapel kannst Du immer erkennen, ob der Hauptperson im Leben oder der Situation Unrecht getan wird. Dies ist der Fall, wenn eine oder mehrere der Karten aus der Reihe des „Trojanischen Kriegs" vorhanden ist.

Im dritten Stapel siehst Du, ob es eine Hochzeit oder verbindliche Beziehung für die Hauptperson gibt oder geben wird. Dies ist dann der Fall, wenn eine oder mehrere der

sieben Karten der „Hermetischen Wissenschaft"/ „Der Hochzeit von Beya & Gabertin" darin vorhanden sind.

Dem vierten Stapel kannst Du die Informationen entnehmen, ob der Person ein unvorhergesehenes Ereignis bevorsteht und wenn ja, um welches es sich handeln wird. Dies ist dann der Fall, wenn sich eine oder mehrere der neunzehn verschiedenen Karten aus der Reihe der „unvorhergesehene Ereignisse" in diesem Stapel befindet.

Und mit fünftem Stapel kannst Du bestimmen, zu welchem Zeitpunkt ein in den vorherigen vier Stapeln erkanntes Ereignis eintreten wird. Aber erinnere Dich, Du kannst nur berechnen zu welcher Zeit das Ereignis eintreten wird, wenn die entsprechende Karte in diesem Stapel eine der zwölf Karten ist, die ein Tierkreiszeichen darstellt (siehe Seite 285).

HINWEIS Es ist immer zu beachten, dass die Hauptperson während des gesamten Spiels je nach ihrer Position, neben einer Karte oder zwischen zwei Karten, nach dem großen und kleinen Bild beurteilt werden muss, wie ab Seite 258 erklärt.

Nun kennst Du die ersten und wichtigen Schritte der Zukunftsdeutung mit den Großen Lenormand Karten. Doch es ist noch nicht vorüber. Es beginnt erst, denn die folgenden Kapitel des Buches beinhalten weitere Schritte zur Zukunftsdeutung mit diesen Karten. Das wird Dich nun erwarten:

Der nächste bedeutende Schritt wird die „Große Legung der 48 Karten" sein. Diese Legung wird Dir in all ihren Details erklärt und dient dazu, Dir weitere wichtige Hinweise zu geben, in Bezug darauf, was die Person, die die Karten befragt, in Zukunft zu erwarten hat.

Darüber hinaus lernst Du die Legung des Blumen Orakels „Die Aphorismen der Blumen" kennen. Die Eigenschaft der Blumen ist, anzuzeigen, wohin die guten oder schlechten Taten der Hauptperson geführt haben und noch führen werden.

Gefolgt von der „Weissagung die Tiere", die Dir verschiedene Facetten des Charakters der Hauptperson oder von beteiligten Personen aufzeigt. Hier kannst Du überprüfen, ob die guten oder schlechten Handlungen, die der Hauptperson durch das Orakel zugeschrieben werden, in der Tat auf diese angewendet werden können.

Abschließend zeigen die „Errungenschaften" den allgemeinen Ausgang des Orakels.

TEIL II

Vollständige Erklärung der
Astro – Mythologisch – Hermetischen
Wahrsagekarten

Die Große Legung der 48 Karten

von Mlle. Lenormand

1845

Die Aphorismen der Blumen

Die Stimmen der Tiere

und die Errungenschaften

2 BONUS Kapitel

KAPITEL V
Die Große Legung der 48

Die Große Legung der 48 (Karten)

Die 34 besonderen Karten:

Die Tierkreiszeichen

Die Schicksale des Lebens

Die farbigen Sterne

Das Meisterwerk des Alchemisten

Die Große Legung der 48 (Karten)

Die Auslage aller Großen Lenormand Karten

Diese große Legung, der umfangreichste Schritt beim Wahrsagen mit den Großen Lenormand Karten, wird als "Die Große Legung der 48" bezeichnet. Für diese Legung verwendest Du alle Karten: Vier verbleiben von Beginn an immer auf einer Position und die übrigen Karten verwendest Du immer wieder in vier Schritten und in jedem dieser Schritte bildest Du in dieser Legung insgesamt zwölf Stapel zu je vier Karten. Das sind 48 Positionen und für jede Position der Karte gibt es in jeder Runde verschiedene Erklärungen. Daraus leitet sich der Name dieser Legung ab.

Die zwei Karten der Hauptpersonen sind Teil der Legung, werden aber numerisch nie mitgezählt.

Die Stapel bildest Du in der Reihenfolge, die in der folgenden Abbildung gezeigt wird.

Die Reihe in der Mitte stellt die vier Himmelsrichtungen, Nord, Ost, Süd & West dar.

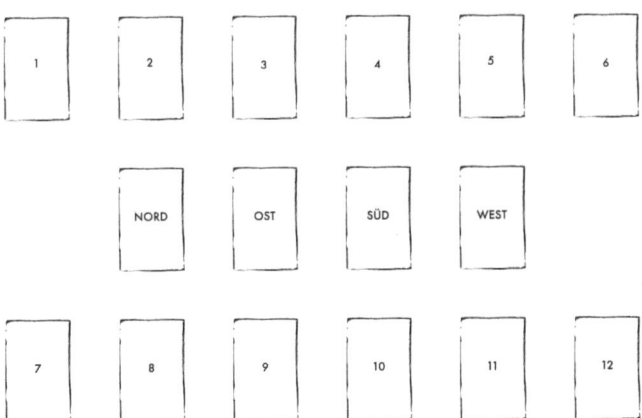

Schritt 1

Die Karten werden von Dir wie folgt ausgelegt:

Nachdem Du die Karten gemischt und einmal abgehoben hast, nimmst Du einfach die erste, die oberste Karte, und legst sie verdeckt auf die Position, die die Richtung Norden darstellt. Die nächste Karte wird auf Position Nummer eins gelegt, die nächste Karte auf Position Nummer zwei und so weiter, bis die dreizehnte Karte abgelegt wird, sie nimmt die Position Nummer zwölf ein.

Die zweite Verteilung der Karten erfolgt auf die gleiche Weise und in der gleichen Reihenfolge ähnlich der ersten, nur diesmal legst Du die nächste Karte (die vierzehnte) jedoch an die Stelle, die die Richtung Süden darstellt. Die fünfzehnte Karte legst Du auf die Karte, die bereits Position Nummer eins abdeckt, die sechzehnte auf Position Nummer zwei und die gleiche, bis die sechsundzwanzigste Karte abgelegt wird, sie nimmt die Position Nummer zwölf ein.

Die dritte Verteilung der Karten erfolgt wie die beiden vorhergehenden: Du legst aber nun zuerst die siebenundzwanzigste Karte auf die Position, die die Himmelsichtung Osten darstellt, und die achtundzwanzigste auf die beiden Karten, die bereits auf Position Nummer eins liegen, die neunundzwanzigste Karte legst Du auf Position Nummer zwei und so weiter, bis die neununddreißigsten Karte von Dir abgelegt wird, sie nimmt die Position Nummer zwölf ein.

Schließlich endet die vierte Verteilung der Karten damit, dass Du die vierzigste Karte auf die Position legst, die die Himmelsrichtung Westen darstellt, die einundvierzigste legst Du auf den Kartenstapel auf Position Nummer eins, die zweiundvierzigste Karte legst Du auf den Stapel auf Position Nummer zwei und so weiter, bis die fünfzigste Karte, die den

Stapel auf Position Nummer zwölf vervollständigt, abgelegt wird.

Wenn Du den Vorgang korrekt durchgeführt hast, verbleiben nun zwei Karten in Deiner Hand. Und sobald Du später siehst, dass sich die Karte der Hauptperson unter den ausgelegten Karten befindet, legst Du eine der beiden Karten in Deiner Hand zu dieser Personenkarte hinzu und es bleibt nur noch eine Karte in Deiner Hand zurück, die du der anderen Personenkarte hinzufügst. Es ist sehr wahrscheinlich, dass sich beide Personenkarten in einem der zwölf Stapel oder auf einer Position der vier Himmelsrichtungen befinden werden. In diesem Fall fügst Du wie erwähnt die ein oder zwei verbleibenden Karten dem Stapel (oder der Position) mit der Personenkarte hinzu. Befinden sich hingegen eine oder beide Karten der Hauptperson in Deiner Hand, so müssen diese eine oder zwei Karten auch dem Spiel beigefügt werden. Ist dies der Fall, legst Du eine oder beide Karten auf den ersten Kartenstapel. (Wo sich die Personenkarten befinden, wirst Du sehen, nachdem Du später im zweiten Schritt die Karten umgedreht hast).

Schritt 2

Sobald Du den ersten Schritt durchgeführt hast, drehst Du alle Karten um. Ein Stapel nach dem anderen. Und dieses Mal legst Du die vier Karten vom ersten bis zum zwölften Stapel in Reihen aus, (wie in der folgenden Abbildung auf Seite 331 gezeigt). Das bedeutet, dass es nun anstatt der zwölf Stapel mit je vier Karten nun eine Auslage von 48 Positionen mit jeweils einer Karte gibt.

HINWEIS Bevor die Karten umgedreht wurden, war Karte Nummer eins im ersten Stapel, verdeckt die unterste Karte, und jetzt, wenn die Karten umgedreht werden, erscheint diese Karte wieder oben; diese Karte wird wieder als Karte Nummer eins angesehen, und Du legst sie erneut auf Position Nummer eins. Du legst die Karte, die der Karte Nummer eins folgt, in derselben Reihe auf die Position Nummer dreizehn (siehe die Nummer der Positionen in der Abbildung; Position dreizehn kommt daher, da in der Folge der Verteilung der Karten im ersten Schritt, die Karte diese Position einnahm). Die nächste Karte legst Du auf Position Nummer fünfundzwanzig und die vierte auf Position Nummer siebenunddreißig. (Behalte immer das Beispielbild im Auge, und erinnere Dich daran, dass die Positionsnummern sich auf die Reihenfolge beziehen, in der die Karten im ersten Schritt ausgeteilt wurden und die Positionen der Himmelsrichtung nicht nummeriert sind, und nicht mitgezählt wurden).

Gehe bei der Aufteilung des zweiten Stapels genauso vor, Lege die nach dem Umdrehen oberste Karte auf Position Nummer zwei, lege die nächste Karte auf Position Nummer vierzehn, die nächste Karte auf Position Nummer sechsundzwanzig und die vierte Karte auf Position Nummer achtunddreißig. Gehe ebenso vor, wenn Du die Karten der restlichen Stapel (Nummer drei, vier, fünf, sechs bis zwölf) aufdeckst.

Die Karten der vier Himmelsrichtungen bleiben immer fest an der gleichen Stelle liegen. Wenn alle Karten aufgedeckt sind, sind nun für Dich alle Personenkarten ersichtlich, und Du weißt nun, zu welchem Platz, eine oder alle zwei Karten, die zuvor in Deiner Hand geblieben sind, hinzugefügt werden müssen.
(Die Position, die eine Personenkarte innehält, bedarf einer weiteren Karte, und daher wird diese Kartenreihe mehr Karten enthalten). Genauer ging die Originalanleitung nicht auf diese Positionen der Himmelsrichtungen ein.

Diese Kartelegung platziert die achtundvierzig Karten an ihren jeweiligen Positionen. Wenn Du einen ausreichend großen Tisch hast, ist dies leicht zu bewerkstelligen. Wenn Du aber nicht viel Platz hast, ist es auch möglich, die Karten so anzuordnen, dass Du nur die oberste siehst und dann zur Deutung der Karten Dir immer einen Stapel zur Hand nimmst. Das hängt immer davon ab, wie viel Platz Du zur Verfügung

hast und was sich für Dich in der Umsetzung einfacher oder bequemer ist.

Verteilung der Karten

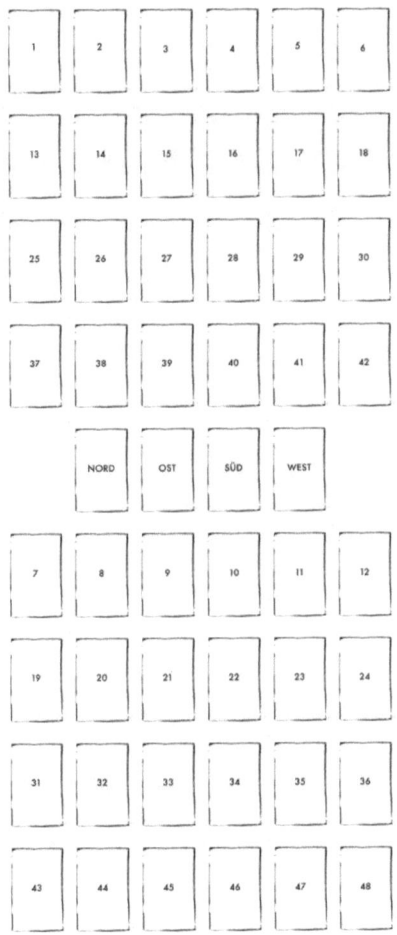

Jeder dieser 48 Positionen wird eine feste Bedeutung zugewiesen. Die Interpretation der Karten erfolgt in mehreren Durchgängen und während der Durchgänge variiert auch die Bedeutung der Positionen. Du kannst diese der folgenden Tabelle entnehmen (zudem wird Die dies später anhand eines Beispiels erklärt):

Erläuterung der Positionen

Die Bedeutungen der Positionen für den ersten Durchgang

Erste Reihe

Position   1 was im Leben zu erwarten ist
Position 13 geschäftlicher, beruflicher Ärger
Position 25 zu erwartende Sorge, Unruhe
Position 37 Absichten, Wünsche

Zweite Reihe

Position   2 Unternehmungen, Geschäfte, eine Veränderung
Position 14 verräterische Ratschläge
Position 26 Rivalität, Feinde
Position 38 Hoffnung, Zufriedenheit

Dritte Reihe

Position   3 Geschwister, Brüder und Schwestern
Position 15 Respekt, Vertrauen, Weisheit
Position 27 Betrug, Täuschung, Diebstahl
Position 39 Hab & Gut, Reichtum, Überfluss

Vierte Reihe

Position   4 Leidenschaft, Versuchung
Position 16 Landarbeit, harte Arbeit
Position 28 hohen Ranges, elitär, gut gebildet
Position 40 nahe Verwandte

GRAND JEU
Lenormand

Fünfte Reihe

Position   5 Uneinigkeit
Position 17 Begegnung, Treffen
Position 29 Vorbereitungen für die Abreise
Position 41 Eltern, Vater und Mutter

Sechste Reihe

Position   6 Gedanken, Wünsche
Position 18 Verbund, Verband, Verein, Vereinigung
Position 30 Würde und Erniedrigung
Position 42 Freund, Affäre

Siebente Reihe

Position   7 Kinder
Position 19 Krankheit, Schwangerschaft
Position 31 Priester, Nonne
Position 43 Niederlage, Untergang

Achte Reihe

Position   8 Langeweile, Trauer
Position 20 Erbe, Erbschaften
Position 32 berechtigtes Vergehen
Position 44 Verhaftung, Verurteilung

Neunte Reihe

Position   9 Unfruchtbarkeit
Position 21 Revanche, Rache
Position 33 Freude
Position 45 Erfindung, Genie

Zehnte Reihe

Position 10 Anerkennung, Auszeichnung
Position 22 Intrigen
Position 34 unerwartetes Ereignis
Position 46 Erwerb, Kauf, Übernahme

Elfte Reihe

Position 11 Schutz
Position 23 Künstler
Position 35 Geburt
Position 47 Trennung

Zwölfte Reihe

Position 12 Heiratsantrag, Antrag
Position 24 neue Bekanntschaft
Position 36 Fremder, Unbekannter
Position 48 Eifersucht

Die Bedeutungen der Positionen für den zweiten Durchgang

Erste Reihe

Position 1 Beginn, Anfang
Position 13 positiver Empfang, Willkommen, guter Ausblick
Position 25 Erneuerung einer gleichen Sache, Neustart
Position 37 Wahnsinn

Zweite Reihe

Position 2 Regeln, Struktur, Ordnung, Wirtschaftlichkeit
Position 14 Handel, Gewerbe
Position 26 Korrespondenz
Position 38 schlechte Gesellschaft

Dritte Reihe

Position   3 Freundschaft, Einvernehmen
Position 15 Knechtschaft, Gefangenschaft,
Position 27 Gerissenheit
Position 39 Einsamkeit

Vierte Reihe

Position   4 Onkel oder Tante
Position 16 Versuch
Position 28 prekäre Situation, unsicheres Leben
Position 40 Staat, Behörde, Amt

Fünfte Reihe

Position   5 Zustand der Kinder
Position 17 Bestrafung
Position 29 Flucht
Position 41 Pflicht, Loyalität

Sechste Reihe

Position   6 Verzweiflung
Position 18 Verschwörung
Position 30 Umzug, Wechsel, Wandel
Position 42 Eroberung, Gelingen

Siebente Reihe

Position   7 Zölibat, Abstinenz
Position 19 Leerlauf, Isolierung
Position 31 renommiert, berühmt, angesehen
Position 43 Angst, Furcht

Achte Reihe

Position   8 Mut
Position 20 Nachricht, Neuigkeiten
Position 32 Verdacht
Position 44 Unwohlsein, Unbehagen, Abneigung

Neunte Reihe

Position   9 Lebendigkeit, Begeisterung
Position 21 Chance, Möglichkeit
Position 33 Service, Großzügigkeit
Position 45 Schauspieler, Schauspiel

Zehnte Reihe

Position 10 Erfolg
Position 22 Spiel
Position 34 Klarstellung, Erleuchtung, Klarheit, Aufklärung
Position 46 Ausschweifungen, Aufruhr

Elfte Reihe

Position 11 gute Freunde
Position 23 Täuschung
Position 35 vage Hoffnungen
Position 47 Verrat

Zwölfte Reihe

Position 12 Kontakt
Position 24 Befehle geben
Position 36 Reise
Position 48 Überraschung

Die Bedeutungen der Positionen für den dritten Durchgang

Erste Reihe

Position   1 Neigung, Vorliebe
Position 13 kompletter Ruin
Position 25 Heiterkeit
Position 37 Falle

Zweite Reihe

Position   2 Duell, Konfrontation
Position 14 Schwäche, Nachlässigkeit
Position 26 häusliche Obhut
Position 38 Entlastung, Rettung

Dritte Reihe

Position   3 Besuch
Position 15 Feldarbeit, schwere Arbeit, Knochenjob
Position 27 geschickt, politisch, diplomatisch
Position 39 Liberalität

Vierte Reihe

Position   4 Kühnheit, Unverschämtheit
Position 16 Verpflichtung
Position 28 Ergebnis, Ausgang
Position 40 Versprechen

Fünfte Reihe

Position   5 unfair gegenüber Schwächeren
Position 17 Applaus, Zuspruch, Beifall
Position 29 lächerlich, Narrheit
Position 41 Glück

Sechste Reihe

Position 6 Theater
Position 18 Wohnortwechsel
Position 30 Industrie
Position 42 Beleidigung, Angriff auf die Ehre

Siebente Reihe

Position 7 Rechtsbeistand
Position 19 Kriminalität
Position 31 Erfolg
Position 43 Meldung, Anzeige

Achte Reihe

Position 8 Entdeckung, Offenbarung
Position 20 Alter
Position 32 Konstanz, Beständigkeit
Position 44 schädliche seelische Last, etwas gewichtet schwer

Neunte Reihe

Position 9 Reisen auf See/ Reisen über das Wasser
Position 21 Mittelmaß
Position 33 Unbeständigkeit
Position 45 Vorsichtsmaßnahme, Vorkehrungen treffen

Zehnte Reihe

Position 10 nützliche Ratschläge
Position 22 Dummheit
Position 34 unvorsichtige Handeln
Position 46 Hochzeit, Bankett, festlicher Anlass

Elfte Reihe

Position 11 Souveränität besitzen, Überlegenheit
Position 23 Unerschrockenheit
Position 35 etwas überschattet, ein Unheil droht
Position 47 glückliches Treffen

Zwölfte Reihe

Position 12 Verschwendung
Position 24 amouröses Abenteuer
Position 36 Gefängnis
Position 48 Indiskretion

Die Bedeutungen der Positionen für den vierten Durchgang

Erste Reihe

Position   1 vollkommenes Glück
Position 13 schlechtes Ergebnis
Position 25 dunkle Stunden im Leben
Position 37 Luxus und Elend

Zweite Reihe

Position   2 Anständigkeit im Privatleben/ anständige Herkunft
Position 14 unbekanntes, nicht anerkanntes Genie
Position 26 Gericht, Prozess
Position 38 Beschützer, Schutz

Dritte Reihe

Position   3 Armut
Position 15 erzwungene, arrangierte Verbindung
Position 27 Fröhlichkeit, Unbeschwertheit
Position 39 den Kummer vergessen

Vierte Reihe

Position   4 unerwarteter Gewinn, Schatz/ unverhoffte Freude
Position 16 hart erkämpftes Vermögen
Position 28 Liebhaber, Geliebte, Liebende
Position 40 schädliches Verhalten, Handeln

Fünfte Reihe

Position   5 Testament, Erbschaft
Position 17 Heuchler, Ketzer
Position 29 Rückkehr
Position 41 späte Reue

Sechste Reihe

Position   6 außereheliche Verbindung, wilde Ehe
Position 18 lange Reise
Position 30 vertrauenswürdige Arbeit
Position 42 Unsicherheit

Siebente Reihe

Position   7 vollkommener Triumph
Position 19 endlose Zwietracht
Position 31 Freiheit
Position 43 vorherbestimmtes, absehbares Ende

Achte Reihe

Position   8 ehrenvolles Alter
Position 20 Belohnung des Durchhaltevermögens
Position 32 vereinte Personen
Position 44 Geistliche/r, spirituelle Person

Neunte Reihe

Position   9 gutes Vorbild, Idol
Position 21 Kampagne
Position 33 Neid
Position 45 Weltanschauung

Zehnte Reihe

Position 10 versteckte Wut
Position 22 Vermächtnis oder Schenkung
Position 34 hohe Souveränität, uneingeschränkt, Freiheit
Position 46 Mut und Ausdauer

Elfte Reihe

Position 11 Schadenfreude
Position 23 wichtige Informationen und Hinweise
Position 35 Berufung
Position 47 Vorherbestimmung

Zwölfte Reihe

Position 12 im hohen Ausmaß, Übertreibung
Position 24 Triumph über sich selbst
Position 36 Zwangsdarlehen, Hypothek
Position 48 Betrug, Diebstahl

Die verteilten Karten werden nun den 48 Positionen mit jeweils einer Karte zugeordnet und anhand dieser Positionen erflogt die Deutung der Karten in folgenden Schritten:

1. Du schaust nach der Bedeutung der Position (siehe Tabelle), in der sich die Karte der Hauptperson befindet. Du merkst Dir und deutest zudem auch die Karte, die an dieser Stelle mit der Hauptperson auftaucht.

2. Wenn der Fragesteller sich aber mehr mit einem Thema beschäftigt als mit einer anderen Person, schaue nach der Position, die mit diesem Anliegen oder der anderen Person zu tun hat, und schaue Dir an, welche Karte sich an jener Position befindet.

3. Wenn Du Informationen über die Hauptperson aus dem vorherigen Verlauf des Grand Jeu, also den vorherigen Legungen, gewonnen hast, und Dir einige Karten Informationen gegeben haben, die Du genauer hinterfragen magst, solltest Du diesen Karten in allen Runden der „Großen Legung mit den 48 Karten" folgen, um die bisherigen Hinweise weiter zu vertiefen.

4. Du schaust Dir die wichtigen Karten in ihren Positionen an, um zu sehen, wie sich die Bedeutung der Position zur jeweiligen Bedeutung der Karte verhält. (Für diejenigen, die mit den 36 Lenormand Wahrsagekarten vertraut sind, kann hier eine Parallele zur Technik der Häuser im Großen Blatt, der Auslage aller 36 Karten, gezogen werden.)
Positionen und Karten, die nicht wichtig sind, musst Du nicht anschauen.

5. Merke Dir die Karten und Positionen, die in der ersten Runde wichtig waren.

Beispiel anhand einiger Karten

Um Dir zu helfen, dies besser zu verstehen, findest Du nun einen kurzen Überblick darüber, in welcher Form eine Art der Verbindung oder Beziehung zwischen Karten und Positionen bestehen kann:

Einerseits verbindet sich das Thema der Position mit dem Sinn und der Bedeutung der Karte, die sich auf jener Position befindet und andererseits verbinden sich Karten und Position auch direkt miteinander, wenn sie beide gemeinsam das gleiche Thema abdecken, für das Gleiche stehen. Letzteres ist immer in der Deutung vorzuziehen.

Die Karo 10, die auf einen falschen Rat hinweist, verbindet alle Positionen mit der Botschaft von verräterischen Ratschlägen, Täuschung und Hinterlist und steht auch mit allen Positionen in direkter Verbindung, die selbiges Thema beschreiben.

Die Karo Dame verbindet alle Positionen mit Zwietracht, Verwirrung, Uneinigkeit, Eifersucht oder Rache und steht auch mit allen Positionen in direkter Verbindung, die selbiges Thema beschreiben.

Der Herz König verbindet alle Positionen mit der Botschaft Vernunft, Weisheit und er repräsentiert Wissen. Wenn diese Karte auf einen Vater, eine Mutter oder eine Person hinweist, nimmt diese die Werte dieser Karte als eine Art Charakterzug, Eigenschaft oder Merkmal an.

Die Karo 2 verbindet alle Positionen mit dem Thema Schwangerschaft, Heirat oder Kinder. Aber wenn diese Karte in einer Position des Fehlverhaltens auftaucht, so bedeutet dies zum Beispiel, dass diese Art von Fehlverhalten zu einer Schwangerschaft führen wird.

Das Herz Ass setzt jede Position und ihr Thema mit familiären Angelegenheiten oder der Familie an sich in Verbindung. Aber bezieht sich die Karte beispielsweise auf eine Position des Reichtums oder auch auf Mittelmäßigkeit, Luxus oder Sparsamkeit oder auf einen Wohnortwechsel, so weisen diese Karten darauf hin, dass die Familie des Fragestellers eines dieser Attribute aufweist. Die Position beschreibt sodann die Familie.
Und wenn sich das Herz Ass beispielsweise auf der Position der Flucht befindet, der Schadenfreude, des Kummers, der Freude so beeinflusst dies die familiären Stimmungen. Positionen wie z. B. geschäftlichen Unannehmlichkeiten und Dinge, die die wahrscheinlich sinngemäß nicht mit einer ganzen Familie in Verbindung gebracht werden können, sind

eher als ein Hinweis zu verstehen, dass die Hauptperson keine eigene oder engere Familie hat.

Die Karo 4 bringt alle Positionen mit dem Thema Rettung, Schutz oder Hilfe in Verbindung.

Die Karo 9 bringt alle Position mit einer Reise, mit einem Ortswechsel oder einer Bewegung in Verbindung, wie z.B. eine Rückkehr, eine Abreise. Auch zeigt diese Karte Veränderungen auf dem Themengebiet an, das von der jeweiligen Position, auf der sich die Karte befindet, angesprochen wird.

Die Karo 7, die auf Bestrafung und Unglück aller Art hinweist, ist immer leicht zu deuten, ganz gleich welcher Position die Karte einnimmt.

Die Pik 3 setzt zum Beispiel eine Position mit Krankheit und Leiden in Verbindung. In diesem Fall musst Du gut auf Deine Gesundheit achten.

Die Kreuz 2 bringt das Thema der Position mit Glück, Erfolg und zum Beispiel auch materiellen, finanziellen Werten in Verbindung.

Die Pik 10 besagt, einen Diebstahl, Verlust in Rahmen des Themas der jeweiligen Position und steht auch mit allen Positionen in direkter Verbindung, die selbiges Thema beschreiben.

Der Kreuz Bube bringt alle Positionen mit Erfolg durch Intelligenz und Geschicklichkeit in Verbindung und steht auch mit allen Positionen in direkter Verbindung, die selbiges Thema beschreiben.

Die Herz 2 verbindet alle Positionen mit Rechtschaffenheit, Selbstlosigkeit und Treue oder Freundschaft.

Die Karo 6 zeigt Fehlverhalten, Ausschweifungen, Uneinigkeit, Streit, Laster innerhalb des Themas, das von der Position dargestellt wird, auf der sich die Karte befindet. In der Tradition des Kartenlegens zeigte diese Karte furchtbare Verbrechen, die nahezu auch das Leben gefährdeten; die Originalanleitung sprach hier sogar von Verbrechen bis hin zum Mord.

Die Herz 3 verbindet jede Position mit Genie, Ruhm, Ansehen, Erfolg, Errungenschaften. Wenn sich diese Karte jedoch in einer Position befindet, die Kummer, Schmerz, Täuschung oder Enttäuschung anzeigt, wird dies durch die Handlungen oder das Verhalten einer sehr intelligenten Person verursacht.
Aber wenn sich die gleiche Karte auf der Position der Mittelmäßigkeit, der Schwäche, der Dummheit befindet, wird der positive Wert dieser Karte geschmälert oder es ist ein Hinweis, dafür, dass der Verstand nicht wirklich eingesetzt wird.

Die Pik Dame verbindet alle Positionen mit dem Thema Witwenschaft, Verlassen werden und den Folgen, die damit einhergehen können, wie Trauer, Isolation oder Trost, Erbschaft, aber auch eine wiederkehrende Freude nach einem großen Verlust; die Umkehr des Schicksals, die oft durch diese Karte angesprochen wird.

Der Pik König verbindet alle Positionen mit dem Gesetz, der Polizei, Gerichtsverfahren, Gefängnis oder aber auch mit der Flucht vor diesen Themen, und schließlich auch mit allem, was mit Zivil- oder Strafverfahren zu tun hat.

Diese soeben angeführten Beispiele sollten ausreichen, um Dir die Methode, wie Du bei der Deutung der Positionen vorgehst, verständlicher zu machen. Diese Schritte musst Du in den Durchgängen der „Großen Legung der 48" immer befolgen.

HINWEIS Wenn eine Karte perfekt in Beziehung mit der Bedeutung einer Position steht und somit sowohl der Sinn der

Position als auch der Karte selbst entspricht, stehen Karte und Position in einer direkten Verbindung zueinander, und in diesem Fall ist diese Bedeutung direkt in Verbindung zu der Hauptperson zu setzen und als besonders wichtig zu betrachten und wird den anderen immer vorgezogen.

Schritt 3

Nach der ersten Runde, in der Du alle genannten Schritte gemacht hast, mischst Du die Karten erneut, hebst sie einmal ab und verteilst diese dann in einem zweiten Durchgang auf die gleiche Weise wie zuvor im ersten Durchgang.

Danach schaust Du Dir wieder zuerst die Position an, an der sich die Hauptperson befindet und die Karte, die nun mit ihr liegt.

Danach ist es wichtig, Dir die Position anzusehen, die sich auf das Problem, eine andere Person, das Thema oder das Anliegen der Hauptperson bezieht.

Und als nächstes schaust Du Dir erneut die Karten und ihre Positionen an, die für die Hauptperson wichtig sind:

Du schaust wiederholt auf die Karten, die sich im vorherigen ersten Durchgang wichtig erwiesen haben und die Du Dir gemerkt hast. Du schaust, wo sie auftauchen; auf welcher Position zu liegen und was dies nun zu bedeuten hat.

Schließlich führst Du den dritten und vierten Durchgang auf die gleiche Art und Weise durch. So untersuchst Du sorgfältig immer wieder die gleichen Karten in ihren Details und kannst somit ihre Aussagen klar und ohne Zweifel erkennen.

HINWEIS Die Positionen der Himmelsrichtungen werden nur dann wichtig, wenn sich dort eine Hauptperson befindet und der Position eine Karte neu zugeteilt wird. Erst dann wird diese Karte auf der Himmelsrichtung von Bedeutung sein und ist in den kommenden Runden zu verfolgen: d. h. auf welchen

Positionen taucht sie in den weiteren Runden auf und was bedeutet dies. Befindet sich während der weiteren Runden eine zuvor wichtige Karte auf den Himmelsrichtungen, so wird diese mit ihrem großen Bild eine direkte Botschaft an den Fragesteller enthalten.

Beispiel (zum Verständnis)

Angenommen, die Karte der Hauptperson oder eine andere Karte mit einem Thema, das Deinen Kunden interessiert, liegt auf der Position Nummer achtzehn. Diese Position verweist in ihrer Grundbedeutung auf „eine Vereinigung, einen Verbund, einen Verein" hin (siehe Tabelle zur Definition der Positionen im ersten Durchgang, Seite 332). Und in der zweiten und dritten Runde befindet sich die Karte auf der Position mit dem Thema Struktur, Wirtschaft, Arbeit oder ähnlichem. Diese Themen, diese Positionen schreiben dem Verein nun diese Eigenschaften zu oder ordnen den Verein in diese Richtung ein.

Und wenn sich diese Karte zuletzt in der vierten Runde auf die Position von Reichtum, Vermögen oder etwas Ähnliches bezieht, würden die Bedeutung dieser Position einen logischen Zweck und Sinn der Vereinigung, des Vereins vorhersagen oder auch zeigen, was die logische Konsequenz, die Folgen dieser Verbindung sein werden. Der Verbindung liegt eine feste Struktur zu Grunde, es gibt einen wirtschaftlichen Zweck und Arbeit wird dort vorhanden sein.

Aber wenn in der zweiten und dritten Runde dieselbe Karte die Position der Ungleichheit, der Uneinigkeit, der Verschwendung oder ähnlicher Bedeutungen einnimmt und in der vierten Runde sich die Karte auf der Position des Verlusts oder einer ähnlichen Bedeutung befindet, so zeigt dieses, dass der Verlust die logische Konsequenz, die Folgen von Untätigkeit, Uneinigkeit innerhalb dieser Verbindung sein wird.

Wenn diese Karte jedoch in der Position eines Testaments, einer Erbschaft oder eines unerwarteten Glückes auftaucht, ist dies nicht als logische Konsequenz einer Handlung zu deuten: es sind keine wirklichen Folgen des vorherigen eigenen Einflusses oder eigenen Handelns, sondern es ist eher die Wirkung von Glück oder Zufall, bzw. ein Einfluss der äußeren Umstände.

Die Runden erzählen Geschichten, indem Du die Aussagen jeder Runde zu einer Gesamtaussage zusammenführst.

HINWEIS Nicht immer ist sofort im ersten Durchgang ein wichtiges Ereignis erkennbar. Es ist möglich, dass erst in der zweiten Runde eine Karte ein Ereignis zeigen kann, das keine direkte Folge auf ein Ereignis des ersten Durchgangs darstellt. Oder auch ist manchmal erst im dritten oder vierten Durchgang durch eine Karte eine natürliche Folge eines Geschehnisses aus erstem Durchgang zu erkennen,

Denn trotz mancher Vorfälle oder Abweichungen, die den Fortlauf der Dinge hindern, gehen Dinge oftmals dennoch weiter, ohne dass man es merkt. Dadurch wird das Ereignis nicht weniger mit der Hauptperson in Verbindung gebracht.

Gleiches gilt auch für eine Position, der Du unbedingt folgen musst, wenn Du erkannt hast, dass sie im ersten Durchgang mit einer wichtigen Karte besetzt war. So wie Du in den Durchgängen schaust, wohin die Karten fallen, solltest Du auch schauen, wie der Verlauf der Positionen in den weiteren Durchgängen ist, zum Beispiel welche Karten fällt immer auf Position achtzehn und was sagt Dir dies innerhalb jedes Durchgangs.

Die 34 besonderen Karten der Großen Legung

Jetzt bleibt nur noch, über einige besondere Karten zu sprechen - vierunddreißig Stück an der Zahl - die ihre zusätzliche Funktion haben: Sie beeinflussen die Position, in der sie sich befinden, und geben so zusätzlich für die Zukunftsdeutung nützliche Hinweise.

Die zwölf Tierkreiszeichen

Jede Position, die eine Karte enthält, die ein Tierkreiszeichen darstellt, nimmt das Geschlecht an, das durch dieses Zeichen angegeben wird. Das wird unter anderem dann hilfreich sein, wenn es innerhalb einer Situation darum geht, zu erkennen, ob es sich um eine männliche oder weibliche Person handelt, die an einer Sache mit beteiligt sein kann oder eine wichtige Rolle spielen könnte. Fällt zum Bespiel ein männliches Tierkreiszeichen auf die Position der Freunde, so wird es sich hier um einen Freund handeln und nicht um eine Freundin.

Wenn eine der Karten, die ein Tierkreiszeichen repräsentiert, sich auf der Position der Krankheit, der Trauer, des Leids befindet, nimmt die Position die Art von Krankheiten an, die durch dieses Sternzeichen repräsentiert werden.

Dargestellt durch folgende Karten (besondere Karte Nummer 1 bis 12):

Karte 1, Herz Bube, stellt das Zeichen des Widders dar, ist männlichen Geschlechts und hat die Eigenschaft, auf Krankheiten des Kopfes und Beschwerden, die im Gesicht erscheinen, hinzuweisen.

Karte 2, Pik Ass, stellt das Zeichen des Stiers dar, nimmt somit das weibliche Geschlecht an und hat die Eigenschaft, Halsschmerzen und solche, die im Mund auftreten, anzuzeigen.

Karte 3, Karo 3, stellt das Zeichen der Zwillinge dar, nimmt somit das männliche Geschlecht an und hat die Eigenschaft, Krankheiten anzuzeigen, die Verstimmungen und Gebrechen verursachen, sowie solche, die in den Armen auftreten.

Karte 4, Kreuz 9, stellt das Zeichen Krebs dar, nimmt somit das weibliche Geschlecht an und hat die Eigenschaft, auf Lungen- und Brusterkrankungen hinzuweisen.

Karte 5, Herz 9, stellt das Zeichen des Löwen dar, nimmt damit das männliche Geschlecht an und hat die Eigenschaft, Herz- und Rückenschmerzen anzuzeigen.

Karte 6, Herz Dame, stellt das Zeichen der Jungfrau dar, nimmt somit das weibliche Geschlecht an, und weist auf Flankenerkrankungen und Seitenschmerzen hin.

Karte 7, Pik Bube, stellt das Zeichen der Waage dar, nimmt das männliche Geschlecht an und hat die Eigenschaft, Magen- und Nierenschmerzen anzuzeigen.

Karte 8, Karo 5, stellt das Zeichen des Skorpions dar, nimmt daher das weibliche Geschlecht an und weist auf die Erkrankungen des Unterleibs und der Blase hin.

Karte 9, Pik 5, stellt das Zeichen des Schützen dar, nimmt damit das männliche Geschlecht an und bezieht sich auf rheumatische Schmerzen und Oberschenkelschmerzen.

Karte 10, Kreuz 7, stellt das Zeichen des Steinbocks dar, nimmt daher das weibliche Geschlecht an und weist auf Knieschmerzen hin.

Karte 11, Karo 8, stellt das Zeichen des Wassermanns dar, nimmt daher das männliche Geschlecht an und bezieht sich auf Schmerzen in den Beinen.

Karte 12, Herz 4, stellt das Zeichen der Fische dar, nimmt daher das weibliche Geschlecht an und weist auf Fußschmerzen hin.

Die sieben Schicksale

Im Großen Lenormand findest Du einige Karten mit einem kleinen Symbol eines Planeten – diese sieben Karten sind alle ein Teil der Gruppe "Der Trojanische Krieg" – jener Gruppe von Karten, die soziale Probleme und Schwierigkeiten darstellen. Das ist der Grund, weshalb Mlle. Lenormand diese Karten auch die "Sieben Unglücksfälle des Lebens" nannte. In der Originalanleitung werden sie als die „sieben Todesfälle des Lebens" bezeichnet.
Jedes Planetensymbol auf diesen Karten steht zudem für einen gleichnamigen Talisman, der mit einer Wirkung verbunden ist.

HINWEIS Jede Position, die eine Karte enthält, die auf eines der sieben Schicksale der "Fatalités de la Vie" hinweist, zeigt zuerst einmal ein unvermeidliches Ereignis. Der Talisman, der auf der Karte angegeben ist, sollte im Falle des unvermeidbaren Ereignisses zum Schutz angewandt werden. Dazu war es notwendig, den passenden Talisman herzustellen und zu tragen. Da es damals oftmals sehr teuer und schwer war, natürliche Materialien, die laut Überlieferung zur Herstellung des Talismans nötig waren, zu bekommen, entschieden sich viele Menschen, insbesondere jene des einfachen Volkes, dazu, das Symbol auf Kleidung, Stoff oder Papier zu malen, um dann an sich zu tragen. Manche zeichneten das Symbol des Planeten auch direkt auf die eigne Haut, damit es dem Körper und der Seele ganz besonders nahe war. Zu jener Zeit galt dieser Schutz als hervorragend, um das jeweilige katastrophale Ereignis abzuwenden, das einen bedrohen könnte.

Ein durch solch eine Karte gezeigter Schicksalsschlag wurde wie gesagt erst einmal als unvermeidlich und nicht beeinflussbar gesehen, doch diese Regel hat Ausnahmen, die später noch erläutert werden. Ein Ereignis, dass durch solch eine Karte gezeigt wurde, war nur dann unvermeidlich, wenn in den folgenden Runden die Karte bzw. die Position, auf der sie sich zuvor befand, also das Ereignis an sich, nicht durch eine Karte mit einem farbigen Stern abgedeckt wird. Denn eine Karte mit einem farbigen Stern würde das Unglück zum Besseren oder Schlechteren verändern (die Erklärung der Sterne erfolgt nach diesem Abschnitt).

Die sieben Schicksale sind dargestellt durch folgende Karten (besondere Karte Nummer 13 bis 19):

Karte 13, Karo Bube, stellt das erste Unglück und den ersten Talisman dar. Es verhindert den Erfolg eines Unternehmens, es sei denn, die Person erkennt, was zu tun ist, um die Hindernisse zu überwinden.

Der Karo Bube ist der Talisman des Merkurs und gilt als eine wahre Hilfe in finanziellen Schwierigkeiten.

Karte 14, Pik 9, steht für das zweite Unglück und den zweiten Talisman. Dieses Unglück deutet darauf hin, dass die Person in Ungnade fallen wird, wenn sie nicht die Vorsicht aufwendet, die notwendig ist, um sich vor dieser Situation zu schützen oder vor betrügerischem Verhalten zu schützen.

Die Pik 9 ist der Talisman der Venus, und dieser gilt als eine Art Unterstützung in einer Zeit echter Enttäuschung. Er wirkt gegen Schuldgefühle oder ist eine Hilfe gegen ein schlechtes Gewissen und trübe Gedanken.

Karte 15, Kreuz 10, stellt das dritte Unglück und den dritten Talisman dar und besagt, dass ein gefährlicher Rivale in der Nähe ist; es ist daher wichtig, sich selbst vor Schaden und Verletzungen zu schützen, indem man den Rivalen geschickt überlistet und all das vermeidet zu tun, was der Rivale missbraucht oder gegen einen selbst verwenden könnte.

Die Kreuz 10 ist der Talisman des Mars, und dieser gilt als besonders nützlich im Kampf gegen einen gefährlichen Feind oder eine Opposition (heute würden wir sagen, in einem Konflikt mit jemandem).

Karte 16, die Pik 2, beschreibt das vierte Unglück und den vierten Talisman. Dieses Unglück besagt, dass die Hauptperson davon bedroht ist, die Freundschaft und Zuneigung eines geliebten Menschen zu verlieren. Ein Ereignis von viel Kummer und Streiterei. Die Situation ist ernst und diese Verbindung wird enden (die frühe Anleitung deutete hier auch den Verlust der Person durch einen möglichen Tod an). In den Fällen der Konflikte ist es am besten, den Rat einer neutralen, ehrlichen und erfahrenen Person anzunehmen und sich entsprechend dem Rat zu folgen, den diese Person gegeben hat.

Die Pik 2 ist der Talisman des Saturn und die Kraft dieses Talismans gilt als nützlich in der Zeit eines schmerzhaften Verlustes.

Karte 17, die Pik 6, stellt das fünfte Unglück und den fünften Talisman dar, und spricht von einer bösen Überraschung. Die Hauptperson wird von einem Ereignis überrascht werden, das einige Schwierigkeiten und Turbulenzen in das eigene Leben und in die Seele bringt; Diese Situation kann sogar zum Scheitern der Hauptperson auf ihrem Weg führen, wenn hier nicht sorgfältig gehandelt wird.

Die Pik 6 ist der Talisman des Jupiters. Er gilt als hilfreich in bedrohlichen oder gefährlichen Situationen, die durch andere oder äußere Einflüsse geschaffen wurden.

Karte 18, die Pik 8, das sechste Unglück und der sechste Talisman, besagt, dass, wenn die Hauptperson nicht auf den Rat der Lebenserfahrung hört oder andere nicht mit Mäßigung und Umsicht behandelt, ehrgeiziger Leichtsinn zu Schmerz, Verlust und Einsamkeit führt.

Die Pik 8 ist der Talisman des Mondes. Er erweist sich als hilfreich in einer Zeit der Depression oder in einer verzweifelten Stunde oder Situation.

Karte 19, die Kreuz 6, ist das siebente Unglück und der siebente Talisman und weist darauf hin, dass die Gefahr eines Geldverlusts, eines unangenehmen (finanziellen) Zwischenfalls oder eines Diebstahls oder Verrat besteht. Dieses Unglück soll vermieden werden, indem man niemandem Vertrauen schenkt, oder indem man es nur solchen Menschen gibt, deren Verhalten und Moral der Hauptperson wohlbekannt sind.

Die Kreuz 6 ist der Talisman der Sonne. Er hilft in Situationen der Täuschung, des Vertrauensmissbrauchs und wenn die Gefahr eines Verlustes besteht.

ERINNERUNG Man sagte, ein durch solch eine Karte gezeigtes Ereignis wurde nur dann unvermeidlich, wenn in den folgenden Runden die Karte bzw. die Position, in der sie sich befindet, also das Ereignis an sich, nicht durch eine Karte mit einem farbigen Stern abgedeckt wird, der das Unglück zum Besseren oder Schlechteren verändern würde.

Die Erklärung dieser farbigen Sterne erfolgt nun im nächsten Abschnitt.

Die farbigen Sterne

Es gibt acht Karten, die besondere Sterne tragen (nicht zu verwechseln mit dem Sternenhimmel der Karten). Sie nennen sich die Karten der farbigen Sterne. Diese acht Sterne stellen Planeten dar, die jeweils eine andere Farbe haben (auf jeder dieser Karten sieht man einen besonderen Stern in der Nähe oder irgendwo im Teil der Sternenkonstellationen, dem Himmel der Karte; auf Karten ohne Sternkonstellationen ist der besagte Stern an anderer Stelle zu sehen, oftmals an der Stelle der Spielkarte, dort wird diese durch ihn ersetzt).

Dieser Stern hat einen Einfluss; insbesondere in Bezug auf die zuvor beschriebenen Karten der sieben Schicksale. Wenn eine oder mehrere dieser Karten zusammen mit einem „Unglück des Lebens" erscheinen, wird dies dieses Ereignis, dieses „Unglück des Lebens" beeinflussen. Wenn es keine Karte mit einem „Unglück des Lebens" in der Legung an einer wichtigen Position gibt, aber eine Karte mit solch einem Stern auftaucht, beeinflusst diese Sternkarte die Situation der Hauptperson im Allgemeinen.

Die Sterne werden wichtige Hinweise zu einer Situation geben, z. B., ob diese gut oder schlecht ist, mit Hoffnung oder ohne. Du kannst Dir vorstellen, dass die dunkle Farbe eines Sterns die Situation verdunkelt, genauso wie ein heller oder ein bunter Stern sie aufhellt und angenehmer macht. Ein Spiel von Licht und Schatten.

HINWEIS Jede Position, die eine Karte mit einem farbigen Stern enthält, unterliegt daher dem Effekt, der durch diese Sternkarte angegeben wird. Der Stern beeinflusst den Wert und den Charakter der Position.

Dies sind die Farben, die durch die acht Sterne dargestellt werden, die auf den folgenden Karten (besondere Karten Nummer 20 bis 27) zu sehen sind:

Karte 20, Kreuz König, der erste Stern, Planet Saturn, ist dunkel in seiner Farbe und kündigt an, dass das Ereignis (das Unglück des Lebens/ die aktuelle Situation) sehr ernst zu nehmen ist.

Karte 21, Herz 5, der zweite Stern, Planet Jupiter, ist blau gefärbt und zeigt an, dass das Ereignis (das Unglück des Lebens/ die aktuelle Situation) sich in Zukunft zu verbessern scheint und nicht schlechter wird oder nicht so schlecht bleibt wie befürchtet.

Karte 22, Kreuz 5, der dritte Stern, Planet Mars, ist rot und kündigt an, dass das Ereignis (das Unglück des Lebens/ die aktuelle Situation) unangenehm, beängstigend oder zu fürchten sein wird.

Karte 23, Kreuz Ass, der vierte Stern, die Sonne, ist gelb und zeigt nach diesem Ereignis (nach dem Unglück des Lebens/ nach der aktuellen Situation) die Wiederkehr von Ruhm, Erfolg und Reichtum, die Erholung der Hauptperson an.

Karte 24, Kreuz Dame, der fünfte Stern, der Planet Venus, ist grün gefärbt und weist nur auf vorübergehende Unannehmlichkeiten hin. Also, dass das Ereignis (das Unglück des Lebens/ die aktuelle Situation) nur von kurzer Dauer ist.

Karte 25, Karo Ass, der sechste Stern, Planet Merkur, ist bunt und zeigt an, dass das Ereignis (das Unglück des Lebens/ die aktuelle Situation) der Person zugutekommt, wenn sie diesbezüglich diskret ist und die Situation alleinig bewältigt.

Karte 26, Pik 4, der siebente Stern, der Mond, ist weiß und zeigt Ereignisse ohne solide Grundlage an und dass das Unglück des Lebens/ die aktuelle Situation mit der Zeit von selbst verblassen wird.

Karte 27, Herz 8, der achte Stern, ein Nebel, deutet in seinen Ursprüngen auf den Tod eines Kindes oder einen tragischen Verlust hin. In der modernen Interpretation ist er ein Hinweis darauf, dass ein Neuanfang, ein (neues) Projekt, schwer zu verwirklichen sein wird. Etwas "stirbt, bevor das wirkliche Leben möglich war". Demnach wird das Unglück des Lebens/ die aktuelle Situation begleitet von diesem Stern immer einem Neubeginn verhindern.

Das Meisterwerk des Alchemisten

Die sieben Schritte erfolgreicher Arbeit

Diese sieben Karten stehen für die hermetische Wissenschaft oder die Verschmelzung, Verbindung von Materialien durch die Einwirkung von Feuer. Dies sind die sieben Karten, die Dir als Szene das Labor des Alchemisten zeigen. Die unterschiedlichen Grade der Vermischung, die verschiedenen Arbeitsschritte des Alchemisten sind gleichzusetzen den unterschiedlichen Stufen und Formen der Annäherungen, Begegnungen, Verbindungen und Beziehungen zweier Menschen zueinander.

Dargestellt durch folgende Karten (besondere Karten Nummer 28 bis 34):

Karte 28, Pik 7, der erste Schritt, der erste Akt des Alchemisten, beschreibt das getrennte, noch nicht miteinander verbundene Rohmaterial in seiner Einfachheit. Der Anfang von allem: Wenn diese Karte auf einer Position erscheint, die für Gelingen, Erfolg und Liebende oder Themen, die in Richtung zwischenmenschlicher Verbindungen deuten, steht, deutet sie auf eine ehrliche, aufrichtige und unbeschwerte Freundschaft hin. Wenn sie sich auf einer Position befindet, die eine Ehe, einen Heiratsantrag, eine Beziehung oder ähnliche Themen darstellt, deutet dies auf eine Ehe zweier Menschen mit geringer Anziehungskraft hin (denn das Rohmaterial im Experiment ist nicht miteinander verbunden).

Karte 29, Kreuz 3, der zweite Schritt, die zweite Handlung des Alchemisten, beschreibt das Material nach langer Zeit der Arbeit, und es beginnt sich schließlich aufzulösen. Wenn diese Karte auf einer Position für Erfolg, Liebende oder ähnlichen Themen erscheint, zeigt sie an, dass die Hauptperson einer weisen, ernsthaften Person begegnen wird, die den seriösen Lebensstil bevorzugt und wie ein Vorbild für die Hauptperson sein wird. Wenn es sich um eine Position handelt, die auf eine

Ehe, eine Beziehung oder ähnliche Themen hinweist, kündigt die Karte an, dass die Hauptperson eine angesehene, wohlhabende Person in geordneten wirtschaftlichen Verhältnissen heiraten wird.

Karte 30, Kreuz 4, der dritte Schritt, der dritte Akt des Alchemisten, beschreibt das Material während des Vorgangs der Auflösung; wenn diese Karte auf einer Position erscheint, die Gelingen, Erfolg, Liebende oder ähnliche Themen repräsentiert, deutet diese Karte auf eine Annäherung zweier Personen von kurzer Dauer hin, ohne Ehrlichkeit, ohne Vertrauen und ohne Vorteil – die Verbindung löst sich sozusagen wieder. Wenn es sich um eine Position handelt, die auf Ehe, Beziehung oder ähnliche Themen hinweist, deutet die Karte auf unbeständige Gefühle, Fehlverhalten, Willkür, Uneinigkeit hin.

Karte 31, Kreuz 8, der vierte Schritt, die vierte Handlung des Alchemisten, beschreibt die Vermischung, Verschmelzung des festem mit dem flüchtigen Material. Es ist die Karte, die als die Hochzeit von "Beya und Gabertin" bezeichnet wird. Wenn sich diese Karte auf einer Position befindet, die für Erfolg, Liebende oder ähnliche Themen steht, zeigt sie an, dass die Hauptperson eine Beziehung haben wird (z.B. verheiratet sein oder in einer festen, beständigen Partnerschaft leben wird). Ist dies der Fall, so musst Du Dir diese Karte der Heirat auch in den nachfolgenden Kartenstapeln & Positionen genau ansehen, um zu erfahren, welche Art von Glück oder Unglück aus dieser Beziehung/ Ehe hervorgehen wird. Wenn sich die gleiche Karte auf der Position einer Verbindung, der Ehe oder ähnlichem Thema befindet, dann wird eine Hochzeit stattfinden, und Du wirst anhand der folgenden Positionen, auf denen sich diese Karte der Hochzeit befindet, erkennen, was die Hauptperson von und in dieser Ehe zu erwarten hat.

Karte 32, Herz 10, der fünfte Schritt, der fünfte Akt des Alchemisten, beschreibt das Material, das nun fest geworden ist und dessen Oberfläche zu verblassen beginnt; wenn diese

Karte eine Position einnimmt, die Erfolg, Liebende oder ähnliche Themen darstellt, deutet sie auf eine treue, aufrichtige und dauerhafte Liebe hin. Wenn sich die gleiche Karte auf einer Position befindet, die auf eine Heirat, einen Heiratsantrag, eine Hochzeit oder ähnliche Themen hinweist, steht diese Karte für eine einfache Ehe, mit weniger Vermögen, aber stattdessen für ein glückliches Miteinander.

Karte 33, Herz 7, der sechste Schritt, der sechste Akt des Alchimisten während seiner Arbeit, beschreibt, wie der Alchimist dem Stein Flüssigkeit hinzufügt. Diese Karte zeigt die Besuche, Begegnungen aller Arten von Menschen und deren Botschaften, auch was kommt und geht im Leben; Wenn sich die Karte auf einer Position befindet, die das Gelingen, Erfolg, Liebende oder ähnliches Thema darstellt, bedeutet dies, dass die Hauptperson einen „Besuch", eine Botschaft dieser Art erhalten wird: wenn es sich um eine Position der Ehe oder ähnliche Themen handelt, erhält die Person z. B. einen Heiratsantrag oder die Person wird bald eine Beziehung eingehen. Wenn sich diese Karte auf einer anderen Position befindet, bedeutet dies, dass der „Besuch", die Begegnung oder die Botschaft, die die Person erhält, von der Art ist, die durch die Position, auf der die Karte platziert ist, dargestellt wird,

Karte 34, Herz 6, die siebente und letzte Karte des Werkes des Alchimisten, beschreibt das Material in seiner Perfektion. Wenn sich diese Karte auf der Position des Gelingens, des Erfolgs, der Liebenden oder einem ähnlichen Thema befindet, sagt diese Karte eine besondere und vielversprechende Verbindung voraus; das große Glück, die nahezu perfekte Beziehung. Und dass jemand einen großen Gewinn in seinem Leben macht. Wenn sich die Karte auf einer Position befindet, die eine Beziehung, eine Ehe oder etwas Ähnliches darstellt, ist es ein Beweis für eine reiche und auch gut situierte Ehe in der Zukunft.

Mit dieser Karte enden auch die 34 besonderen Karten.

Anhand dieser verschiedenen Erklärungen erkennst Du nun, dass in der „Großen Legung der 48 Karten" diese vierunddreißig Karten immer eine besondere Funktion haben können und daher Gegenstand einer speziellen Studie sind.

Diese Karten näher zu betrachten ist daher unumgänglich, denn sie entschlüsseln weitere Geheimnisse innerhalb der Legung, die wichtig sind und verborgen bleiben würden, wenn man nicht danach schaut.

Diese 34 Karten bringen weitere Botschaften hervor, die Einfluss auf die Interpretation der anderen Karten haben und tragen so zum vollständigen Verständnis der Botschaft aller Karten bei.

KAPITEL VI
Die Aphorismen der Blumen

Das Orakel der Blumen

Dicitionaire Emblématique

Die Aphorismen der Blumen

Das Orakel der Blumen

Die Weissagung der Blumen ist der weitere Schritt im Großen Spiel und auch dieser wird Dir hier erklärt, wie er in der Original-Gebrauchsanweisung des Großen Lenormand beschrieben wurde.

Nochmals sei hier kurz erwähnt, dass durch alte Schriften und Überlieferungen bekannt wurde, dass die Klienten, die zu Mlle. Lenormand gingen, um die Zukunft zu erfahren, in der Tat unter anderem ihr zuvor jene Blumen nennen sollten, die von ihnen aufgrund der Schönheit und des Geruchs bevorzugt wurden.

In diesem Kapitel erwartet Dich nun:

- Die Erklärung des Blumenorakels
- Die Legung der Blumen
- Beispiele
- Das emblematische Wörterbuch (Die verschiedenen Blumen, ihr Wert und die Weissagung der Blumen)

Die Floriographie (die Sprache der Blumen) ist ein Mittel der geheimen Kommunikation mit Hilfe eines Blumenarrangements. Seit Tausenden von Jahren werden Blumen Bedeutungen zugewiesen, und in traditionellen Kulturen in Europa, Asien und Afrika wurde die Form der Floriographie praktiziert. Pflanzen und Blumen wurden als Symbole verwendet, insbesondere für Liebende und andere sehr persönliche, geheime Botschaften, die sich nur Eingeweihten offenbaren sollten.
Verschiedene Blumen, Pflanzen und bestimmten Blumenarrangements wurden verbunden, um die verschlüsselte Botschaft an den Empfänger zu senden. Diese verschlüsselte Form der Kommunikation ermöglichte es dem Absender, Gefühle auszudrücken, die in der Gesellschaft nicht laut ausgesprochen werden konnten oder durften.

So tauschten viele Menschen oft kleine "sprechende Blumensträuße" aus, oder man trug auch welche als sichtbares Modeaccessoire, um eine Botschaft zu senden.

Bis heute haben wir in unserer modernen Gesellschaft Blumen mit bestimmten Bedeutungen, genau wie in meinem Land. Die wohl bekannteste Form der Floriographie geht bis heute mit der Rose und ihren verschiedenen Farben einher: Rot ist zum Beispiel ein Zeichen der Liebe, die gelbe Rose ist jene, die man in Freundschaft gibt und die weiße, wenn jemand gestorben ist oder man einen Abschied ausdrückt.

Und ebenso sprechen die Blumen auch im Großen Spiel der Mlle. Lenormand. in dem Schritt, in dem man nun die Karten erneut auslegt, um die verborgenen Botschaften der Weisheit der Blumen zu erfahren und so weitere Geheimnisse der Zukunft lüften zu können.

Die Großen Lenormand Karten sind sehr berühmt für dieses einzigartige Orakel der Blumen und auch wenn es nur einen kleinen Teil des Grand Jeu ausmacht, ist es ein wichtiger & beliebter Teil des Spiels.

HINWEIS Leider werden die Blumen zu oft als unabhängiges Orakel angewendet oder auch wird die Botschaft der Blumen auf der Karte einfach den anderen Deutungen der Karte beigefügt, ohne die Legung der Blumen ausgeführt zu haben, was aber nicht korrekt und nicht im Sinne der alten Tradition ist. So wird das Orakel verfälscht und es wird falsche Informationen wiedergeben.

Ebenso ist nicht der Tradition entsprechend, das Blumenorakel (wie so oft verkündet) als viktorianisch einzustufen.

Das Blumen Orakel

Um die weisen Worte der Blumen zu verstehen, ist es immer notwendig, diese Legung von 25 Karten zu machen. Die Karten werden von Dir zufällig ausgewählt und auf dem Tisch ausgelegt, in der Form, die das Bild auf Seite 365 beschreibt.

HINWEIS Die Zahlen dieser ersten Abbildung, repräsentieren nicht die Reihenfolge, in der die Karten ausgelegt werden; die Reihenfolge des Layouts der Karten wird natürlich in den nächsten Schritten erklärt. Die Nummerierungen, die Du auf dieser Abbildung siehst, sind die Zahlen, die für die spätere Interpretation der Karten und der Lage der Blumen wichtig sind. Sie entsprechen einer Grundposition der jeweiligen Reihe und sie entsprechen während der Legung der Position der Blumen, die in Verbindung zum jeweiligen Wert einer Blume steht. Die Positionen der Karten haben Zahlen, und diese Zahlen entsprechen der gleichen Zahl/dem gleichen Wert einer Blume. Jede Blume hat einen Wert zwischen eins und zwanzig.

Du kannst anhand dieser Abbildung sehen, dass zwanzig der fünfundzwanzig Karten vier Spalten bilden - zwei davon sind horizontal und die anderen beiden vertikal.

Auf den fünf Positionen (A bis E) in der mittleren Spalte befinden sich später die Karten, die die eigentliche Weissagung, den Rat der Blumen enthalten; sie konzentrieren sich mitunter auf die Worte/die Botschaft, die von den Blumen weitergegeben wird. Die Blumen auf den Karten dieser Positionen sagen aus, was der Fragesteller zu erwarten hat. Dies kann eine positive oder eine negative Vorhersage über die bevorstehenden Ereignisse geben.

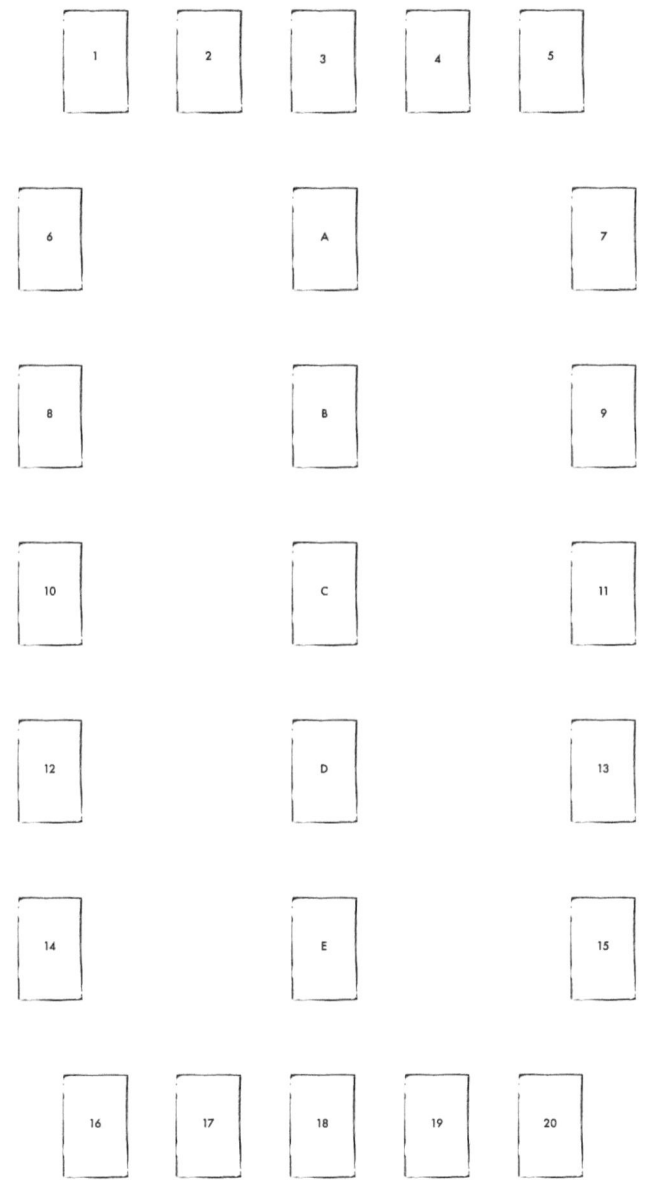

Es kann immer verschiedene Situationen geben, an denen der Fragesteller interessiert ist, die durch die Karten in der Mitte ausgedrückt werden.

Die wichtigen Positionen in der mittleren Spalte

Zusammen mit den Botschaften dieser mittleren Spalte erhältst Du auch immer wichtige Informationen über die Person, nach der gefragt wird. Man kann sagen, dass die Reihe in der Mitte die Hauptperson (und ihre Zukunft) im Allgemeinen repräsentiert.

Dennoch werden den fünf Positionen folgende Bedeutungen zu Grunde gelegt:

1. Die erste Position zeigt den Fragesteller in Bezug auf sich selbst oder alles, was den Fragesteller persönlich betrifft oder in irgendeiner Weise mit ihm in Verbindung steht. Das sind die Informationen über die Person selbst: Ehemann, Ehefrau, Kinder, Gesundheit, Ansehen, Sorgen, Freuden.

2. Die zweite Position bezieht sich auf die soziale Stellung/das Ansehen des Fragestellers, auf seinen Stand, sein Berufsleben. Diese Position hängt mit dem bisherigen Schicksal, bisherigem Lebenswandel zusammen oder mit dem, was der Fragesteller bereits erreicht hat. Diese Position gibt Auskunft über den aktuellen Status, das Berufsleben, das Engagement und der Fleiß in beruflichen Belangen, hier wird auch die Einkommensquelle der Person gezeigt, der finanzielle Status.

3. Die dritte Position dieser Spalte zeigt Informationen über die Familie oder/und Freunde (insbesondere engere) der Hauptperson; die Familie, Verwandte im Allgemeinen, entweder persönlich oder durch Heirat oder feste Partnerschaft.

4. Die vierte Position bezieht sich auf Personen, die dem Fragesteller übergeordnet sind, Personen, von denen der Fragesteller abhängig ist oder sein kann. Auch Personen, für die der Fragesteller trotz etwas persönlicher Distanz am meisten

Sorge trägt oder mit denen er einen guten Kontakt pflegt. Denn es sind Menschen, die dem Fragesteller ihr Vertrauen schenken, sei es ein Bekannter, eine Bekannte oder der Arbeitgeber; jemand dem man Anerkennung für einen Dienst oder eine Hilfe schuldet. Diejenigen, denen man mit Respekt begegnen sollte. Kurz gesagt, alle Personen, die die Wertschätzung und das Vertrauen von jemandem verdienen.
Eine solche Verbindung könnte z.B. sein: ein Arbeiter, ein Angestellter, der in Abhängigkeit zu seinem Chef steht. Solche Zusammenhänge sind hier zu sehen. Also auch das berufliche oder man kann sagen das weiter entfernte soziale Umfeld.

5. Die fünfte Position zeigt die Ereignisse, die nicht vorherzusehen sind. Das Große Lenormand spricht oft von den "Unvorhergesehenen Ereignissen" und somit ist es nicht überraschend, dass dieser Begriff auch hier fällt.
All dies, was noch nicht geschehen ist und was in der Zukunft der Hauptperson/ des Fragestellers unerwartet eintreten wird.

Die Positionen der vier äußeren Reihen

Nun die Erklärung der wichtigen Bedeutungen der vier äußeren Reihen:

1. Die oberste Reihe, die aus den Positionen 1 bis 5 besteht, sagt in der Regel mehr darüber aus, was der Fragesteller schätzt, ehrt, verehrt; hier können Informationen über die Person, für die der Fragesteller den größten Respekt und das größte Vertrauen hat, zu erkennen sein. Oft ist es eine Person, die in irgendeiner Weise bevorzugt wird, oder eine wichtige oder nahestehende Person im Leben des Fragestellers darstellt.

2. Die linke Reihe mit den Positionen 6, 8, 10, 12, 14 zeigt die Meinung, die Einstellung, die Gedanken des Fragestellers in Bezug auf das Leben, die Gerechtigkeit, die Moral. Diese Reihe betrifft die Gewohnheiten der Hauptperson und auch Bereiche des das privaten und sozialen Lebens.

3. Die rechte Reihe mit den Positionen 7, 9, 11, 13, 15 verrät mehr über das Temperament, die Emotionen, das Gefühlsleben und die Wünsche der Hauptperson.

4. Die unterste Reihe mit den Positionen 16 bis 20 stellt die Dinge dar, die die Hauptperson missbilligt, verachtet und ablehnt – bildlich gesehen auch mit Füßen tritt.

HINWEIS Es ist später immer daran zu denken, dass die Karte, die sich auf der ersten Position von jeder der vier Spalten befindet – ganz gleich, was auch immer ihre Bedeutung sein wird - immer der ersten Position der mittleren Reihe (der persönlichen Reihe der Hauptperson) entspricht. Jede Karte auf der zweiten Position einer Reihe steht daher immer in Verbindung mit der zweiten Position der mittleren Reihe. Dasselbe gilt ebenso für die Karten auf dritter, vierter und fünfter Position, die sodann immer mit der dritten, vierten und fünften Position der mittleren Reihe verbunden werden.

Die Verteilung der Karten

Du mischst die Karten hebst die Karten einmal ab und teilst sie verdeckt aus (die Abbildung auf Seite 370 zeigt Dir das Muster, nach dem die Karten angeordnet/ platziert werden).

Die erste Karte wird an die erste Stelle gelegt, gefolgt von der zweiten, dritten, vierten und fünften Karte (jetzt ist die obere Reihe mit den Positionen 1 bis 5 vollständig).

Lege nun die sechste Karte auf Position Nr. 6.

Die siebte Karte ist nun an die erste Stelle in der mittleren Reihe zu legen, die den Fragesteller selbst darstellt.

Die achte Karte wird auf Position Nr. 7 und die neunte Karte auf Position Nr. 8 gelegt.

Lege nun die Karte Nr. 10 an die zweite Stelle der mittleren Reihe, die den aktuellen Zustand des Fragestellers darstellt.

Die elfte Karte wird auf die Position Nr. 9 gelegt und die zwölfte Karte kommt auf Position Nr. 10.

Die dreizehnte Karte wird in die mittlere Reihe an der Stelle platziert, die die Familie des Fragestellers darstellt.

Die vierzehnte Karte kommt auf Position Nr. 11 und die fünfzehnte Karte kommt auf Position Nr. 12.

Die sechzehnte Karte kommt auf die Position der mittleren Reihe, die das Umfeld des Fragestellers darstellt.

Die siebzehnte Karte kommt auf Position Nr. 13 und die achtzehnte Karte auf Position Nr. 14.

Die neunzehnte Karte wird auf der Position der mittleren Reihe, die der unvorhergesehenen Ereignisse, platziert und die zwanzigste Karte kommt auf Position Nr. 15.

Somit sind die beiden äußeren und die mittlere Reihe vollständig.

Die einundzwanzigste Karte kommt auf Position Nr. 16 und die zweiundzwanzigste Karte kommt auf Position Nr. 17.

Die dreiundzwanzigste Karte kommt auf Position Nr. 18 und die vierundzwanzigste Karte kommt auf Position Nr. 19.

Die fünfundzwanzigste Karte kommt auf Position Nr. 20.

Nun ist auch die unterste Reihe vollständig und alle 25 Karten, die Du für die Legung benötigst, wurden verteilt.

SHORTCUT Vereinfacht kannst Du es an der folgenden Abbildung ersehen: die Zahlen beziehen sich hier auf die Reihenfolge der Verteilung der Karten; laut Originalanleitung wurde die Verteilung aber wie oben erklärt niedergeschrieben.

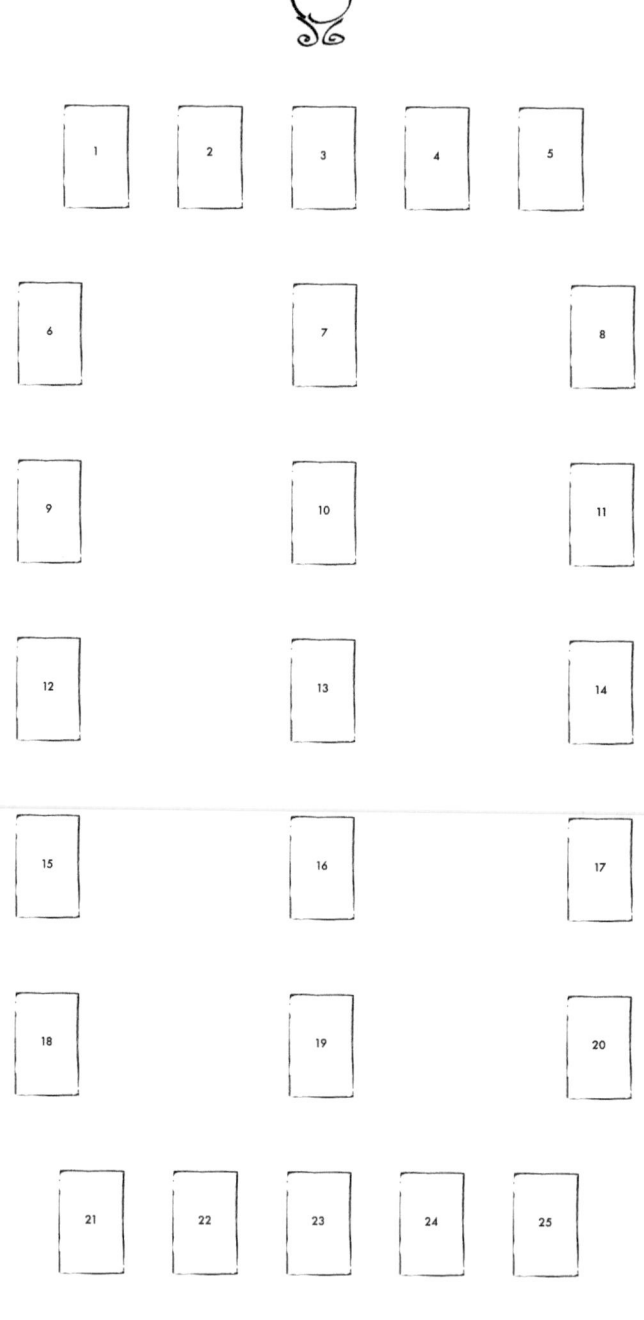

Nun beginnt das eigentliche Orakel:

Die ursprüngliche Anleitung beschreibt, dass nach der Verteilung der Karten der Fragesteller gefragt werden soll, welche Blume seine Lieblingsblume, die schönste Blume ist und welche vom Fragesteller wegen ihres Duftes bevorzugt wird; So wie es einst die Lenormand praktizierte, wenn sie für jemanden das Große Spiel legte. (Voraussetzung war, dass die Person Kenntnis über die Flora hatte, aber zu Zeiten der Mlle. Lenormand war dem oftmals so).

Mit diesen Informationen über die Hauptperson schlägst Du nun im emblematischen Wörterbuch der Blumen (es ist diesem Kapitel hinzugefügt) den der jeweiligen Blume entsprechenden Zahlenwert nach.

Um diesen schwierigen Schritt zu vermeiden, da das Wissen über Blumen, deren Namen und Duft heutzutage rar ist, ist es auch möglich, die restlichen Karten zu mischen und den Fragesteller zwei davon ziehen zu lassen. Schlage im Wörterbuch nach, welche Blumen sich auf den Karten befinden und lass den Fragesteller nun eine der drei Blumen aus der ersten Karte auswählen, um den Wert der ersten, der schönen Blume zu erhalten, und lass den Fragesteller eine der drei Blumen aus der zweiten Karte auswählen, um den Wert der zweiten, der gut duftenden Blume zu erhalten.

HINWEIS Die Wahl nach Schönheit und Duft ist wichtig und muss unbedingt danach gemacht werden, denn für die Interpretation des Orakels der Blumen müssen später zwei wichtige Fakten zwingend beachtet werden: Die Blume, die wegen ihrer Schönheit ausgewählt wird, wird in der Tradition eher als eine "bedeutungslosere" Wahl bezeichnet, weil Schönheit an der Oberfläche liegt, und die Blume, die wegen des Duftes gewählt wird, wird in der Tradition als eine „ernsthaftere und bedeutungsvollere" Wahl angesehen. Denn der Duft kommt von innen.

Der Aphorismus der Blumen

Beispiel

Angenommen die Dame, die Teil der bisherigen Beispiele war, liebt nun in diesem Schritt des Orakels wegen ihrer Schönheit die Hyazinthe, deren Zahl 19 ist, und bevorzugt wegen ihres Duftes die Pfingstrose, deren Zahl 7 ist.

Nun schaust Du in der ersten Abbildung (Seite 365), wo sich die Position 19 befindet. Die Zahl 19 befindet sich an der vierten Stelle einer Reihe (der unteren) und entspricht somit auch der vierten Position der mittleren Reihe - der Reihe, die die Fragestellerin darstellt.

Nun musst Du alle Karten umdrehen, die an vierter Stelle jeder Reihe platziert sind.

In unserem Beispiel sind es diese Karten:

Die Karte an Position Nr. 4 der oberen Reihe ist die Karo 10.

Die Karte Nr. 12, die sich an vierter Stelle in der linken Reihe befindet, ist die Pik 5.

Die Karte an Position Nr. 13, die vierte Karte der rechten Reihe ist die Kreuz Dame.

Und die Karte auf Position Nr. 19, die vierte Karte der unteren Reihe ist die Herz 2.

Nun musst Du die Interpretation dieser vier Karten vornehmen und sie mit der Fragestellerin in Verbindung bringen:

Mit der Karte Karo 10 (Pelias) bekommst Du die Information, dass die Dame an eine zwar kluge, aber nicht sehr aufrichtige Person denkt, die bereits durch andere Aussagen in den Karten zuvor erwähnt wurde. Diese Person gibt der Dame

heimtückische Ratschläge und die im Gegensatz zu dem stehen, was eigentlich gut für die Dame ist

Die Karte der linken Reihe, Pik 5 (Chiron), die auch die Emotionen der Dame beschreibt, sagt Dir, dass sie ihre Pflichten vernachlässigt; es ist für Dich somit ein Beweis dafür, dass das Privatleben der Frau in einer Art Unordnung und ohne eine gewisse Routine ist, und dass sie sich in persönlichen Konflikten befindet, die auf das mangelnde Urteilsvermögen in Bezug auf die Menschen, mit denen sie verkehrt. zurückzuführen sind,

Die Karte der rechten Reihe, Kreuz Dame (die Hesperiden), zeigt an, dass sie aber die Leichtigkeit des Lebens liebt und dass ihre Gedanken & Prioritäten mehr der Unterhaltung und den Freuden des kulturellen Lebens gewidmet sind.

Die unterste Karte, Herz 2 (der Hund & die Rebhühner), bestätigt Dir erneut, dass der Mangel an Urteilsvermögen und fehlende Einsicht der Dame der Grund für die Abweisung und Ablehnung gegenüber einer weisen Person ist, die sie eigentlich gut beraten und ihr eine große Hilfe in ihrer Lage sein könnte.

Schau Dir nun die Karte an der vierten Position der mittleren Reihe genauer an, nämlich die Karo 7 (Pandora), deren "Aphorismus der Blumen" die Botschaft von schrecklichen Rückschlägen ist. Das Ereignis kann nicht verhindert werden. Die Dame muss also in Zukunft mit Rückschlägen in dieser Situation umgehen.

Nun schaust Du nach der zweiten Blume:

Die Blume der zweiten Wahl der Dame hatte einen Wert von 7. Die Nummer 7 nimmt die erste Position einer Reihe ein, steht also in engem Zusammenhang mit der ersten Karte der mittleren Reihe - der Reihe, die die Dame selbst darstellt.

Nun musst Du alle Karten, die sich auf der ersten Position einer Reihe befinden, umdrehen. Diese Karten sind die Karo 9, die erste Karte der oberen Reihe; die Kreuz 9, die erste Karte der linken Reihe; die Karo 4, die erste Karte der rechten Reihe; und die Pik Dame, die erste Karte der unteren Reihe.

Du erkennst in diesem Beispiel Widersprüchlichkeit und einen Kampf, der sich nun auf die Frau selbst bezieht, denn alles steht in Verbindung zur ersten Position der mittleren Reihe. Dies scheint ernst und notwendig zu sein, und es ist die Karo 9 (die Argo) die einen Aufbruch, ein Verlassen anzeigt.

Die Karte der linken Reihe, die Kreuz 9 (Herkules & die Hydra), zeigt die Unruhe, den Kampf an.

Die Karte auf der rechten Reihe auf der Position der Gedanken, der Wünsche, die Karo 4 (Cadmus) zeigt an, dass sie immer noch hofft, beschützt zu werden oder bei all dem nicht allein zu sein.

Die unterste Karte – auf der Position der Ablehnung - die Pik Dame (Isis) zeigt die Witwenschaft an und kann nur die Position der Dame anzeigen.
Sie ist gebrochen, sie hat einen Verlust erlebt, sie ist "eine Witwe", die Bedeutung gebrochen ist ein Hinweis darauf, dass sie "das Band zur Religion, ihre spirituelle Verbindung, die sie hatte, zerbrochen hat" – ihre Beziehung ist zerbrochen. Sie kann sich mit dem Schicksal nicht abfinden und zwingt sich eher mit ihrer „Abreise" sich nicht mit der Situation einer „traurigen Witwe" zu identifizieren, die Witwenschaft ist hier ein Symbol für den Verlust einer Position. Sie „flüchtet" und ist mehr damit beschäftigt, ihren eigenen Interessen nachzugehen, und doch hofft sie, auf ihrem Weg beschützt zu werden, aber sie lehnt es ab, alle Ursachen zu hinterfragen, die sie in diese Lage gebracht haben und sie lehnt es ab, aus den Folgen zu lernen. Sie lehnt es ab, ihr Schicksal wirklich in die Hand zu nehmen und es somit umzukehren.

Der "Aphorismus der Blumen" der ersten Karte an der ersten Position der mittleren Spalte, der Karo 5 (Phaeton) besagt:

"Niemals werden rücksichtslose Menschen das Ziel erreichen, das sie sich gesetzt haben."

Dieser Satz bestätigt den Kampf, den die Dame mit sich selbst führt, und die Widersprüchlichkeit ihrer Ideen und Gedanken.

Erinnere Dich kurz an den Hinweis zu Beginn in Bezug auf die bedeutungslosen und bedeutungsvollen Entscheidungen.

Dieses Beispiel erklärt es gut: Die Dame misst den Regeln des Lebens und des Miteinanders, die sie als bindend und wichtig betrachten und daher respektieren sollte, wenig Bedeutung bei; Und für ihr Schicksal macht sie aufgrund dieser Einstellung negative Erfahrungen.

HINWEIS Für Deine Interpretation der Karten ist es wichtig zu wissen, dass die Karten in den vier äußeren Reihen immer nur durch das große Bild der Karte interpretiert werden und nicht mit der Deutung des kleinen Bilds oder der Blumen. Die Karten in der mittleren Spalte, der Spalte, die den Fragesteller repräsentiert, sind jene Karten, die die Botschaft der drei Blumen weitergeben. Das ist der Aphorismus der Blumen. Wenn es um den Fragesteller direkt geht und nicht um eine andere Person, so ist alles andere auf diesen Karten nicht von Bedeutung.

Der Aphorismus der Blumen

Beispiel

Wie zuvor werden die Karten gemischt, abgehoben und wie beschrieben ausgelegt. Danach ist es immer notwendig, den Wert der Blumen zu ermitteln, die von der Person ausgewählt wurden, um das Orakel beginnen zu können, um dann in Erfahrung zu bringen, wie der Aphorismus der Blumen lautet.

In diesem Beispiel bewundert eine Dame, die die Karten befragt, das Veilchen, das einen Wert von 16 hat, und bevorzugt den Duft der Glockenblumen, die einen Wert von 5 haben.

Die Nr. 16 ist die erste Position einer Reihe, und das bedeutet, dass alle Karten an erster Position einer Reihe relevant sin und dass sich alle Karten in dieser Legung sinngemäß auf die erste Position der mittleren Reihe beziehen.

Die erste Position der mittleren Reihe wird Dir demnach später den Aphorismus der Blumen offenbaren. Nachdem Du alle Karten aufgedeckt hast, die eine Position an erster Stelle einnehmen, kannst Du die Karten interpretieren.

Diese Karten sind Teil dieses Beispiels: Die Herz 5 (Audienz beim König) steht an erster Stelle der obersten Reihe. Diese Karte in der oberen Reihe zeigt an, dass ein Unbekannter/ein Fremder in einer hohen Position die Aufmerksamkeit der Dame erregt hat, und dass nichts und niemand ihr so viel bedeutet wie diese Person.

Die Karte der Hauptperson befindet sich auf der ersten Position der linken Reihe.

HINWEIS Wenn die Karte der Hauptperson Teil der Legung ist, ist dies z.B. ein sicherer Beweis dafür, dass die Person einen großen Einfluss auf die Situation hat. Manchmal ist es als ein Zeichen von Ehrgeiz und Mut im positiven Sinne zu verstehen. Das Gegenteil kann eine Art Schwäche oder weniger Ehrgeiz sein, abhängig ist dies dann auch von den anderen Karten, die Teil der Legung sind, und ebenso von dem Kontext.

Die Karo 9 (die Argo) befindet sich auf der ersten Position der rechten Reihe und zeigt an, dass die Dame an eine Reise denkt, die sie alsbald unternehmen wird.

Die Kreuz 8 (die Hochzeit von Beya & Gabertin) befindet sich an erster Stelle der unteren Reihe. Diese Karte in der letzten Reihe zeigt an, dass der Dame wohl ein Heiratsantrag gemacht wurde, aber innerlich fühlt sie absolut diesen zurückweisen zu wollen. Einer Hochzeit gegenüber scheint sie gefühlsmäßig abgeneigt zu sein, zumindest in Verbindung mit jener Person.

Nun drehst Du die erste Karte der mittleren Reihe um, es ist der Kreuz König (Phineus). Die Blumen dieser Karte haben eine Botschaft, die die Fragestellerin als nützlich und ermutigend betrachten sollte:

"Das Geschäft/ das Vorhaben, das Du im Begriff bist, zu machen, ist ein Glück; Es gibt Reichtum und Ehre, aber nur wenn Du den Rat eines weisen Mannes befolgst, wirst Du so erfolgreich sein."

Danach schaust Du dir die Karten der zweiten Blume an, die den Wert 5 hatte, Also sind jetzt alle Karten, die sich auf der fünften Position aller Reihen befinden, wichtig:

In der oberen Reihe befindet sich die Herz 6. Die Herz 3 befindet sich an der fünften Position der linken Reihe. Der Herz König befindet sich an der fünften Position der rechten Reihe, und in der letzten Reihe siehst Du die Herz Dame.

Anhand dieser Karten kannst Du erkennen, dass ein intelligenter, reicher Mann oder eventuell auch ein großer Künstler der Dame sehr nahesteht - diese eine Person wird in diesem Moment durch die Karte Herz 6 (der Alchemist bei der Arbeit) repräsentiert. sie scheint ihn zu lieben, und eine Heirat für sie könnte sicher sein.

Mit der Karte der rechten Reihe, dem Herz König (ein älterer Mann), wird eine Person dargestellt und es wird durch diese Karte bestätigt, dass die Dame in ihrer Lage dennoch das Gefühl verspürt, den „weisen Herrn" um Rat zu befragen; schon einmal wurde in den Karten gesehen, wie ein Herr im

Interesse der Dame steht, in der Kartendeutung, die zuvor gemacht wurde.

Du erkennst jedoch an der Karte in der unteren Reihe eine Handlung, die beweist, dass die Dame die Dinge oft leider nicht so ernst nimmt oder nicht immer so ehrlich oder korrekt ist. Unwürdig lehnt sie "die Karte, eine lobenswerte Frau zu sein", die braven und guten Werte der Herz Dame (Astraea) ab. Sie lehnt demnach ab, eine tugendhafte Frau zu sein.

Die fünfte Karte der mittleren Reihe, die Kreuz 4, enthüllt nun die Botschaft der Blumen: Die Dame wird durch diese Worte gewarnt, dass ihre Entscheidung nichts mit ihrem wahren Charakter zu tun hat, wenn sie damit fortfährt.

HINWEIS Diese zweite Botschaft der Blumen ist sehr wichtig, da sie der ernsthaften Wahl der Blume entspricht, und in Bezug auf das, was noch nicht geschehen ist, ist die Warnung der Blumen ein wichtiger und ernstzunehmender Satz für die Zukunft.

Es gibt eine sehr sensible Nuance, die von Dir als Wahrsager & Kartenleger nicht unterschätzt werden sollte.
Denke immer daran, dass die Wahl einer Blume aufgrund ihrer Schönheit als "bedeutungslosere" Wahl bezeichnet wird, und die Wahl aufgrund des Duftes eine "bedeutungsvollere" Wahl ist – unterschätze also niemals die zweite Botschaft, egal wie die vorherige lautete.

Die Botschaft der zweiten Blumen hat Dich dazu gebracht, Deine erste Interpretation der Karte etwas zu überdenken. In dieser erkannte man für die Fragestellerin eine bevorstehende Hochzeit. Und hier in dieser Aussage der Karten ist diese Ehe noch nicht geschlossen worden. Dies beweist, dass sich die angezeigte Eheschließung nach dem Antrag entweder verzögert oder sogar abgesagt wird.

Es ist noch wahrscheinlicher, dass die Fragestellerin es so wünscht, weil es der Botschaft der bedeutungsvolleren Wahl der Blume entspricht: das Gefühl ist gegen die Ehe, gegen den Status Ehefrau und die Botschaft der Blumen besagt klar und deutlich, dass die Entscheidung nicht ihrem wahren Charakter entsprechen würde; was bereits auch in der ersten Interpretation angedeutet wurde, in dem sie sich einer Hochzeit nicht wirklich verbunden fühlte. Es ist zudem eine wahrscheinliche Prognose, weil sie sich auf die Position der Karte auf dem Feld der unvorhergesehenen Ereignisse in der Zukunft bezieht.

HINWEIS Und wenn im Allgemeinen eine Situation, die in den jeweiligen vier aufgedeckten Karten angezeigt wird, zudem von der Karte auf der Position der mittleren Reihe angezeigt wird, ist es ein Beweis dafür, dass sich die Vorhersage bestätigen und ungehindert stattfinden wird.

Weiter im Beispiel

Es gibt zudem noch eine weitere emotionale Widersprüchlichkeit in der Situation der Dame. Ein Zeichen dafür, dass die Fragestellerin nicht nur von sich selbst, sondern auch von der Karte der linken Reihe, Herz 3 (der Kynokephale), zurückgehalten wird. Die Karte zeigt, dass sie offenbar eine andere Person liebt oder dieser zumindest im Herzen sehr verbunden ist. Aber dennoch möchte sie die Chance ergreifen, Teil der High Society zu sein. Das verführt sie. Aber ihr Bedürfnis nach Freiheit und der Verlust derselben, den sie sehr wahrscheinlich bereuen würde, veranlasst sie einen Freund zu konsultieren, bevor sie eine endgültige Entscheidung trifft. In der Hoffnung, sich so beruhigter und besser zu fühlen.

Die Botschaft der Blumen besagt, dass die Entscheidung den Mann zu heiraten, in keiner Weise mit ihrem Charakter und Gefühl übereinstimmen wird. Das sagt Dir, dass die Dame bereits eine Ahnung hat, dass sich ihr Glück/ihr Leben nicht vollständig anfühlen wird.

Diese beiden Aphorismen sollen als Beispiel dienen und verständlich machen, wie die Blumen etwas offenbaren. Die Blumen geben Hinweise darauf, was die Hauptperson im Leben oder in ihrem Interesse genauer betrachten muss, um sich eine Situation klarer zu machen.

HINWEIS Erinnere Dich, mit den Situationen des Lebens und diesen Interessen ist immer gemeint, was in der mittleren Reihe gezeigt wird (In diesem Fall kannst Du auf die Karten der mittleren Reihe schauen, um über die Themenbereiche weitere Informationen zu bekommen, fernab der Botschaft der Blumen).

1. Alles in Bezug auf die Person, die die Karten konsultiert, deren Partner/in, die Kinder, die Gesundheit, den Ruf, die Sorgen, die Freuden.

2. Alles in Bezug auf die persönliche Lage, den sozialen Stand, die Beschäftigung, die Arbeit, der gute oder schlechte Lebenswandel der Hauptperson, sei es in seinen eigenen Unternehmungen oder an einem Ort der Beschäftigung, die Geld bringt.

3. Alles in Bezug auf die Familie, die Verwandtschaft im Allgemeinen, sei es persönlich oder durch Heirat, und die ergebenen oder engsten Freunde.

4. Alles in Bezug auf das Umfeld der Hauptperson und die ihr oftmals übergeordnete Personen, auch die Personen, die dem Fragesteller die Möglichkeit geben, den Lebensunterhalt zu verdienen, der Arbeitgeber; ebenso diejenigen Personen, die der Hauptperson vertrauen und auch denen, denen der Fragesteller für die geleisteten Dienste Dank schuldet. Personen, die sich gegenseitige Wertschätzung und Vertrauen verdient haben, aber auch denen Personen, denen man etwas schuldig ist.

5. Und alles in Bezug auf die unvorhergesehenen Ereignisse im Leben, so ist darunter alles zu verstehen, was der Fragesteller nicht voraussehen kann, was ihm noch nicht widerfahren ist, aber in Zukunft noch widerfahren wird.

Beispiel (um zu erklären, wie eine Karte in den fünf Positionen interpretiert und unterschiedliche Aussagen haben kann).

Nehmen wir an, Dein Klient hat eine Blume wegen ihrer Schönheit ausgewählt und die Karte in der oberen Reihe, die herauskommt, ist die Karo 6 „Täuschung"

Das würde darauf hindeuten, dass der Klient eine Zuneigung jemandem gegenüber empfindet, der leider ein Betrüger, eine unehrliche Person ist. Dein Klient kennt die Person möglicherweise nicht als das, was sie ist, und wird daher durch den Schein getäuscht.

Wenn dieselbe Karte, die Karo 6, in der linken Reihe vorkommt, ist dies ein Hinweis darauf, dass die Person in Verbindung zu einer unehrlichen Person steht, dessen sich aber bewusst ist. Hier ist nichts verborgen.

HINWEIS die Karte, die in dieser Reihe platziert ist, könnte rein theoretisch sogar auf die Hauptperson zutreffen; Dies wäre der Fall, wenn sich die Karte, die darauf in der rechten Reihe sich als negative Karte entpuppt.

Aber wenn dieselbe Karte, die Karo 6, in der rechten Spalte platziert wird, zeigt dies an, dass die Hauptperson selbst in (versteckte) Affären mit einer betrügerischen oder verräterischen Person verstrickt ist; Aber in diesem Fall kann es sein, dass die Hauptperson den böswilligen Charakter der anderen Person immer noch nicht kennt und somit selbst auch ein Opfer sein könnte.

Für die Karte, Karo 6, in der unteren Spalte gibt es zwei Interpretationsmöglichkeiten:

Wenn sich die Karte, die Karo 6, in der unteren Spalte befindet, könntest Du auch sagen, dass die Hauptperson die Täuschung und solch schlechtes, unmoralisches Verhalten ablehnt, verachtet, dass sie dieses Laster verabscheut und auch solche Personen. Auch kann die Karte an dieser Position bedeuten, dass die Hauptperson einen Betrug zwar erkennt, diesen aber nicht wahrhaben will und nicht akzeptieren oder glauben kann. Die Person gesteht sich nicht ein, dass sie betrogen wurde/ wird.

Diese doppelte Sichtweise kann für viele anderen schlechten Karten das Gleiche sein, die des Diebstahls, der Konflikte, der Intrigen usw. Es gilt immer abzuwägen und anhand des Kontexts, die Entscheidung der finalen Interpretation zu treffen. Auch die Erfahrung mit den Karten wird Dir hier nach und nach hilfreich sein.

Wenn die Karte, Karo 6, auf der ersten Position der mittleren Reihe auftaucht, die mit der Hauptperson direkt verbunden ist, stellt sich heraus, dass es sich wirklich um eine schlechte Karte handelt und die Person als solch schlechte Person beschreibt.

Fällt die Karo 6 auf die Position der mittleren Spalte, die den Zustand und die Lebensumstände des Klienten darstellt, wäre dies ein Beweis dafür, dass der Klient ernsthafte und berechtigte Gründe hätte, ein Ereignis zu befürchten, das einen negativen Einfluss auf seine aktuellen Lebensumstände oder auf seinen gesellschaftlichen Stand haben würde.

Wenn die Karte, Karo 6, auf der Position von Familie oder Freunden liegt, deutet dies darauf hin, dass diejenigen, die der Hauptperson nahestehen, verzweifelt und betroffen von dem sind, was mit der Person passiert. Im ungünstigen Falle würde diese Karte aber auch auf einen Betrug oder eine

betrügerische Person innerhalb der Familie oder des Freundeskreises hinweisen.

Dieselbe Karte würde auf der Position des Umfeldes darauf hinweisen, dass die Hauptperson Ratschläge oder Anweisungen anderer ignoriert hat, die aber hätten befolgt werden müssen. Dieses Verhalten war falsch und würde nun negative Konsequenzen mit sich bringen. Im ungünstigen Falle würde diese Karte aber auch auf einen Betrug oder eine betrügerische Person innerhalb des (entfernteren) Umfeldes hinweisen.

Wenn sich die Karo 6 auf der Position der unvorhergesehenen Ereignisse befindet, ist es wichtig für die Hauptperson zu wissen, dass sie bei gegebener Zeit bestimmte Ergebnisse nicht so sehen kann, wie sie sind und sich täuschen wird. Alle Ereignisse müssen daher von der Hauptperson zuerst auf neutrale Weise bewertet und mit Vorsicht betrachtet werden, denn es ist eine trügerische Zeit, die der Hauptperson bevorsteht.

Dictionaire Emblématique

Das Lexikon der Blumen

(Die Blumen, ihr Wert & die Weissagung der Blumen)

Die Kreuz Karten

Kreuz König

- Bleiwurz 1
- Großer Basilikum 5
- Mohn 18

"Das Geschäft/das Vorhaben, das Du im Begriff bist, zu machen, ist ein Glück; Es gibt Reichtum und Ehre, aber nur wenn Du den Rat eines weisen Mannes befolgst, wirst Du so erfolgreich sein."

Kreuz Dame

- Fruchtstempel und Pollenfäden 15
- Geißblatt 5
- Monatsrose 13

"Du wirst eifrig die Gesellschaft von jemandem suchen/ den Kontakt zu jemanden suchen; Entscheidungen fallen schwer. Achtung: Dir droht Ärger durch Eigensinn."

Kreuz Bube

- Federnelke 20
- Gauchheil 12
- Mondblumen- Samen 14

"Wie auch immer Deine Lage jetzt ist, nur nach vielen Mühen und indem Du Deinen Verstand einsetzt und klug bist, wirst Du in der Lage sein, Dein Ziel zu erreichen."

Kreuz 10

- Ananas 5
- Dornmelde 6
- Tabakpflanze 20

"In diesem Moment oder in dieser Situation sind Mut und Geistesgegenwart gefragt.

Kreuz 9

- Lebermoos 12
- Christrose (Nieswurz) 20
- Klee (rot) 13

"Diese Karte sagt Dir mehrere Katastrophen inmitten eines bestimmten Erfolgs voraus: Du wirst auf Deine Kosten lernen, dass das Glück nicht immer konstant ist."

Kreuz 8

- Fruchtstempel und Pollenfäden 15

"Sicherlich wirst Du vom ersten Moment Deiner Ehe an, Deiner Beziehung oder Verbindung wissen, was Du tun musst, um das Glück zu erhalten. Aber achte darauf, dass es Dir an diesen Qualitäten nicht mangelt und achte darauf, dass Du immer tust, was Du tun musst."

Kreuz 7

- Kastanie 4
- Trauerweide 8
- Chinesische Rose 7

"Diese Karte verspricht denjenigen mit Ehrgeiz, Disziplin und (etwas) Talent große Ehre, Erfolg und Ruhm."

Kreuz 6

- Eibe 7
- Sumach 13
- Geranien 15

"Leider wird sich nichts so entwickeln, wie Du es Dir erhoffst und wünschst; Derjenige, der sich selbst am meisten liebt, wird nur auf Kosten des anderen an sein Ziel kommen."

Kreuz 5

- Fruchtstempel und Pollenfäden 15
- Labkraut 16
- Lindenblüte 3

"Die Tat / die Pläne, an die Du denkst, sind feige, Du wirst nur Scham und Reue empfinden; Beeile Dich jetzt nicht, wenn noch genug Zeit ist. Spiele kein falsches Spiel."

Kreuz 4

- Levkoje (rot) 13
- Mittagsblume 7
- Kakaoblüte 4

"Du wirst durch diese Karte gewarnt, dass Deine Entscheidung nicht zu Deinem Charakter passt."

Kreuz 3

- Flieder (weiß) 15
- Trauerweide 8
- Seifenkraut 10

"Diese Karte ist vollkommen gut, bald wird es freudige Zeiten geben."

Kreuz 2

- Hafer 18
- Zedrachbaum 16
- Nelke 19

"Deine Fähigkeiten oder Talente Deiner selbst werden Dich in die Lage versetzen, ein beträchtliches oder großes Vermögen zu machen."

Kreuz Ass

- Gallert-Zitter-Pilz 11
- Gänseblümchen 3
- Glockenblume 5

"Diese Karte zeigt den vollen Erfolg an; Aber Du wirst gegen jemanden kämpfen müssen, der Dir gegenüber missgünstig ist, und wenn Du nicht aufpasst und wenn Du nicht versuchst, Dich von diesem fernzuhalten ist Dein Erfolg in Gefahr."

Die Herz Karten

Herz König

- Maiglöckchen 5
- Malve 19
- Zweig eines Kirschbaums 14

"Diese Karte versichert der Hauptperson unerwartetes Glück, aber nur, wenn sie das Verhalten und den Rat eines guten und ehrlichen Menschen befolgt."

Herz Dame

- Zistrose 8
- Mohn 18
- Flieder 20

"Diese Karte zeigt den Konflikt eines jungen Menschen entweder einer leichtfertigen Gesellschaft zu folgen oder mit Menschen voller Weisheit zusammen zu sein."

Herz Bube

- Fuchsia 7
- Wasserlinsen 6
- Unkraut 19

"In dieser Karte steckt Angst und Zuversicht; Eine Person wird kann durchaus das Herz ihrer Liebe verlieren; sie wird wissen, wie sie ihren Rivalen erkennen kann; Jemand wird alles andere im Überfluss haben, wird aber kaum die Liebe des anderen bekommen."

Herz 10

- Veilchen 16
- Flieder 20
- Mai Rose 14

"Es gibt zwei große Schwierigkeiten, um die gesuchte Person zu finden: Gefalle der Mutter und der Tochter. (Schließlich ist es notwendig, die Familie und die nahestehenden Personen zufrieden zu stellen, wenn man mit dem richtigen Menschen zusammen ist)."

Herz 9

- Flieder (weiß) 15
- Aronstab 14
- Strohblume, ewige Blume 7

"Diese Karte ist das Symbol für wahre Verdienste und Stärke;
Auf keinen Fall kann es sich um eine negative Karte handeln.
Es gibt immer einen positiven Einfluss, der von dieser Karte auf
die Situation ausgeht."

Herz 8

- Seidelbast 9
- Orchidee 15

"Diese Karte zeigt die Distanz, das Fortgehen oder den Verlust
einer Person, die Dir in der Vergangenheit geschadet hat."

Herz 7

- Dahlie 6
- Winde 1
- Schneeglöckchen 20

"Diese Karte ist sehr wichtig: Sie enthält die Botschaft, dass Du
die Kontrolle behalten und konzentriert bleiben musst und dass
Du mit Nachrichten, die Du erhalten wirst – egal ob gute oder
schlechte - diskret umgehen solltest."

Herz 6

- Efeu 4
- Rose 14
- Salbei 4

"Diese Karte sagt unerwartete und seltsame Momente voraus,
Situationen, die unerwarteten Handlungen erfordern, die aber

Erfolg und Reichtum schaffen. Eine junge Person (laut Originalanleitung eine Frau) wird finden, was sie braucht."

Herz 5

- Germer 4
- Isländisches Moos 19
- Sauerampfer 8

In der Originalanleitung lautet der Satz: „Sei vorsichtig, wem Du vertraust und was Du repräsentierst; Jeder, der die Interessen seines Königs, eines Volkes, eines Landes und sogar einer Religion vertritt, droht verraten zu werden, von demjenigen, dem er treu ist." – Wenn Du zu stark die Interessen des Falschen vertritts und zu wenig Deinen eigenen Interessen wahrst, wirst Du von selbst von anderer Person verraten."

Herz 4

- Färberdistel 9
- Teichkraut 6
- Papyrus 1

"Die Karte ist als eine Warnung zu verstehen: leider erzählt diese Karte jemandem von scheinbar endlosen Qualen und tiefer Reue."

Herz 3

- Holunder 12
- Zypergras 1
- Lorbeer 2

"Diese Karte kündigt einem genialen Menschen die Möglichkeit an, in naher Zukunft zu glänzen, und wenn Feinde in der Nähe sind, werden sie bald verschwunden sein."

Herz 2

- Blasentang 17
- Veilchen 16
- Hyazinthe 19

"Diese Karte begünstigt den guten und ehrlichen Menschen; aber wehe ihm, wenn seine große Stellung ihn die Gerechtigkeit vergessen lässt: denn dann sagt ihm diese Karte einen schrecklichen Untergang voraus."

Herz Ass

- Buchsbaum 11
- Bananenstaude 8
- Rosenknospe 14

"Wenn Du nicht in der Lage bist, zu erkennen, wer die Menschen sind, mit denen Du Zeit verbringst, wirst Du Fehler machen, die Dir in Zukunft schaden werden."

Die Karo Karten

Karo König

- Orangenbaum mit Blüten und Früchten 14
- Seerose 14
- Rittersporn 6

"Du wirst Geschenke oder Dienstleistungen erhalten, die dem entsprechen, was Du gerade brauchst."

Karo Dame

- Brennnessel (schwarz) 16
- Ruprechts Kraut 15
- Rohrkolben 14

"Diese Karte ist eine böse Karte. Sie erzählt von Neid und Rache, die ihre Wurzeln in purer Bosheit & Missgunst haben."

Karo Bube

- Fingerhut 16
- Balsam 19
- Glockenrebe 2

"Diese Karte zeigt den Triumph der Taktik und des Geschicks an, unterstützt durch eine Art mächtigen Schutz."

Karo 10

- Borretsch 3
- Nelke (rot) 14
- Tulpe 17

"Manche Behauptung wird aus schlechter Absicht heraus gemacht; Wenn Du jedoch auf kluge und ehrliche Ratschläge hörst, kannst Du immer noch erfolgreich sein."

Karo 9

- Färberdistel 9
- Winde 1
- Nadelbaum, Konifere 6

"Nur mit viel Sorgfalt, Aufmerksamkeit und Mut wirst Du die Herausforderungen einer schwierigen Reise bestehen."

Karo 8

- Chrysantheme 12
- Gladiole 14
- Silphie 19

"Nur mit Deinen Talenten und Deinen körperlichen Vorteilen wirst Du es schaffen, Deine Position zu verändern und die Situation somit zu verbessern."

Karo 7

- Johanniskraut 19
- Seifenbaum 17
- Nieswurz 14

"Wehe denen, die diese Karte nicht von sich nehmen können (auf den diese Karten fällt): sie kündigt Elend oder die schrecklichsten Rückschläge an."

Karo 6

- Rhododendron 12
- Walderdbeere 12
- Heidekraut 20

"Wenn Du nicht völlig korrupt bist und wenn Du einen guten Charakter und Anstand hast, dann distanziere Dich von den falschen Leuten, mit denen Du Zeit verbringst, denn ihr Leben ist berüchtigt / ohne Ehre."

Karo 5

- Klee 19
- Levkoje 13
- Paronychia 5

"Diese Karte ist eine wichtige Lektion für rücksichtslose Menschen, die ihr Ziel nie erreichen werden."

Karo 4

- Brennnessel 4
- Moos 16
- Judasbaum 11

"Lass Dich nicht von Schwierigkeiten entmutigen: Bald wirst Du das Ziel Deiner Wünsche erreichen."

Karo 3

- Efeu 7
- Flieder 20
- Rosmarin 14

"Deine schmerzhaften Erinnerungen werden lange bleiben: Diese Karte ist das Symbol des Leidens."

Karo 2

- Enzian 19
- Veilchen (hell) 3
- Butterblume 15

"Während Du nur darauf wartest, dass die glückliche Zukunft kommt und Du immer noch hoffst, wirst Du bitterlich um ein verblichenes Glück weinen, das Du nicht erkannt hast."

Karo Ass

- Schilfrohr 13
- Blutweiderich 15
- Eine Rose 14

"Diese Karte zeigt die Notwendigkeit, Dich vor der Indiskretion der Menschen um Dich herum zu warnen."

Die Pik Karten

Pik König

- Tulpe 17
- Zedrachbaum 16
- Blumenrohr 20

"Wenn diese Karte von einer Mehrheit positiver Karten umgeben ist, werden die schrecklichen Ängste, die durch die Karte angezeigt werden, in kurzer Zeit vergehen."

Pik Dame

- Spargel 6
- Farn 3
- Akazie 18

"Der Schmerz, den diese Karte andeutet, wird kaum ausgelöscht werden; Man darf jedoch nicht den Glauben an besseren Zeiten verlieren, denn die Hilfe dieser Einstellung ist unter diesen Umständen die einzig wirksame."

Pik Bube

- Veronika 19
- Levkoje 13
- Immergrün 1

"Diese Karte ist gut für jeden, der Unrecht erlitten hat, da sie darauf hinweist, dass es irgendwann Hilfe und Schutz geben wird."

Pik 10

- Steinbrech 6
- Berberitze 5
- Gutti Baum (Ficus) 19

"Bring alles in Ordnung: Dein Haus, Dein Leben... Bring Ordnung in Deine Angelegenheiten, und durch die Ausdauer, Disziplin und Konsequenz, die Du in Deine Handlungen steckst, wirst Du in der Lage sein, den „Dieb" aufzuspüren, der Dich verfolgt."

Pik 9

- Weidenröschen 6
- Zentifolie (Rose) 9
- Kornblumen 20

"Nach einer Zeit des Leidens und der schrecklichen Ungewissheit über das Schicksal, das Dich erwartet, wenn Reue Deinen Geist gequält hat, wird Deine Seele schließlich wiederhergestellt und geheilt sein."

Pik 8

- Wilde Orchidee 9
- Raps 1
- Distel 10

"Das ist eine traurige Karte sowohl für die Starken als auch für die Schwachen: Wer heute triumphiert, wird bald besiegt sein."

Pik 7

- Hafer 13
- Pfingstrose 7
- Heckenrose 11

"Diese Karte zeigt eine starke Verbindung, ein wahres Versprechen an und sie ist das traditionelle Zeichen des Heiratsantrags."

Pik 6

- Strauch 1
- Mohn 18
- Nadelbaum, Konifere 6

"Diese Karte ist eine Warnung. Du kannst Opfer eines böswilligen Spiels werden. Der Jupiter Talisman, den die Karte empfiehlt zu besitzen, kann allein diesen Verlust verhindern."

Pik 5

- Nelke (gelb) 2
- Himbeere 2
- Kalmus 3

"Diese Karte zeigt, wenn sie zusammen mit anderen positiven Karten in der Legung auftaucht, eine Art besonderen Erfolg und Ansehen an – sie war einst das Zeichen der angesehenen Männer der Wissenschaft, der Schriftsteller, der Gelehrten und der Ärzte."

Pik 4

- Sedum 10
- Sonnenblume 16
- Baumwolle 12

"Das ist ein Symbol für Fallen, die Dir gestellt werden. Es gibt Menschen und Situationen, denen man nicht genug misstrauen kann."

Pik 3

- Ried 1
- Wolfsmilch 11
- Lorbeer 2

"Die Person, die von dieser Karte verfolgt wird (die mit dieser Karte in Verbindung kommt), muss mit den Situationen im Leben vorsichtig umgehen.

Pik 2

- Hauswurz 13
- Johannisbeere 4
- Brombeere 14

"Ein Gewitter zieht auf, Du könntest ein Opfer werden, wenn Du nicht aufpasst."

Pik Ass

- Paronychia 5
- Bärlauch 7
- Erbsen 11

"Diese Karte, die schlechte Leidenschaften repräsentiert, sagt eine Situation mit möglicherweise katastrophalem Ausgang voraus. Sei vorsichtig."

KAPITEL VII

Die Stimmen der Tiere

(die Probe, um die Aphorismen der Blumen zu belegen)

Das Orakel der Tiere

Die Tabelle der Tiere, Reptilien, Insekten und Vögel

Die Orakel der Tiere

Eine Legung zur Ergänzung der Aphorismen der Blumen.

Es ist kein Geheimnis, dass Mlle. Lenormand nur allzu gerne allein von der Tatsache des Lieblingstieres einer Person Rückschlüsse auf die Persönlichkeit eines Menschen zog und auch aufgrund der Tatsache, welches Tier von einer Person weniger bevorzugt wurde. So bildet dieser Teil des Großen Spiels erneut eine nachweisliche Brücke zu den Methoden der Mlle. Lenormand.

Für diese Legung benötigst Du sechsundzwanzig Kartenstapel oder Positionen, die sechsundzwanzig verschiedene „Persönlichkeiten" darstellen und die ebenso in Verbindung zu diversen Tieren, Reptilien, Insekten und Vögeln stehen.

Du mischst die Karten, hebst sie ab und legst eine nach der anderen in sechsundzwanzig Positionen aus, beginnend bei Karte 1 bis Karte 26.

Du musst diesen Schritt wiederholen, bis alle Karten verteilt sind und die letzte Karte, die in Deiner Hand verbleibt, ist dafür vorgesehen, später an die Position gelegt zu werden, auf der sich die Karte der Hauptperson befinden wird.

HINWEIS beachte immer abhängig von der Situation, dass mindestens die Karte einer der Hauptpersonen im Spiel gelassen werden muss. Wenn beide Karten der Hauptperson benötigt werden, bleiben zwei Karten nach der Verteilung in Deiner Hand zurück: eine wäre für den Stapel mit der Personenkarte des Fragestellers und die andere für den Stapel der anderen Personenkarte.

Mit der folgenden Abbildung auf Seite 402 siehst Du die Verteilung der Karten, gefolgt von der Erläuterung der einzelnen Positionen.

HINWEIS Du kannst diesmal dieser Auslage der Karten auch eine andere Form geben. Das Beispiel ist nicht bindend. Diesmal bist Du frei in der Entscheidung, wie Du die Karten positionieren möchtest. Laut Originalanleitung wurden die Karten in drei Reihen ausgelegt: in zwei Reihen zu je 9 Karten und in einer Reihe zu 8 Karten.

Meine Verteilung der Karten ist diese:

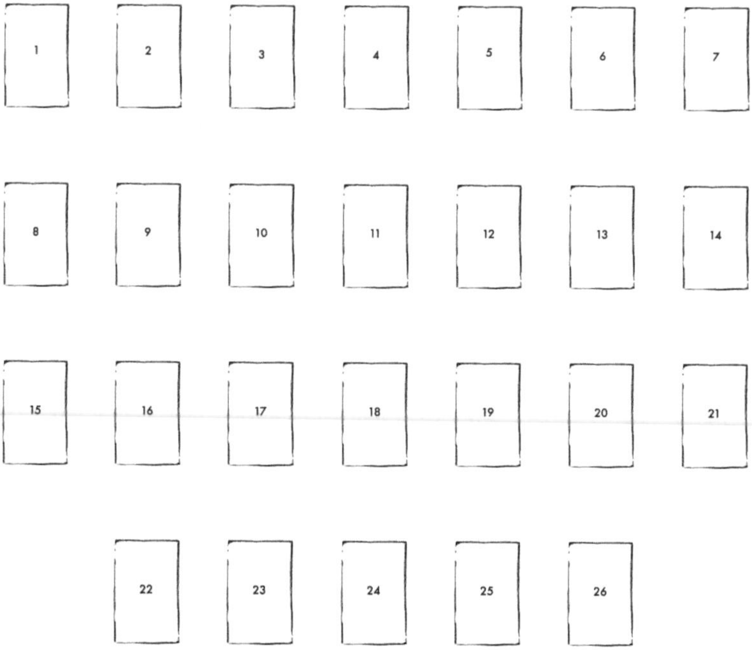

1	2	3	4	5	6	7

8	9	10	11	12	13	14

15	16	17	18	19	20	21

22	23	24	25	26

Erklärung der 26 Positionen & „Persönlichkeiten"

1. Der Neugierige Ein neugieriger Charakter, ausdauernd, unersättlich, immer bereit, zu feilschen; für diesen Menschen sind selbst minimale Ausgaben immer zu viel, insbesondere für schlechte oder gebrauchte Dinge. Diese Person ist wenig großzügig, und gibt einer Person nicht immer, was ihr rechtmäßig zusteht, achtet aber sehr darauf, dass er selbst bekommt, was ihm zusteht. Handelt es sich um Geld, hält er es zurück und zahlt es erst im letzten Moment, auch gibt er es nur in Teilen zurück. Er behält es zum eigenen Vorteil ein; es fehlt dieser Person niemals das Geld für eigene Belange, diese haben immer Priorität; Und falls die Person die Verantwortung über sich mal an andere übergibt, ist sie geschickt darin, den anderen „Fallen" zu stellen, um sich somit von der Loyalität der anderen zu überzeugen.

2. Der Unentschlossene Ein unentschlossener Charakter, vage, besorgt, ordentlich, sogar streng mit sich selbst und mit wenig Kenntnis über andere oder das Leben an sich. Solch eine Person hat oft Angst, sich bloßzustellen und fragt aber immer alle um Rat, während sie jedoch eher die Pläne umsetzen sollte. Diese Person beginnt mit etwas, dann wird mittendrin aufgehört, unzufrieden mit dem, was bisher erreicht wurde, und somit wird vorgezogen, eher mit weniger zu leben oder sich mit weniger zufriedenzugeben, als sich auf etwas Neues einzulassen oder konsequent an einer Sache zu bleiben. Schließlich muss man diese Person eher drängen, etwas zu tun, und sie wird zwar wieder von vorne anfangen, aber wird nie fertig werden. Doch Sanftmut beherrscht diese Person; sie isoliert sich oft und versteckt sich, um niemanden zu sehen.

3. Der Launische Diese Person ist von reizbarem, aufbrausendem, launischen, neugierigem Charakter. Dieser Mensch nimmt die unschuldigsten und harmlosesten Dinge und verdreht sie ins Böse. Diese Person kann nicht sprechen, ohne die Menschen um sie herum zu verletzen oder mit Aussagen zu schockieren; niemals stimmt diese Person den Bedürfnissen, Meinungen oder Aussagen anderer zu. Ihre Ansichten sind oft ketzerisch gegenüber anderen. Diese Person ist oftmals sehr abergläubisch und neigt dazu an übernatürliche Kräfte und Wesen zu glauben; wenn die Person z.B. einen schlechten Traum hatte, ist dieser ein Anzeichen, dass die Leute schlecht über sie reden werden, dass andere ihren Frieden, ihren Ruf oder ihre Zuverlässigkeit gefährden werden.

4. Der Listige Die Person gibt sich edel, ist aber auch listig, und verbindet sich schnell mit anderen. Eine große Leichtigkeit des Ausdrucks zeichnet diese Persönlichkeit aus. Dieser Mensch hat das Talent zu überzeugen, ist aber von Eigeninteresse getrieben. Dieser Mensch ist hartnäckig, ausdauernd, er wird erst umgänglich bei denen Menschen, die er braucht. Er ist voller Eifer, schmeichelt mit Geschick, weiß sein Inneres zu verstecken, wenn es nötig ist. Er interessiert sich für vieles und das gibt ihm ein großes Wissen. Diese Person wird immer die Angelegenheiten anderer Leute mit Erfolg aber auch zu seinem eigenen Vorteil erledigen.

5. Der Eigennützige Diese Person ist geschickt und „mitfühlend" zu allen. Dieser Mensch lobt sich gerne selbst, redet aber viel über die schlechten Eigenschaften der anderen Menschen, Auch lobt diese Person schnell viele über Maßen, zumindest wenn sie diese Menschen kennenlernt, doch dann kümmert sich diese Person schnell wieder um die eigenen Belange. Diese Person zeigt sich engagiert und gibt sich viel Mühe, aber nur dann, wenn es beachtet und von anderen gesehen wird, ansonsten ist die Person eher zurückhaltend, apathisch, unnahbar und sehr akribisch. Wenn ein Mensch ohne Sorgen und ohne Argwohn ist, neigt diese Person zu negativen und betrügerischen bzw. nicht aufrichtigem Verhalten,

6. Der Abfällige Diese Person ist sehr elegant. Diese Person hat oft weibliche Züge oder ist eher femininer Art. Zudem wird diese Person durch gewisse negative Eigenheiten charakterisiert: ohne Stil, kein Blick für die Ästhetik, ohne Anstand. Diese Person macht nichts, von dem sie glaubt, dass es ihr Ansehen nicht stärkt; spricht mit Nachdruck und Selbstgefälligkeit über die Dienste, die sie geleistet hat, auch spricht sie so über ihre Beziehungen. Diese Person verachtet diejenigen mit höherem Rang, in höheren Positionen und Jobs und sie ist dafür bekannt, sich über Menschen lustig zu machen, denen sie sich überlegen fühlt. Mit einem Wort, diese Person tut ohne schlechtes Gewissen alles, was man von jemanden mit einem Mangel an Empathie und Anstand erwarten kann.

7. Der Maßlose Ein dunkler Charakter, schweigsam, bedrohlich und wenn er wütend ist, zeigt er sich gemein und manchmal sogar brutal. Er hasst Arbeit und Pflichten, lebt lieber die Momente des Vergnügens voller Ausschweifungen und Maßlosigkeit. Er kennt keine Grenzen und setzt sich somit allem aus, auch Situationen, die zu Rechtsstreitigkeiten führen nimmt er in Kauf, ohne Rücksicht auf das Gesetzt und das Maß. Alles nur, um die eigenen Bedürfnisse zu befriedigen; Mit einem Wort, es verstößt gegen alle Regeln, sei es die der Menschen oder auch der geistigen Welt.

8. Der Gutmütige Diese Persönlichkeit zeigt viel Güte, Zärtlichkeit, und hat Sympathien für nahezu alles und jeden. Die Liebe zur Familie, elterliche und fürsorgliche Gefühle sind wichtig. Die Erziehung und Einstellung sind fromm und sanftmütig, diese Person handelt immer mit Weisheit und gesundem Urteilsvermögen; sie versteht es, sich selbstlos zu zeigen, eigene Interessen hintenanzustellen und auf den eigenen Vorteil zu verzichten, um jedem, der sie umgibt, zu gefallen. Diese Person ist treu und hingebungsvoll, und ihre Anhänglichkeit oder Verbundenheit ist aufrichtig und dauerhaft.

9. Der Nüchterne Eine Person nüchterner, friedlicher, keuscher, liberaler und guter Natur; aber manchmal zeigt sie dennoch eine aggressive, zornige, gewalttätige Seite. Insbesondere dann, wenn man ihr widerspricht, oder wenn sie verspottet wird, rebelliert diese Person und lässt sich nur ungern zurückhalten. Wenn sie zutiefst beleidigt wird, wird sie rachsüchtig und kämpft für sich bis zum Ende.

10. Der Empathielose Wenn diese Person untätig ist, ist sie sehr in Gedanken versunken, abwesend, ohne Fassung: in den Blicken dieser Person oder in ihren Bewegungen erkennt man etwas Wildes, Unbeherrschtes, Unkontrolliertes. Auch etwas Falsches, nicht unbedingt Authentisches. Aber wenn dieser Charakter seinen Neigungen nachgibt, zeigt er sich kühl, unverschämt, verleumderisch. Für die schändlichsten Taten empfindet dieser Charakter kein schlechtes oder moralisches Gewissen. Die Originalanleitung war hier sehr hart in den Worten und beschreibt jene Person als blutrünstig, grausam, barbarisch, sein Charakter führt ihn ins Verderben, zum Mord.

11. Der Selbstverliebte Eine viel beschäftigte Person, tätig, mühsam, aber voll Eitelkeit und Eigenliebe. Man bemerkt schnell an ihr ein wildes Verlangen vor anderen zu glänzen und sich hervorzuheben. Da die Person aber im Grunde keine Fähigkeit hat, so folgt daraus unvermeidlich, dass sie in allen ihren Handlungen und in allen ihren Unternehmungen große Fehler begeht. Ihr Übermaß an Eigenliebe und die hohe Meinung, die sie von ihrer eigenen Person hat, lassen sie nicht die wahren Gründe akzeptieren, weshalb ihr das ein oder andere zuteilwird. Da diese Person sich besser macht als sie wirklich ist, wird vieles als Unrecht empfunden. Den Rat, nur nach eigenen Fähigkeiten zu handeln, und sich nicht zu weit aus dem Fenster zu lehnen, lehnt sie ab. Andere sehen sich oft gezwungen, sich von dieser Person aufgrund der Dummheit und der lächerlichen Eitelkeit, des Hochmuts abzuwenden.

12. Der Selbstgerechte Ein hartes, kühles Herz, das Gleichgültigkeit und Selbstsucht unter dem Schein der Ergebenheit oder des Wohlwollens gegenüber seinen Mitmenschen verbirgt und nur Gutes tut, um damit zu prahlen. Insgeheim ist jener Charakter aber betrübt, dass er nicht besser zu sein scheint. Komplimente und gute Worte kommen über die Lippen, aber gefühlt wird nur Ablehnung und manchmal auch nur Verachtung der anderen Person gegenüber. Wenn jemand von einem unglücklichen Ereignis erzählt, das einer aufrichtigen Familie oder Person widerfahren ist und diese nahezu ruiniert hat, ist diese Person nicht gerührt. Manchmal sagt diese Person sogar, dass diese Menschen wahrscheinlich das Schicksal selbst verursacht und aufgrund ihres Verhaltens verdient hätten.

13. Der Hinterlistige Eine selbstgerechte und auch hinterlistige Person. Niemand erkennt die Absichten ihrer Handlungen oder den Sinn ihrer Worte. Dieser Mensch hat die Gabe, die wahren Gefühle und Absichten zu verstecken, und sie den Umständen entsprechend zu lenken. Wenn diese Person jemanden erzürnt, fragt sie ihn mit affektierter, künstlicher Art, wie es ihm geht und ob er mit Verlauf der Dinge und seiner Situation zufrieden ist. Dieser Mensch zeigt sich mit heuchlerischem Interesse, um somit zu demjenigen eine Verbundenheit aufzubauen, während er aber im Hintergrund gegen den anderen taktiert, um mitunter Verlust und das Scheitern der anderen Person herbeizuführen. Hier wird eine Persönlichkeit gezeigt, die eifersüchtig ist und wenn sie sich etwas wünscht zu haben, weiß sie genau, welchen Preis dies hat, und ist bereit diesen auch zu zahlen. Diese Person weiß auch, wie sie andere veranlassen kann, etwas zu tun, das zum Erfolg der eigenen Pläne führt.

14. Der Liebevolle Eine sanfte Person, spirituell, freundlich und herzlich, das Gesicht zeigt den Ausdruck der Güte, die im Herz ist. Die Ausdrucksweise und die Konversationen dieser Person sind anmutig, humorvoll, charmant, vertraut und respektvoll zugleich. Die Person ist feinfühlig in ihrem Umgang mit anderen, erkennt schnell, was jemand braucht, und diese

Person ist immer bereit, vorwärtszugehen. Ihre Anmut und Leichtigkeit lassen auf eine gute Erziehung zurückführen und auf ein Umfeld und dem Umgang mit ehrlichen Menschen.

15. Der Zielstrebige Ein edler Charakter mit einer ernsthaften und nachdenklichen Seite. Meistens ist er in Gedanken mit dem Planen und Ausarbeiten eines Vorhabens, oder der Ausführung eines solchem beschäftigt. Wenn dieser Mensch ein großes Ziel verfolgt, tut er alles dafür, prüft sein Vorhaben, und lässt es sein Umfeld wissen, als wolle er von den Menschen, die ihm zuhörten, verstanden und bewundert werden. Er sucht Bestätigung. Aber nach einem festen Entschluss kommt manchmal der ein oder andere Gedanke der Furcht auf, so hält dieser Mensch einen Augenblick inne und zögert; eine dunkle Wolke überschattet seinen Eifer und Tatendrang. Doch dann nimmt er all seinen Mut, seine Furchtlosigkeit und den Ehrgeiz, der ihn antreibt, erneut in die Hand und macht weiter. In ihm steckt alles, was er zum Erfolg braucht, er geht durch tausend Gefahren, er überwindet alle Hindernisse, und er hört erst nach einem Sturz, dem totalen Scheitern, der realistischen Aussichtslosigkeit oder nach einem vollständigen Triumph auf.

16. Der Tugendhafte Eine niedliche Person, zart & fein. Die Güte ist vorbildlich, dieser Charakter ist harmlos und einfach, bescheiden, diskret und loyal, überhaupt nicht negativ. Diese Person gehorcht ohne Widerstand und weicht nie von den Pflichten ab. Ihr Gesicht ist Ausdruck der Gelassenheit und drückt Sanftmut und Wohlwollen aus. Wenn man diese Person um einen Gefallen bittet, ist sie immer bereit, dieser Bitte nachzugehen. Sie ist freundlich und heiter im Miteinander, In ihr herrscht eine wahre Bindung zu sich selbst und somit ist diese Bindung auch mit anderen möglich.

17. Der Unhöfliche Ein inkonsequenter Charakter, von sich eingenommen, ohne zu merken, dass er für andere unangenehm, ermüdend oder lästig sein kann. Dieser Mensch zeigt in der Öffentlichkeit kein Benehmen, zögert nicht zu

sagen, was nicht gesagt werden sollte; fällt den Menschen, mit denen er spricht, einfach ins Wort. In einer Konversation, die über ein Thema ist, das ihn nicht interessiert, aber die anderen, will er dennoch die gesamte Aufmerksamkeit haben. Ein ungeduldiger Mensch, der seine Unhöflichkeiten kennt, aber er hält dennoch nicht inne: zum Beispiel weckt er diejenigen, die schlafen, nur da er schon wach ist oder er bleibt ungebeten bei anderen. Ein ungebetener Gast.

18. Der Sarkastische Eine manchmal unangenehme, bissige, sarkastische Person. Sie hat zwar alle Eigenschaften eines guten Spaßvogels und Humor, scherzt von Zeit zu Zeit, benimmt sich dabei jedoch eher unreif. Wenn sie verschmitzt lächelt, ist das ein Zeichen dafür, dass sie im Begriff ist, einen Witz zu erzählen, oft ein Witz auf Kosten anderer. Dennoch zeigt diese Person ein edles Gemüt und verteilt sich, um liebenswürdig zu sein oder für andere als solches zu erscheinen. Diese Person beklagt sich aber nie bei anderen über die eigenen Sorgen oder Probleme.

19. Der Misstrauische Eine misstrauische, träge, eifersüchtige, trotzige Person, aber dennoch mit einer zärtlichen, leidenschaftlichen Seite. Dieser Mensch liebt es, sich selbst an abgelegenen Orten zu verlieren. Manchmal bevorzugt er zwar ein tête à tête mit jemanden, aber ist auch sehr gerne für sich allein. Diese Person vergisst sich selbst in poetischen Träumereien und anderen Tagträumen. Dieser Charakter liebt sentimentale & philosophische Gespräche. Sein Blick drückt leider oft Trägheit, Zweifel und Unsicherheit aus. Weitgehend geht das Leben dieser Person ohne großen Tatendrang oder Ambitionen voran, und ohne, dass sie daran denkt, sich einen Namen zu machen oder eine sichere Zukunft zu schaffen.

20. Der Unkonzentrierte Diese Person spricht gerne von dem einen und dann von dem anderen. Und sie vergisst schnell, da sie unkonzentriert scheint, z.B. geht in ein Zimmer und sucht nach einem Gegenstand, den sie braucht, verlässt das Zimmer wieder, aber ohne das Gesuchte gefunden zu haben oder ohne dies zu nehmen, da sie sich nicht wirklich daran erinnern konnte, was sie eigentlich wollte. Sodann behauptet sie aber, sich sicher zu sein, dass der Gegenstand nicht dort zu finden war. Sie kennt ihre Vergesslichkeit. Spricht mit Freunden über etwas und unterbricht sich oft selbst, um dann über etwas anderes zu sprechen. Auch entschuldigt sich diese Person lieber, wenn sie erneut etwas nachfragen muss, anstatt sich einmal richtig zu konzentrieren. Schnell gibt dieser Mensch auf mit dem, was sie tut.

21. Der Bescheidene Diese Person hat zwar einen positiven Charakter, handelt aber dennoch oft rücksichtslos, aber im Maße. Diese Person ist nüchternen Verstandes, lebt von wenig, ist weder gütig noch galant und beschäftigt sich nur mit nützlichen Dingen oder Themen oder Wissenschaften, wie z. B. Mathematik, Architektur, Mechanik. Dieser Mensch liebt es, zu bauen, zu erschaffen, die Welt zu verbessern. Mit einem aufmerksamen und wissbegierigen Geist ist ihm das Talent gegeben, etwas zu schaffen, und man erkennt immer die Sorgfalt, die genaue Methode und Symmetrie in allem, was er tut.

22. Der Gewöhnliche Dieser Character hat einen gewöhnlichen Geschmack, ist ordinär in seinen Manieren, ohne Struktur. Er trägt keine Sorge um sich selbst: lebt ungesund, gönnt sich zu viel ungesundes Essen, genießt die Nachlässigkeit im Leben und die lockere Gesellschaft. Diese Person denkt nicht an das Morgen und tut Dinge mit zweideutiger Moralvorstellung. Dieser Mensch erscheint unsensibel, und auch ein wenig hasserfüllt; er ist von niedriger Intelligenz, undankbar und ohne Rücksicht auf die Menschen, auf die er verzichten kann.

23. Der Treulose Diese Person bringt einen zum Staunen, denn so gedankenlos und wankelmütig sie ist, so, kämpferisch, selbstsüchtig, und geschickt verführerisch kann sie auch sein. Tyrannisch gegenüber Unterlegenen und sie neigt zur Untreue. Diese Person liebt es verschwenderisch zu sein, liebt das

Vergnügungen und Begegnungen, sofern diese nur in guter Gesellschaft und unterhaltend sind. Zusammenkünfte, bei denen man im Übermaß und ohne Verlegenheit trinkt und isst und ausgelassen feiert. Jede Feierlichkeit, ganz gleich ob als Gast oder Gastgeberund bereichert diese Person mit Anmut, Freizügigkeit und gutem Geschmack. Diese Person mag nichts Ernstes, Verbindliches. Eine launische Person, die wenn sie mag, sich plötzlich sehr freundlich, höflich und entgegenkommend gibt und sodann auch macht, was von ihr verlangt wird.

24. Der Künstlerische Eine heitere, aufgeschlossene Person, etwas anzüglich und sie verführt gekonnt mit ihren Umgangsformen und der Sprache. Sie weiß es, korrekt aufzutreten und sich zu artikulieren. Diese Person liebt nichts mehr als die eigene Freiheit. Das Leben dieser Person spielt sich mit dem Vergnügen und den Künsten ab, wie Musik, Poesie und Theater. Dieser Mensch besitzt Leichtigkeit und Anmut; aber indem er diese Vorteile missbraucht, ist er meistens unbeständig und wankelmütig, ohne Rücksicht auf den Schaden, den er manchmal dadurch verursacht. Ist einmal eine Grenze für diese Person erreicht oder liebt sie jemanden nicht mehr, hat das Weinen oder Betteln keine Wirkung mehr auf sie. Die Entscheidung ist sodann gefällt.

25. Der Einfache Eine manchmal leider unfähige Person, langsam, ohne jegliche Fantasie oder Vorstellungsvermögen. Es gibt nur das, was man ihr sagt, oder was sie sieht. Eine Person ohne Bosheit, ohne Willen. Sie ist nicht unverschämt, auch nicht kühn. Ihr fehlt es an Klugheit und Stärke, sie fügt sich leicht ein. Wenn man sie jedoch zu sehr führen will, wird sie stur, hartnäckig, und wenn man ihren einfachen Prinzipien widerspricht, vergisst sie sich selbst: Diese Person überwindet im Extremfall alle Hindernisse, und nichts kann sie zurückhalten.

26. Der Heldenhafte Dieser Charakter ist fleißig bei der Arbeit und gehorcht bereitwillig jedem, dabei nutzen andere oftmals diese Schwäche zu sehr aus. Trotz Eitelkeit und viel Eigenliebe, ist diese Person dennoch empfänglich für Abhängigkeiten. Dieser Mensch liebt das kulturelle Leben; die Unterhaltung, Musik, Luxus, große Meetings, und Veranstaltungen, insbesondere wenn er bei denen seine Stärke, sein Können und sich selbst zeigen und unter Beweis stellen kann. In Herausforderungen und prekären Situationen erfreut sich diese Person am eigenen Mut. So jemand strebt danach, Ruhm zu erlangen, die Stimmen seiner Zeitgenossen für sich zu gewinnen und sich die Ehre der Nachwelt zu verdienen. Auch hier wurde die Originalanleitung in der Beschreibung sehr pathetisch: „Feurig und furchtlos würde sich diese Person opfern, wenn es nötig wäre, um die Hingabe und den Eifer bei der Erfüllung der Pflichten, die sie übernommen hatte, anderen besser zu demonstrieren."

Dies war die Erklärung der 26 Persönlichkeiten. Neben diesen Persönlichkeiten gibt es auch eine Auflistung der Tiere, die für diese Legung relevant sind (Seite 416). Allen Tieren, die Teil des Großen Spieles sind, wird in dieser Tabelle eine Zahl, ein Zahlenwert von 1 bis 26 zugewiesen. Und jede Zahl der sechsundzwanzig Positionen (Persönlichkeiten), die gerade erklärt wurden, entspricht immer der gleichen Zahl, die einem Tier zugeordnet wird: Die Persönlichkeit, die unter Position 1 erklärt wird, steht daher auch für jedes Tier, dem laut Tabelle die Zahl 1 zugeordnet wird.

Beispiel

Angenommen, der Fragesteller mag das Pferd und das Nilpferd nicht, so kannst Du anhand der Tabelle der Tiere sehen, dass das Pferd die Nummer 26 und das Nilpferd die Nummer 22 hat. Konzentriert auf diese Wahl des Fragestellers, verteilst Du nun erstmal die Karten wie zu Beginn des Kapitels genannt.

Ist dieser Schritt abgeschlossen, musst Du die Karten auf der Position 26 und die Karten auf der Position 22 umdrehen und unter anderem den Stapel suchen, in dem die Karte der Hauptperson vorhanden ist. Zur Karte der Hauptperson fügst Du nun die übrig gebliebene Karte hinzu.

Anhand der Position, auf der sich die Hauptperson befindet, beurteilst Du nun, ob die Persönlichkeit und die ihr zugeschriebenen Charaktereigenschaften dem Fragesteller überhaupt entsprechen können. Dies ergibt sich nun nicht nur daraus auf welcher Position die Hauptperson sich befindet, sondern vor allem auch daraus, ob die Karten, die zudem hier liegen, eine direkte Verbindung zu dieser Position haben; Wäre dies nicht der Fall, würde hier sehr wahrscheinlich der Charakter des Fragestellers nur vage angesprochen werden, ein Charakterzug würde hervorgehoben werden oder die Beschreibung würde sich sogar auf jemand anderen beziehen können, der in einer Angelegenheit eine wichtige Rolle spielt bzw. spielen wird.

Dann untersuchst Du den Stapel des Tieres, das die Hauptperson bevorzugt, was der eigentlichen Persönlichkeit des Fragestellers noch eine weitere Eigenschaft hinzufügt oder unter Umständen das Bild des Charakters abrundet. Dies ergibt sich immer dadurch, wenn die Karten, die hier auftauchen in einem sinnvollen oder direkten Zusammenhang mit der vorherigen Interpretation zur Hauptperson stehen.

Wenn die Karten zudem in ihrem Wert und der Aussage deutlich besser oder schlechter sind als die Aussagen der Karten des Kartenstapels der Hauptperson, so ist das zusätzlich ein Hinweis auf das Umfeld der Person. Nämlich, dass die Person einen Umgang mit eher guten oder eher schlechten Menschen pflegt.

Wenn zum Beispiel die Karten, die sich im Stapel des bevorzugten Tieres befinden, in ihrer Aussage positiver sind als die Aussage jener Karten bei der Hauptperson, dann deuten die Karten darauf hin, dass die Person Umgang mit Personen hat, die in irgendeiner Weise besser sind als die Hauptperson selbst.

Und die Karten sagen Dir sodann auch, ob diese Leute einen guten Einfluss auf die Hauptperson haben, ihr gut beistehen und loyal sind und auch, in welchem Verhältnis sie zur Hauptperson generell stehen.

Wenn die Karten negativer sind, wäre das nicht der Fall: Ein guter Einfluss wäre nicht gegeben, die Personen würden nicht im Interesse der Hauptperson agieren und sich ihr auch nicht wirklich verbunden fühlen.

Das Tier, das die Person nicht mag, und die Karten auf dessen Position bestätigt entweder die Aussage der Karten auf den ersten beiden Positionen, widerlegt oder relativiert diese, da sie den Fragesteller oft nicht beschreiben (denn die Person bevorzugt jenes Tier nicht). Dieses Tier hat somit auch eine wichtige Funktion.

Beispiel (nur theoretisch zur Erklärung)

Anfangs wurde genannt, dass das Tier, das der Fragesteller mag, das Pferd ist (26) und er das Nilpferd (22) leider nicht sehr mag.
Und die Position der Karte der Hauptperson ist in diesem Beispiel die Nummer 23, die Position der Tyrannei und Untreue.

Angenommen, die Karten, die sich hier befinden, deuten auf nichts hin, was die vorherige grundlegende Bedeutung widerlegt; sie deuten nur auf Stärke und Erhabenheit hin; das kann nichts anderes bedeuten, als dass der Fragesteller für seine Umgebung wichtig war, und dass er daher seine Willkür anderen gegenüber besser ausleben konnte. Was seine Untreue betrifft, so kannst Du hier noch nicht beurteilen, wem sie widerfahren kann und ob sie jemanden widerfahren ist, da

die Personenkarte in diesem Beispiel beide anderen Karten zu ihrer Linken hat. Um dies zu erkennen, müssten die Karten sich rechts befinden. Denn, erinnere Dich, die Karten zur Linken der Personenkarte nennen nur Tatsachen über die Person selbst.

Was die Karten des Stapels der Nummer 26 betrifft, die Nummer des Tieres, das er mag, so sind die beiden Karten, die hier auftauchen, harmlos in ihrer Wirkung und widersprechen der Aussage in Bezug auf den Charakter der Person nicht. Du kannst die Aussage der Karten der Person hinzufügen und Du siehst, dass der Fragesteller einen mutigen, tapferen Charakter hat und dass er es versteht, sich diesem in wichtigen Situationen nützlich zu machen. Über sein Umfeld, dass er hat, kann man sagen, dass dieses ihm unterlegen ist, er beherrscht es und übt seinen Druck auf es auf; das Umfeld ist männlichen Geschlechts.

Die Karten des Stapel Nummer 22, der Stapel des ungeliebten Tieres, das auf einen eher gewöhnlichen Charakter hinweist, haben wenig mit dem Fragesteller zu tun haben. So dass Du hiervon ausgehen kannst, dass die Karten gegen ihn sprechen, ihn daher wirklich nicht darstellen, sondern jemand anderen:

Die erste dieser Karten ist zudem die Kreuz Dame, die Karte der Hesperiden. Sie zeigt Anmut und Leichtigkeit an. Ein Hinweis, dass es hier nun auch um eine Dame in seinem Umfeld geht.

Die zweite Karte, die Kreuz 4, die vielleicht ein wenig von dem Charakter des Nilpferdes widerspiegelt, da die Karte in der Szene des großen Bilds das Rohmaterial darstellt. Dies kann deshalb eine leichte Ähnlichkeit in Bezug auf den Intellekt des Fragestellers sein, ohne ihm seine Überlegenheit oder seinem falschen Stolz zu nehmen, was Du zuvor in seinen Karten erkannt hast. Aber durch Auftauchen der Karte der Dame wird hier eher der Hinweis auf ihren Charakter gegeben.

Der Fragesteller hält Position Nummer 23 inne und dominiert diese Kartenauslage, da viele Interpretationen auf ihn anzuwenden sind und ihn in vielen Punkten beschreiben. Dass er eine charmante, geistreiche und anmutige Geliebte hat, kann man nun aufgrund der Karte der Hesperiden, der Kreuz Dame, sehen, aber auch sie hat leider eine hochmütige Art, was durch die Karte Kreuz 4 angezeigt wird. Aber durch die Karten des ungeliebten Tieres, die nicht für den Fragesteller sprechen und eine weibliche Person Teil der Legung wird, wird hier somit auch die Person gezeigt, der er untreu ist. Hier schließt sich zudem der Kreis zu der Ausgangsposition des Fragestellers, der Position Nummer 23, die mitunter für die Untreue steht.

Die Tabelle der Tiere, Reptilien, Insekten und Vögel

A

Adler 15	Aguti 1	Albatros 2
Alligator 13	Alpaka 16	Ameise 1
Ameisenhaufen 22	Ameisenlöwe 21	Antilope 16
Auerochse (Ur) 9		

B

Bär (weiß) 10	Bär (schwarz) 7	Berberaffe 3
Biber 21	Bienen 21	Bisamratte 4
Bison 9	Blaumeise 25	Blutegel 1
Büffel 9	Boa 7	

C

Chamäleon 13   Cochenille 6

D

Dachs 19   Damhirsch 8

E

Eichhörnchen 24   Eidechse 9   Elch 8

Elefant 15   Ente 22   Esel 25

Eule 19

F

Falke 4   Fasan 19   Faultier 2

Feldmaus 17   Fisch 25   Fledermaus 19

Fliegen 17   Frettchen 4   Frosch 26

Fuchs 5

G

Gans 22   Gazelle 14   Geier 1

Gibbons 5   Gimpel 24   Ginsterkatze 22

Giraffe   Grasmücke 14   Grillen 19

Gürteltier 19

H

Habicht 22	Heuschrecken 7	Hänfling 25
Hase 8	Hermelin 14	Hyäne 10
Henne (Guinea) 3	Hund 8	Hirsch 8
Huhn 2	Hahn 23	

I - J

Ibis 16	Igel 3	Jaguar 10

K

Kaiman 13	Kamel 9	Kanarienvogel 14
Kaninchen 8	Katze 5	Kolibri 14
Kondor 7	Kranich 9	Kreisch Eule 12
Kröte 22	Krokodil 13	Kuckuck 22

L

Lama 19	Langnasenaffe 3	Lerche 14
Leopard 10	Libelle 6	Löwe 15
Luchs 12		

M

Makaken 18	Marder 12	Maulwurf 11
Maus 17	Meerkatze (Affe) 1	Milbe 6
Moschustier 16	Mücke 17	Mufflon 9
Mungo 22	Murmeltier 2	

N

Nachtigall 26	Nashorn 22	Nilpferd 22

O

Opossum 8	Orang-Utan 15	Otter 22
Ozelot 10		

P

Paco (Kaninchen) 19	Panther 5	Papagei 18
Papagei (Senegal) 24	Paradiesvogel 23	
Pavian 7	Pekari (Schwein) 9	Pfau 13
Pferd 26	Pinguin (Arktis) 22	Pinguin (Afrika) 25
Polarfuchs 5	Puma 10	

![GRAND JEU Lenormand]

T

Tapir 19	Taube 8	Tiger 10
Totenkopfaffe 6	Truthahn 22	Tukan 2

U

Uhu 19

V

Vielfraß 12	Viper 9

W

Wachtel 8	Waldschnepfe 23	Weißbüschelaffen 14
Wellensittich 18	Wespen 3	Wiesel 4
Wildschwein 22	Wolf 5	Wüstenfuchs 13

Z

Zaunkönig 23	Zebra 26	Zeisig 14
Zibetkatze 10	Ziege 7	Ziegenbock 16
Zikaden 19	Zobel 23	

Kapitel VIII
Die Errungenschaften
(Bestimmung eines Erfolgs oder Misserfolgs)

Variante 1

Variante 2

Variante 3

Die Errungenschaften

Über die Bestimmung von Erfolg oder Misserfolg

Dieser Schritt des Großen Spiels, der Errungenschaft genannt wird, bedeutet, Legungen durchzuführen, um zu sehen, ob etwas ein gutes oder schlechtes Ergebnis haben wird, ob sich ein Wunsch erfüllt oder nicht. Für diese Legung verwendest Du die Buchstaben des Alphabets, die auf jeder der Karten zu sehen sind.

Hierfür werden 28 Karten benötigt, die in vier Runden wie folgt ausgelegt werden:

1. Entferne die Karten der Hauptpersonen.

2. Mische die Karten: Die Tradition besagt hier, dass Du an jenes denken solltest, was Du Dir erhoffst, wenn Du die Karten mischst und sie einmal abhebst. Legst Du für jemand anderen die Karten, so muss diese Person währenddessen an das denken, was sie sich erhofft.

Hast Du dies getan, befolgst Du nun die weiteren Schritte:

3. Nimm zunächst die obere und untere Karte heraus und lege beide Karten beiseite.

Nun nimmst Du jede 5. Karte vom Stapel und zählst: 1, 2, 3, 4 und die 5. Karte legst Du beiseite, so machst Du weiter, Du zählst 1, 2, 3, 4 und entfernst immer die 5. Karte.

In dieser ersten Runde hast Du zehn Karten dem Kartendeck entnommen, plus die zwei Karten, die Du zuvor beiseitegelegt hast, wodurch das Deck auf vierzig Karten reduziert wird.

4. Die zweite Runde erfolgt nahezu wie die erste, jedoch ohne das Mischen oder Abheben und ohne die obere und untere Karte zu entfernen. Du machst einfach weiter, indem Du wieder

jede fünfte Karte aus dem Deck entfernst. Diesmal gibt es acht Karten, die Du beiseitelegen kannst.

5. In der dritten Runde musst Du alle Karten auf der 8. Position entnehmen, immer auf die gleiche Weise, 1, 2, 3, 4, 5, 6, 7 anzählen und die achte Karte beiseitelegen. Daraus ergeben sich vier weitere Karten, die von Dir dem Spiel entnommen werden.

6. Die vierte Runde ist wie die dritte, und Du gehst genauso vor wie in den vorherigen Runden, entfernst aber diesmal jede siebente Karte. So werden vier Karten beiseitegelegt.

Letztendlich werden auf diese Weise 28 Karten aus dem Kartenspiel entfernt.

Variante 1

Du breitest nun die 28 Karten offen aus und suchst darin nach der Antwort auf die Frage, indem Du versuchst mit den Buchstaben auf den Karten Wörter zu bilden, die zum Kontext der Frage passen. (Es geht nicht darum, blind Wörter zu bilden, die Wörter müssen sich auf das Ziel beziehen, es muss im Kontext stehen zur Hoffnung, die man trägt).

Wenn es nicht mal ansatzweise möglich ist, sinnvolle Wörter mit allen Buchstaben zu bilden, die herauskommen, dann bedeutet das, dass es unmöglich ist, in der besagten Angelegenheit erfolgreich zu sein und das Scheitern unmittelbar bevorsteht.

Findest Du auf Anhieb ein vollständiges und sinnvolles Wort, so ist mit einem Erfolg zu rechnen.

Wenn Du es jedoch schaffst, ein paar Buchstaben zu sammeln, aber nur einer oder wenige fehlen, um das vollständige Wort zu bilden, ist es die Botschaft des Orakels, dass es mitunter schwieriger ist, Erfolg zu haben. Je mehr Buchstaben dem Wort fehlen, desto schwieriger wird es sein, das Ziel zu erreichen. Aber dennoch ist ein Erfolg nicht ausgeschlossen ist.

HINWEIS um ein Wort verwenden zu könne, sollte mehr als die Hälfte der Buchstaben bzw. eine Mehrheit der Buchstaben vorhanden sein.

Du musst nun überprüfen, welcher Zahl, welchem Wert, der oder die fehlenden Buchstaben entsprechen.

Dies machst Du, in dem mit dem Alphabet auf dem „Rad des Pythagoras" arbeitest, um festzustellen, ob diese Zahl gerade (positiv) oder ungerade (negativ) ist.
(Ungerade Zahlen gelten in der Tradition als Unglückszahlen, gerade Zahlen gelten als Glückszahlen).

Das Alphabet (Das Rad des Pythagoras)

A 1   B 2   C 4   D 5   E 3   F 8   G 10 H 28 I 15

J 15 K 16 L 21 M 19 N 26 O 8   P 21 Q 27 R 11

S 20 T 6   U 9   V 9   X 13 Y 50 Z 70

Dann schaust Du nach den Zahlen/ dem Wert der Buchstaben, die bereits in Deinem Wort vorhanden sind und nicht fehlen, Du addierst diese Zahlen, um zu sehen, ob das Ergebnis der Addition gerade oder ungerade ist oder ob die Summe dem Wert des fehlenden Buchstabens entspricht.

Beispiel - Frage

Angenommen, Du hast den Karten die Frage gestellt, ob Du für die Stelle, auf die Du Dich beworben hast, eine Zusage bekommst.

Du findest ein Wort, dem ein Buchstabe fehlt. Und um zwei weitere vollständige Wörter zu bekommen, fehlen einmal vier

Buchstaben und einmal zwei Buchstaben. Aus dem angefangenen Wort könntest Du also drei vollständige Wörter bilden, denen aber jeweils einer, vier und zwei Buchstaben fehlen.

Nun musst Du nach den fehlenden Buchstaben und ihrem entsprechenden Zahlenwert im Alphabet schauen. Dort erfährst Du, ob diese Zahl gerade oder ungerade ist. Hast Du mehr als nur einen fehlenden Buchstaben, so addierst Du die Werte der Buchstaben und schaust, ob die Summe gerade oder ungerade ist.

Wenn Du dann alle im Wort bereits vorhandenen Buchstaben in Zahlen umrechnest und diese Zahlen miteinander addierst, kannst Du sehen, ob die Summe gerade oder ungerade ist.

Nun vergleichst Du beide Summen miteinander. Die Summe der Werte der vorhandenen Buchstaben mit der Summe der Werte des fehlenden Buchstabens oder mit der Summe der Werte der fehlenden Buchstaben.

Beispiel

Angenommen, der fehlende Buchstabe des ersten Wortes ist ein E. Diesem Buchstaben wird die Zahl 3 zugeordnet und sie ist ungerade.

Nun zählst Du die Werte der vorhandenen Buchstaben zusammen:

Angenommen, die Summe ist 114 und somit gerade.

Somit kann die Summe nicht mit der ungeraden Zahl 3 übereinstimmen. Es geht nicht auf und so geht daraus hervor, dass dieses Wort ungültig ist und es würde somit einen Misserfolg zeigen oder dass der Erfolg Schwierigkeiten mit sich bringt und von äußeren Umständen abhängig ist (sofern dies das einzig mögliche Wort wäre).

S. 426

Da Du in diesem Beispiel aber noch zwei weitere mögliche Worte gefunden hast, schaust Du Dir nun noch die fehlenden Buchstaben des zweiten Worts an, das Du gefunden hast.

Diesem Wort fehlen Buchstaben, die zusammen einen Zahlenwert von 34 haben und sie ergeben somit eine gerade Summe. Diese Summe stimmt mit der geraden Summe 114 überein. Dies würde somit für einen Erfolg in der Angelegenheit und für eine Zusage sprechen, wenn es das einzige mögliche Wort wäre und wenn es zuvor nicht das negative Ergebnis gegeben hätte. So deutet dies aktuell noch an, dass der Erfolg eher fraglich ist und es ist nicht unbedingt mit einer Zusage zu rechnen.

Allerdings gibt es in diesem Beispiel noch ein drittes mögliches Wort, dem Buchstaben fehlen; auch dies gilt zu prüfen:

Dem dritten Wort fehlen zwei Buchstaben. Sie bilden miteinander die Summe 14.

Die Summe 14 ist ebenso gerade und stimmt mit der geraden Zahl 114 der vorhandenen Buchstaben überein. Diese sind deshalb die Worte, die man als gültig ansehen kann, da die Rechnung aufgeht. Den gültigen Worten steht nur ein ungültiges gegenüber und somit ist in dieser Angelegenheit mit Erfolg zu rechnen.

Variante 2

Manchmal ist es möglich, in den 28 Karten, die gezogen wurden, zwei widersprüchliche Wörter zu bilden wie zum Beispiel Ja und Nein oder Recht und Unrecht, Treue und Untreue. Oder auch, wenn zum Beispiel die Frage an die Karten gestellt wird, wen man heiraten wird und als Antwort würden zwei Namen zu bilden sein.
Oder jemand steht zwischen zwei Personen, und ist unschlüssig, welche zu bevorzugen ist - und auch hier würden beide Namen der jeweiligen Personen zu bilden sein.

Oder manchmal will jemand wissen, welche von zwei Personen die klügere, oder die liebenswertere Person ist - und auch hier würden beide Namen der jeweiligen Personen als Antwort zu bilden sein.

Oder jemand will erfahren, wer von zwei Personen einen am glücklichsten machen würde - und als Antwort würden beide Namen zu bilden sein. Oder man steht generell vor einer Wahl und beide Optionen werden gezeigt.

In solchen Fällen gibt es eine andere mögliche Methode der Vorgehensweise, In diesen und ähnlichen Fragen und Situationen musst Du die 28 Karten mischen, einmal abheben und eine Karte nach der anderen aufdecken. Und Du wirst den der beiden Namen oder das der beiden Wörter als Antwort nehmen müssen, das zuerst komplett oder am wahrscheinlichsten herauskommt.

Kommt dabei aber nur eine Vermischung der Buchstaben heraus und nichts hebt sich auch nur ansatzweise besonders hervor, dann steht dies für Gleichheit und spricht daher manchmal sogar gegen genannte Personen oder Möglichkeiten, da keine besonders hervorgehoben wird.

Variante 3

Diese dritte Variante wird auf die gleiche Weise vorbereitet wie die vorherigen. Nun gibt es folgende Situationen:

- Überhaupt kein Wort kann gebildet werden:

Wenn es kein Wort von Bedeutung in den Buchstaben gibt, die herauskommen, dann wird der Ausgang der Situation leider nicht erfolgreich sein, und ein Ziel wird nicht erreicht.

- Kein Wort kann gebildet werden, da zu viele Buchstaben fehlen:

Fehlen zu viele Buchstaben, um ein komplettes Wort zu bilden, musst Du prüfen, ob die Zahlen der Buchstaben, zu den

Glückszahlen oder den Unglückszahlen gehören. Wenn alle Zahlen gerade, also Glückszahlen, sind, dann ist in dieser Sache immer noch mit einem Erfolg zu rechnen; es muss nur noch versucht werden, eventuelle Hindernisse zu überwinden.

Wenn im Gegenteil jedoch alle Zahlen ungerade, also Unglückszahlen, sind, dann bedeutet dies, dass hier leider kein Erfolg zu erwarten ist.

- Ein negatives Wort kann gebildet werden:

Falls es doch möglich ist, nahezu ein Wort zu bilden, das aber negativ ist und die Summe der Werte ist gerade und entspricht somit einer Glückszahl, bedeutet dies einen mäßigen Erfolg.

- Ein negatives Wort kann gebildet werden und Buchstaben fehlen:

Falls es doch möglich ist, nahezu ein Wort zu bilden, das aber negativ ist und die Werte der fehlenden Buchstaben gerade sind und somit Glückszahlen entsprechen, bedeutet dies, dass der Erfolg jemand anderem, einem Fremden, zugeschrieben wird.

Wenn das Wort, das Du bilden konntest, positiv ist und die fehlenden Buchstaben aber mit Unglückszahlen verbunden sind, ist der Erfolg von Schwierigkeiten oder Hindernissen abhängig, die von anderen Menschen in der Umgebung verursacht werden und nicht von einem selbst.

Positive Worte zusammen mit einem positiven Zahlenwert stehen für Erfolge, wobei negative Worte zusammen mit negativen Zahlen für Misserfolge stehen.

Unterschiedliche Zahlenwerte der fehlenden Buchstaben:

Wenn sich die fehlenden Buchstaben jedoch sowohl auf gerade als auch auf ungerade Zahlen beziehen, musst Du alle vorhandenen Buchstaben in ihren Zahlenwert umwandeln und miteinander addieren.

Zur weiteren Berechnung des Erfolges oder Misserfolges fügst Du dieser Summe sodann folgende weitere Zahlen hinzu:

- die Zahl, die dem ersten Buchstaben des Namens des Fragestellers entspricht.
- die Zahl, die dem Anfangsbuchstaben des aktuellen Monats entspricht.
- die Zahl, die sich auf den Tag bezieht, an dem dieses Orakel durchgeführt wird (siehe folgende Tabelle der Wochentage).

Tabelle der Wochentage

Montag 22	Dienstag 24	Mittwoch 12
Donnerstag 1	Freitag 8	Samstag 15
Sonntag 16		

Die Summe all dieser Zahlen musst Du anschließend durch 30 teilen.
Anhand des „Rad des Pythagoras" kannst Du nun abgleichen, ob es sich beim Rest der Division um eine Glücks- oder Unglückszahl handelt, und somit kannst Du dann vorhersehen, welches Ergebnis Du zu erwarten hast. Ob es einen Erfolg oder Misserfolg geben wird.

Beispiel

Du stellst an einem Donnerstag im September eine Frage und um das Wort zu vervollständigen, fehlen Dir Buchstaben mit den Zahlenwerten 28, 15 und 19. Die Werte der Buschstaben sind sowohl positiv als auch negativ.

Aus dem „Rad des Pythagoras" kannst Du ableiten, dass von den drei Zahlen 28, 15, 19 zwei Zahlen zu den Zahlen des Unglücks und eine zu den Zahlen des Glücks gehören.

Addierst Du nun diese drei Zahlen, kommst Du auf folgende Summe:

28 + 15 + 19 macht insgesamt 62

Zu dieser Gesamtsumme von 62 addierst Du nun die Zahl des Tages Donnerstag, 1 und den ersten Buchstaben des Monats September, S 20. Zudem die Nummer des ersten Buchstabens des Namens der Person, im Beispiel wäre dies ein E 3.

Das sind 62 + 1+ 20 + 3 und macht insgesamt 86.

Jetzt teilst Du 86 durch 30, und Du hast diese Division:

86: 30 ist 2 Rest 26

Der Rest beträgt 26. Und Du siehst, dass die Nummer 26 nach den Regeln des „Rad des Pythagoras" als Glückszahl eingestuft wird, da sie eine gerade Zahl ist. Dies ist nun der Beweis für Dich, dass der Erfolg kommen wird, dass etwas wie gewünscht eintreten wird.

HINWEIS Wenn beim Dividieren einer Zahl durch 30 die verbleibende Zahl Null wäre, dann gilt nach Tradition die Regel, die Zahl 30 selbst als Rest zu nehmen.

FAZIT Es ist zu verstehen, dass wenn man das komplette Grand Jeu spielt, eine Errungenschaft immer angewendet werden kann, um in letzter Instanz den Ausgang aller Ereignisse zu bestimmen, die im Laufe der vorherigen Legungen gedeutet wurden.

Das war die letzte Runde des Großen Spiels der Mlle. Lenormand.

KAPITEL IX
BONUS
MODERNE TRADITION

Das Orakel der Geomantischen Symbole

(Das Orakel im Orakel)

&

Der Sternenhimmel

(Die Sternenkonstellationen auf den Karten)

&

Das Alphabet

(Die Buchstaben auf den Karten)

Das Geomantische Symbol

Das Orakel im Orakel

Es ist nachgewiesen, dass Mlle. Lenormand durchaus mit den geomantischen Symbolen gearbeitet hat, so fanden diese auch den Weg auf die großen Lenormand Karten; doch der Unterschied ist dieser, dass Mlle. Lenormand dieses Orakel nicht als einen Teil des Großen Spiels praktizierte – sie betrachtete dies als ein separates Orakel und auch so werden diese Figuren als eigenständiges Orakel bezeichnet. Dieses Orakel besteht aus 16 verschiedenen Figuren, die durch Punkte gebildet werden. Diesen Figuren werden unterschiedliche Bedeutungen zugeordnet und unterschiedliche lateinische Namen gegeben. Die geomantischen Symbole sind unterteilt in glückverheißende bzw. günstige, ungünstige und ausgleichende Figuren.
Normalerweise könntest Du diese Karten herausnehmen, und Du könntest Deine Frage nur mit den geomantischen Symbolen und ihrem Wert beantworten. Im Grand Jeu werden 15 Figuren durch eine Auslese der 52 Spielkarten, einige von ihnen sogar mehrmals, und die 16. Geomantische Figur durch die beiden Personenkarten repräsentiert.
Im Grand Jeu findest Du also insgesamt 22 + 2 Karten mit diesen Symbolen, für die Mlle. Lenormand ihre eigenen Bedeutungen hatte. Diese Bedeutungen werden Dir in diesem Kapitel genannt.

Laut der Moderne, die leider einfach alles in einen Topf wirft und alles auf den Karten miteinander kombiniert, ganz gleich ob sinnvoll oder nicht, wirken sich die geomantischen Symbole auch auf die umgebenden Karten aus. Die Tradition entfernt sich aber vollends von diesem Gedanken.

HINWEIS Wenn Du die Geomantischen Symbole als ein eigenes Orakel befragen willst, so kannst Du dies tun, indem Du, wie zuvor kurz erwähnt, alle Karten mit geomantischen Symbolen dem Spiel entnimmst (einschließlich der beiden

Hauptpersonen), sie mischst und ein paar Karten ziehst (zum Beispiel 3). Jetzt kannst Du anhand dieser Symbole Deine Frage beantworten, indem Du Dir die Symbole genauer ansiehst. Für eine Interpretation reicht es nun aus, nur die Schlüsselwörter oder die Bedeutung des Symbols zu verwenden. Innerhalb dieses Orakels wird auch ein zeitlicher Aspekt, die Frage nach der Zeitqualität, eine bedeutende Rolle spielen. Daher nenne ich Dir hier zusätzlich auch die Hinweise, die Dir jedes Symbol in Bezug auf eine Zeitqualität gibt. In erster Linie kann man, wenn man sich darauf einlässt, eher bestimmen, wie lange ein Einfluss, eine Atmosphäre oder eine Situation Wirkung und Präsenz haben könnte. Bei dieser Methode der Bestimmung der Zeit solltest Du Dir ansehen, welche Art von Symbolen Dir erscheinen, und Du kannst dann versuchen, einen ungefähren Zeitrahmen (Wirkungszeitraum) mit diesen zu erstellen. Ähnlich einer Konstellation der Sterne, die auf einen Wirkung hat.

Zuerst werde ich Dir die günstigen, dann die ausgleichenden und zuletzt die ungünstigen Symbole erklären und auch auf welcher Karte diese jeweils zu finden sind. Darüber hinaus erkläre ich Dir, welchen Einfluss laut der modernen Tradition des Kartenlegens mit den Großen Lenormand Karten die Symbole auf die Karte und auf die Legung haben können. Abschließend nenne ich Dir den Zeithinweis.

Die Bedeutungen der Geomantischen Symbole nach Mlle. Lenormand

Die glückverheißenden/ günstigen Figuren

Fortuna Major

Großes Glück (nur in Gefahrensituationen: Unachtsamkeit)

Das Symbol, das das Glück dieser Karte unterstreicht, gilt als eines der glücklichsten im Spiel und befindet sich auf der Karte, **Herz 3.**

Zeitlicher Hinweis: bis zu 360 Tage – mittellange Zeit, unsicher

Caput Draconis

Mit Anstrengung & Ausdauer – großer Erfolg

Der Drachenkopf befindet sich auf der Karte, **Kreuz König.**

Der Herr auf dieser Karte brauchte viel Ausdauer, um aufgrund seiner Fehler im Leben erfolgreich zu werden.

Zeitlicher Hinweis: bis zu 180 Tage – mittellange Zeit

Acquisitio

Veränderung, Erfolg in der Arbeit

Das Symbol des Gewinns befindet sich auf der Karte, **Karo 6**.

Normalerweise ist die Karo 6 eine Karte der Täuschung. Das positive geomantische Symbol ist hier ein Hinweis darauf, dass diese Täuschung durch Vorsicht verhindert werden kann. Ein Wechsel von einer negativen zu einer positiven Situation ist also noch möglich.

Zeitlicher Hinweis: bis zu 120 Tage – kürzere Zeit

Laetitia

Freude & Glück

Das Symbol der Freude befindet sich auf der Karte, **Pik 7**, und auf der Karte **Pik Dame**.

Die Pik 7 ist eine der positivsten Karten im Deck, daher ist es offensichtlich, dass die Symbole dies in gewisser Weise bestätigen. Mit der Pik Dame verbirgt sich der Hinweis, dass es eine Genesung von dem dunklen Schicksal gibt und die Freude wieder ins Leben zurückkehren wird.

Zeitlicher Hinweis: mindestens 360 Tage bis 2 Mondjahre – längere Zeit

Albus

Reife/Ausdauer

Das Symbol befindet sich auf der Karte **Karo 10**.

Albus (weiß) ist ein Zeichen für den Sieg des Guten – das bringt positiven Einfluss und Erfolg in die Legung. Und es zeigt eine sichere und geschützte Reise.

Zeitlicher Hinweis: viele Monde, mehrere Jahre – lange Zeit/ ferne Zukunft/ nicht nein

Puella

Glückliche Bekanntschaft

Das Zeichen des Mädchens befindet sich auf den Karten, **Herz 2**, und **Herz 6**.

Als wunderbare positive Karte zeigt die Herz 6 glückliche Zeiten und glückliche Begegnungen an. Die positive Zeit und das positive Miteinander werden auf der Herz 2 durch die Symbolik des Hundes ausgedrückt.

Zeitlicher Hinweis: um die 21 Tage – kurzfristig

Conjunctio

Verbindung, Heirat, Vereinigung

Das Zeichen der Verbindung befindet sich auf der Karte, **Pik 10**.

Normalerweise ist die Pik 10 eine negative Karte. Das Symbol der Verbindung wird mit der Geschichte des großen Bildes beschrieben, in dem Laverna mit den Wölfen zusammenlebt, denn sie wollte und konnte nicht bei den Göttern im Reich des Olymps bleiben, sie fand ihren Platz im Wald – es ist also ein Hinweis, seinen Platz zu finden und das ist eine Verbindung zu sich selbst und zu anderen, unabhängig davon, wo man sich befindet. Diese Verbindung, eine Vereinigung wird auch durch Situationen beschrieben, in denen man das zurückbekommt, was man verloren hat, einige Dinge können zurückkehren (dies ist ein Bild der Wiedervereinigung).

Zeitlicher Hinweis: 30 bis 60 Tage – als kurze Zeit gesehen

Die ausgleichenden Figuren

Fortuna Minor

Befreiung von großen Schmerzen

Das Symbol des kleinen Glücks befindet sich auf den Karten **Herz 10** und **Herz König**.

Die Herz 10 zeigt einen Neuanfang nach dem Nachlassen von großen Schmerzen oder nach dem Leiden. Es ist ein Hinweis darauf, dass schlechte Zeiten vorbei sind und dass es Zeit für einen Neuanfang ist.

Der Herz König zeigt dies mit seiner Erfahrung. Das besagt, dass man sich im Leben vom Schmerz befreien kann: Keine Art des Leidens ist für immer, das hat er gelernt.

Zeitlicher Hinweis: 1 Mondzyklus – je nach Situation auch bis zu zwei

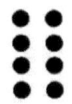

Populus/ Publikum, Menschen

Ehre & Ruhm

Dieses Symbol des Volkes, des Publikums, der Menschen befindet sich auf der Karte **Karo Bube**.

Ruhm drückt sich hier durch die Errungenschaft aus, dass es möglich war, Achilles für den Kampf zu gewinnen, auch wenn dies nur ein Trick war. Diese Karte zeigt Ehre und Ruhm vor allem für Künstler und Berufe in der Kunst.

Zeitlicher Hinweis: 1 Mondzyklus – je nach Situation auch bis zu drei

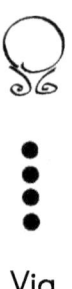

Via

Verbindung, Vereinigung, schmerzhafte Entwicklung

Das Symbol des Weges, der Straße befindet sich auf den Karten **Karo 2** und **Pik 4**.

Die Vereinigung wird hier durch den intimen Liebesakt zweier Menschen mit der Karte Karo 2 gezeigt und wird in der Geschichte, die von der Pik 4 erzählt wird, negativer ausgedrückt. Beide Verbindungen schaffen einen neuen Weg, einen positiven und einen anderen mit einer schmerzhaften Entwicklung. Es liegt also unter dem Einfluss des Fragestellers, welchem Weg er folgen wird.

Zeitlicher Hinweis: 1 Mondzyklus – je nach Situation auch bis zu vier

Die ungünstigen Figuren

Cauda Draconis

Verlust, Erbe

Der Schwanz des Drachen ist auf der Karte **Kreuz 6** abgebildet.

Die Karte Kreuz 6 zeigt eine ungewisse Situation. Es ist immer noch möglich, das Erreichte zu verlieren. Dieses Symbol gibt also einen subtilen Hinweis darauf, dass ein Scheitern immer noch möglich ist und auch sehr wahrscheinlich bevorsteht.

Zeitlicher Hinweis: um die 14 Tage - als kurze Zeit gesehen

Tristitia

Trauer, Sorgen, mögliche Neuanfänge

Das Symbol der Traurigkeit und Trauer ist auf der Karte **Kreuz 4** abgebildet.

Die Karte Kreuz 4, zeigt auch eine Beziehung, die eher unglücklich beschrieben wird. Das Symbol der Traurigkeit verrät Dir mehr über diesen negativen und manchmal sehr intensiven traurigen Aspekt dieser Karte.

Zeitlicher Hinweis: mindestens 360 Tage bis 5 Mondjahre – sehr lange Zeit/ ferne Zukunft

Amissio

Verlust

Das Symbol des Verlusts befindet sich auf den Karten **Karo 4**, **Herz 5** und **Pik König**.

Auch wenn die Karo 4 eine Karte mit Unterstützung und Hilfe ist, kann es sein, dass man durch das Annehmen dieser Art von Hilfe die Kontrolle über sich selbst oder die Situation verlieren wird. Anhand der Karte der Verhandlungen, der Herz 5, kannst Du sehen, dass das Risiko besteht, ein schlechtes Geschäft zu machen, das zu einem Verlust führen kann. Manchmal ist es also wichtig, immer wieder nachzudenken. Und sogar der gerechte Pik König, der Richter, wird durch das Symbol auf eine negativere Weise dargestellt: Du musst vorsichtig sein, denn wenn Du dich betrügerisch verhalten wirst, konnte dies ein Verlust für Dich selbst und nicht für andere sein.

Zeitlicher Hinweis: ein Augenblick – als unberechenbare Zeit gesehen – es vergeht so schnell wie es kam

Rubeus

Schwäche, Gewalt

Das Symbol des Roten befindet sich auf den Karten **Herz 7** und **Karo 7**.

Der Schwäche können wir manchmal nicht widerstehen. Es ist genau wie bei der Geschichte der Pandora, die mit der Karte Karo 7 erzählt wird: Sie konnte nicht widerstehen, sie musste die Vase öffnen. Ein negatives Symbol, denn ihre Tat hatte schreckliche Folgen. Die Herz 7 zeigt unser schwaches, unglückliches Herz, wenn wir erkennen, dass wir nicht das haben können, was unser Herz begehrt. Die unruhigen Zeiten in der Liebe und Wut auf die Realität der Dinge, die aggressiv machen kann.

Zeitlicher Hinweis: 1 Mondzyklus – je nach Situation auch zwei bis drei

Puer

Veränderung, Bewegung, Wandel

Das Symbol des Jungen befindet sich auf der Karte **Karo König**.

Der Karo König zeigt auf den ersten Blick eine positive Tat, indem er mit den Informationen, die er Minerva gibt, hilft, aber es ist eine Botschaft über schlimme bevorstehende Geschehnisse in Minerva's Leben. Die Veränderung, die dieses Symbol ist, wird daher oft als negativ beschrieben.

Zeitlicher Hinweis: mindestens 30 Tage bis zu 180 Tage – kürzere Zeit

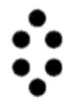

Carcer

gefangen, in Ketten

Die Figur des Kerkers befindet sich auf den **Karten der Hauptpersonen**.

Manchmal ist man wie in Ketten oder "gefangen" in einer Situation oder auch von eigenen Gedanken oder Einstellungen. Das bedeutet nicht, dass jeder Mensch „gefangen" ist, im geomantischen Orakel beziehen sich die Karten auf dieses Symbol und nicht auf eine Person. Wenn Du also ein Orakel mit dem Geomantischen Symbol machst, zeigen diese beiden Karten nicht die fragende Person, sondern eher einen Zustand, dass Du "gefangen" sein oder einen negativen Einfluss erfahren wirst oder eine Veränderung erstmals ausbleibt.

Zeitlicher Hinweis: mindestens 2 bis 8 Mondjahre   sehr lange Zeit/ sehr ferne Zukunft/ nicht jetzt

Das Firmament

Der Himmel einer Großen Lenormand Karte

Früher dienten die Sterne den Menschen zum einen als eine Art Landkarte. Die Sterne führten Dich durch die Nacht, um Deinen Weg zu finden. Und zum anderen wurde auch schon damals mit ihnen Ereignisse der Zukunft bestimmt.

Auf jeder klassischen Großen Lenormand Karte sieht man in der Mitte am oberen Rand einen Himmel mit Sternen; ein oder mehrere Sternbilder scheinen auf die anderen Bilder herab: wie ein Einfluss. Jedem der Sternbilder werden einige Schlüsselwörter zugewiesen. Diese Schlüsselwörter können laut der modernen Tradition ebenso Teil der Interpretation der Karte sein und geben damit der Karte eine zusätzliche Stimme. Dies ist keine neue Kernbedeutung. Dies unterstreicht nur einige Facetten der Karte oder zeigt einen weiteren Aspekt. Einige Einflüsse der Sterne mögen auf den ersten Blick irritierend sein, vor allem, wenn Du eine negative Karte in ihrer Kernbedeutung vorwindest und die Sterne aber eher positive Schlüsselwörter angeben: Das kann manchmal ein Hinweis darauf sein, dass ein Verlust oder ein Unglück einen positiven Ausgang in der Zukunft hat und noch nicht ganz verloren ist, oder die Sterne sagen Dir mit ihrer negativen Botschaft, dass zum Beispiel die Komplimente, die durch eine positive Karte dargestellt werden, von jemandem vielleicht nicht so gemeint sind.

Für die Aussage der Karte sind die Sterne nicht wesentlich, es ist nicht notwendig und auch nicht im Sinne der wahren Tradition, die Botschaft der Sterne in Deine Interpretation einzubeziehen. Ähnlich dem Orakel der geomantischen Symbole gehörte das Orakel der Sterne laut der Originalanleitung nicht zum Großen Spiel der Mlle Lenormand und wird auch darin nicht erwähnt. Man weiß jedoch aus Überlieferungen, dass Mlle. Lenormand mit den Sternen und den geomantischen Symbolen in die Zukunft zu schauen wusste.

Aber wenn Du magst, so kannst auch Du die Bedeutungen verwenden, um Deine Vorhersage zu verfeinern. Die dazugehörigen Namen der Sternbilder musst Du nicht kennen oder auch keinen Fokus auf sie legen, aber vielleicht sind sie für Dich dennoch interessant zu wissen.

HINWEIS den einzigen Bezug zu den Sternen, denn die Originalanleitung herstellt, ist jener zu den acht farbigen Sternen, die auf acht Karten abgebildet sind. Sie stehen aber nicht in Verbindung zum Sternhimmel der Karten und sind auch anders zu handhaben, dies hast Du bereits im Kapitel V (Die Legung der 48 Karten, ab Seite 354) gelesen.

Die Sternbilder

Einige Sternbilder erscheinen öfter auf mehreren Karten. Und einige von ihnen sind sogar immer noch an unserem Nachthimmel zu sehen, aber ein paar andere sind leider mit der Zeit in Ihrer Verwendung verloren gegangen oder wurden ersetzt.

Die Kreuz Karten

Kreuz König

- Honores Friderici: glückliche Jugend, wissenschaftliche Fähigkeiten
- Ursa Major: emotionales Chaos

Kreuz Dame

- Plejaden: Künstlerische Talente, künstlerische Ausbildung
- Stern Gemma: freundliches und lebendiges Wesen
- Lyra: mehr Möglichkeiten
- Cygnus: Talent, verzögerter Erfolg

Kreuz Bube

- Capricornus: Energie, Kreativität, Ausdauer
- Perseus: Egoismus, Sucht
- Boötes: Selbstdisziplin

Kreuz 10

- Aquila: wurzellos, Weltenbummler
- Monocerus: widerstehe jemandem mit negativem Touch

Kreuz 9

- Cancer: maßloser Ehrgeiz, blinde Verbundenheit
- Hercules: persönlicher Erfolg in Unternehmungen und Reisen

Kreuz 8

- Auriga: abhängig, unreif
- Milchstraße: Trauer
- Cetus: vorübergehende Trennung, kurze Krankheit

Kreuz 7

- Orion: falsche, gespielte Emotionen, Untreue, Verrat
- Ursa Major: emotionales Chaos
- Capricornus: Energie, Kreativität, Ausdauer

Kreuz 6

- Arcturus: Gewalt
- Perseus: Egoismus
- Kepheus: Arroganz, Hoffart, Verachtung

Kreuz 5

- Orion: falsche, gespielte Emotionen, Untreue, Verrat
- Canes Venatici: Missbrauch der Gastfreundschaft und Hilfsbereitschaft
- Psalterium Georgii: Sehnsucht

Kreuz 4

- Cerberus: Sucht, Abhängigkeit
- Boötes: Selbstdisziplin
- Ursa Minor: Geiz
- Scutum: verblassende Schönheit

Kreuz 3

- Hyaden: innerer Reichtum
- Cassiopeia: Seelenschmerz
- Antinoos: Demut
- Sirius: innere Unruhe, Schwere

Kreuz 2

- Lepus: Glück in der Liebe
- Canis Major: positive Gedanken, Vertrauen
- Piscis Austrini: Klugheit und positiver Charakter

Kreuz Ass

- Ophiuchus: Reichtum durch ehrliche Arbeit
- Hercules: persönlicher Erfolg in Unternehmungen und Reisen
- Quadrans Muralis: fehlende Hilfe in schwerer Zeit

Die Herz Karten

Herz König

- Triangulum: ein weiser Mann, ein gerechter Mann

Herz Dame

- Andromeda: fehlende Wertschätzung
- Coma Berenices: Erbschaft
- Virgo: eine schöne und kluge Person
- Stern Vindemiatrix: Schüchternheit, Unsicherheit

Herz Bube

- Stern Bellatrix: schlechte Gesellschaft
- Corona Borealis: Diplomatie
- Aries: Glück, Reichtum, Gönner

Herz 10

- Stern Prokyon: zu frühe, aber glückliche Verbindung
- Jungfrau: eine schöne und kluge Person

Herz 9

- Leo: Tapferkeit, Ehre, Weisheit
- Stern Regulus: glückliches Leben

Herz 8

- Stern Aldebaran: Hilfe
- Mons Maenalus: Geldverschwendung
- Aquarius: Weisheit

Herz 7

- Sextans: Diskretion
- Mons Maenalus: Geldverschwendung

Herz 6

- Aries: Glück, Reichtum, Gönner
- Caput Draconis: Reichtum

Herz 5

- Corona Australis: Verrat
- Corona Borealis: Diplomatie
- Kepheus: Arroganz, Hoffart, Verachtung

Herz 4

- Cygnus: Talent, verzögerter Erfolg
- Camelopardalis: anspruchslos
- Pisces: Überfluss

Herz 3

- Pegasus: Ungleichheit

Herz 2

- Honores Friderici: glückliche Jugend, wissenschaftliche Fähigkeiten
- Boötes: Selbstdisziplin
- Capricornus: Energie, Kreativität, Ausdauer

Herz Ass

- Milchstraße: Trauer

Die Karo Karten

Karo König

- Custos Messium: guter Charakter, viel Talent

Karo Dame

- Draco: Bosheit, List & Tücke
- Cassiopeia: Seelenschmerz

Karo Bube

- Lynx: Hellsehen, Medialität
- Centaurus: Provokation, Schmerz, Verletzung

Karo 10

- Leo Minor: Gutes siegt über Böses
- Telescopium: verzögerte Botschaft

Karo 9

- Delphinus: einsam sein, Einsamkeit
- Honores Friderici: glückliche Jugend, wissenschaftliche Fähigkeiten
- Cassiopeia: Seelenschmerz

Karo 8

- Aquarius: Weisheit
- Telescopium: verzögerte Botschaft

Karo 7

- Noctua: Vertrauen in die falsche Person
- Camelopardalis: anspruchslos
- Eridanus: kleiner (finanzieller) Erfolg

Karo 6

- Hydra: Wahrheit wird verschwiegen
- Serpens: Mut und Tatendrang
- Caput Medusae: einem schlechten Menschen verbunden sein

Karo 5

- Scorpius: Trauerfall, Tod
- Mons Maenalus: Geldverschwendung
- Musca Borealis: Macht
- Cor Caroli: Selbstüberschätzung

Karo 4

- Cygnus: Talent, verzögerter Erfolg
- Cassiopeia: Seelenschmerz

Karo 3

- Gemini: Großzügigkeit, Fleiß
- Pollux: Sieg

Karo 2

- Pisces: Überfluss
- Eridanus: kleiner (finanzieller) Erfolg

- Circinus: Betrüger, Betrug
- Corvus: Liebeskummer

Karo Ass

- Leo: Tapferkeit, Ehre, Weisheit
- Telescopium: verzögerte Botschaft
- Canis Major: Hilfe von vertrauten Personen

Die Pik Karten

Pik König

- Quadrans Muralis: fehlende Hilfe in schwerer Zeit
- Sagittrius: Sorglosigkeit, Leidenschaft
- Centaurus: Provokation, Schmerz, Verletzung

Pik Dame

- Lynx: Hellsehen, Medialität
- Draco: Bosheit, List & Tücke
- Musca Borealis: Macht

Pik Bube

- Libra: Gerechtigkeit
- Gemini: Großzügigkeit, Fleiß
- Perseus: Egoismus

Pik 10

- Vulpecula: unauffällig sein
- Serpens: Mut und Tatendrang
- Corvus: Liebeskummer

Pik 9

- Stern Alpha Hydrae: Gier
- Ophiuchus: Reichtum durch ehrliche Arbeit

Pik 8

- Taurus: Genuss

Pik 7

- Cetus: vorübergehende Trennung, kurze Krankheit
- Cor Caroli: Selbstüberschätzung
- Cygnus: Talent, verzögerter Erfolg
- Eridanus: kleiner (finanzieller) Erfolg

Pik 6

- Serpens: Mut und Unternehmungsgeist
- Stern Antares: Unfall, Unglück, Verlust

Pik 5

- Sagittarius: Sorglosigkeit, Leidenschaft
- Cetus: Vorübergehende Trennung, kurze Krankheit

Pik 4

- Stern Algol: schlechter Umgang
- Honores Friderici: glückliche Jugend, wissenschaftliche Fähigkeiten

Pik 3

- Circinus: Betrüger, Betrug
- Scorpius: Trauerfall, Tod
- Lacerta: Trennungsschmerz
- Argo Navis: Lebensaufgabe, Sinn des Lebens

Pik 2

- Castor: Unglück

Pik Ass

- Taurus: Genuss
- Circinus: Betrüger, Betrug
- Ursa Major: emotionales Chaos

Das Alphabet

Die Bedeutung der Buchstaben des Alphabets und wie man damit umgeht.

Auf jeder Karte siehst Du einen Buchstaben in der oberen rechten Ecke. Fast alle Buchstaben unseres Alphabets sind vertreten, einzig das W fehlt. Nach dem System der Numerologie bezieht sich jeder Buchstabe auf eine Art von Wert. Der Wert der Buchstaben, der für das Spiel mit den Großen Lenormand Karten von Bedeutung ist, ist dem "Rad des Pythagoras (Seite 425) entnommen. Und in der alten Tradition werden die Buchstaben nur herangezogen, um einen Erfolg oder Misserfolg zu errechnen (siehe Kapitel VIII „Die Errungenschaften", ab Seite 422).

Aber der modernen Tradition folgend, gibt es auch eine Wortbedeutung für jeden Buchstaben. Auch diese kann Teil der Interpretation der Karte sein und als zusätzliche Bedeutung für die Karte verwendet werden. Dies ist keine neue Kernbedeutung und wird auch nie eine eigenständige Bedeutung sein. Aus Sicht der modernen Tradition unterstreicht dies nur den Charakter der Karte oder zeigt einen anderen Aspekt.

Hier folgend ist eine Liste der Buchstaben des Alphabets, auf welchen Karten sie sich befinden und eine Beschreibung des Einflusses des jeweiligen Buchstabens auf die entsprechende Karte:

A - Vollkommenheit

Karo 8

- hier dargestellt durch den perfekten Beruf.

Pik 5

- Hier sieht man die perfekten Fähigkeiten, auch wenn von diesen nicht Gebrauch gemacht wird.

Pik 7

- Ein perfektes Paar (innerhalb einer Beziehung).

B – Dualität, Gegensätze, Scheitern

Kreuz 4

- Dualität durch das Miteinander und die Zerstörung kommt durch die schlechten Einstellungen, die man zu etwas hat.

Karo 5

- Scheitern durch oberflächliches Verhalten.

C – Glück, Erfolg, Gelingen

Kreuz Ass

- Glück und Erfolg spiegeln sich voll & ganz in dieser Karte.

Herz 7

- Das Glück und der Erfolg unterstützten den Aspekt der Freude dieser Karte.

D – Union, Fusion

Karo 10

- Das Miteinander und der Zusammenhalt in einem Unternehmen, einem Vorhaben, dargestellt durch die Vereinigung von Jasons Mannschaft.

Kreuz 8

- Das ist die Karte für die Hochzeit & stellt somit eine Union auf diese Weise dar.

E – das Beenden, persönliche Erfüllung

Herz 10

- Die verschiedenen Schritte der Arbeit führen zur Vollendung. Man muss verschieden Stufen durchlaufen, um zur persönlichen Erfüllung zu kommen. Etwas braucht, bis es vollendet ist.

Herz Dame

- Geist, und Seele sind erfüllt.

Karo 3

- Zwei sind eins und somit vollständig.

Pik 9

- Der einzige Weg, spirituelle Erfüllung zu erlangen, besteht darin, lieben zu lernen.

F – Ordnung, Struktur

Kreuz Dame

- Es gibt Regeln und Befehle, nach denen man lebt, in dieser vorgegebenen geordneten Weise, und dies in Zufriedenheit.

Herz 3

- ein geniales, stabiles und gut organisiertes Sein/Wesen.

Herz 4

- Konzentriere Dich in Zeiten der Unruhe auf das, was stabil und geordnet ist.

G – Erfolg

Kreuz 7

- Die Karte beschert Künstlern den Erfolg, den sie suchen.

Kreuz König

- Erfolg kommt nur durch das Erkennen und das dazugehörige Lernen aus Fehlern.

H – Perfektion

Kreuz 6

- Richtiges Verhalten in einer unsicheren Situation bringt macht das Ergebnis perfekt.

I – Schönheit

Kreuz 9

- Die Schönheit liegt hier in der bedingungslosen Hingabe des Krebses zu Hera.

Herz 6

- Die Schönheit wird hier durch die Botschaft der tiefen Liebe von dieser Karte gezeigt.

Herz Bube

- Die Schönheit dargestellt im Abbild des jungen Dionysos.

J – Schönheit

Kreuz 2

- Die Schönheit, die der Glanz des Goldes zeigt.

Karo König

- Die Schönheit liegt in der Hilfe in einer Verbindung, auch wenn diese noch frisch oder noch fremd ist.

K – Ruhm

Kreuz Bube

- Mit dem Sieg im Rennen gegen Atalanta zeigt er der ganzen Welt seinen Erfolg.

L – Durchschnittlichkeit

Karo 7

- Selbst wenn Pandora eine Einsicht hatte, Falsches getan zu haben und sie die Vase wieder verschließen wollte, war Schlimmes bereits geschehen. Zwar vermindert und nicht im vollen Maße, aber dennoch war es da.

Pik Bube

- Nicht richtig, nicht falsch, manchmal verschwimmen Grenzen und es liegt dazwischen.

M – Heilung, Besserung

Karo 6

- Nach einer Täuschung gibt es eine langsame Heilung, eine langsame Genesung.

Pik 8

- Eine traurige Seele, ein gebrochenes Herz braucht Zeit, um sich zu erholen.

N – Verluste, Nachteile

Herz 5

- Deals, Abkommen können Nachteile mit sich bringen.

Karo 9

- Investitionen, Projekte, Vorhaben können materielle Verluste mit sich bringen.

O - Ordnung, Struktur

Karo 4

- Jason hat die Absicht, Stabilität und eine Ordnung in seinem Reich zu schaffen.

Karo Dame

- Klare Fronten, auch wenn es sich manchmal um Oppositionen handelt. Es ist dennoch eine Ordnung.

Kreuz 10

- Dieses Wort unterstützt die Botschaft des kleinen Bildes links, das die Option des Friedens zeigt. Die Ordnung, den Einklang.

P – Durchschnittlichkeit

Herz 9

- Mit dieser Karte musst Du das Mittelmaß überwinden, Du bist mehr Wert, erkenne Deinen Wert und verkaufe Dich nicht darunter.

Karo 2

- zeigt hier, dass Situationen, die nicht unbedingt gut sind, nicht zugleich schlecht sind, es ist weniger schwarz/ weiß – es gibt auch Schattierungen. Nur da das eine (nicht) ist, bedeutet dies nicht gleich das andere.

Q – Wertschätzung, Anerkennung

Pik 4

- Riskiere nichts wegen anderer, wertschätze Deine Liebe.

R – das Schlechte

Herz 8

- Das Schlechte wird hier durch die Kröte gezeigt, die vom Adler entfernt wird.

Pik 6

- Das Schlechte, dargestellt durch die Bedeutung „Täuschung" dieser Karte.

S – Verlust, Verrat, Betrug

Karo Ass

- Dieser Aspekt wird auf dem linken Bild noch einmal durch den Riesen „Argus", dem Spion, untermalt: das Zeichen der Indiskretion und des Verrats.

Pik König

- Es besteht die Gefahr, etwas zu verlieren, Ein negatives Urteil.

T – Kraft, Stärke, Hoffnung

Kreuz 5

- Die innere Kraft & Stärke, einen Vertrauensbruch zu überstehen.

Karo Bube

- Die Hoffnung zu haben, jemanden doch noch für eine Sache überzeugen zu können.

Pik Ass

- Die Kraft des Widerstands.

U – Schmerz, Trauer, Dunkelheit (der Gegenwart)

Pik 2

- Schwierige Situationen überschatten das Leben.

Pik 3

- Schmerz, Trauer, Tod und Dunkelheit können ins Leben treten.

Pik Dame

- Der Schmerz und das Leid von Trauer und Verlust.

V – Schmerz, Trauer, Dunkelheit (der Vergangenheit)

Kreuz 3

- Die Karte zeigt den Aspekt, dass vor der eigentlichen Freude in der Vergangenheit eine Zeit des Schmerzens war.

Herz König

- Weisheit kommt erst durch eine Zeit des Leidens, die in der Vergangenheit durchlebt wurde.

W – dieser Buchstabe wird nicht dargestellt.

X – Unglück, Schicksal

Pik 10

- Die Karte zeigt das Unglück an, das Einsamkeit und Diebstahl mit sich bringen kann.

Y – Einsicht, das Vergessen & Verzeihen

Herz 2

- In der Freundschaft bereuen manche, manche verzeihen aber auch.

Z – Neuanfang

Herz Ass

- der Neuanfang; die Tatsache, dass sich zumindest eine der Töchter nicht an die Befehle des Vaters gehalten hat, ist ein Zeichen für eine mögliche Neuanfang.

Kapitel X
BONUS
Eine indiskrete Legung

(Ein Spiel zur Unterhaltung)

Die indiskrete Legung

Ein Spiel der Gedanken

Im Grand Jeu Lenormand ist ein weiteres Spiel versteckt, das man mit diesen Karten spielen kann, den Teilnehmern aber eher zur Unterhaltung dient. So wurde dieses Spiel zwar in der Originalanleitung als eine zusätzliche Legung hinzugefügt, die mit den Karten des Grand Jeu durchgeführt werden kann, aber nicht zu den traditionellen Schritten des Spieles gehört:

Mindestens eine bis zu höchstens zwölf Personen können nacheinander oder gleichzeitig Anteil an dieser Legung haben. Sie enthüllt als Ergebnis die persönlichen Gedanken der Teilnehmer und alles, was damit einhergeht und wird dadurch auch mit dem Wort „Indiskretion" in Verbindung gebracht.

Bei dieser Methode wird der Tisch, an dem sich die Personen einfinden, immer in 12 Teile unterteilt, von denen jeder eine Nummer und den Namen einer mythologischen Figur bekommt (siehe folgende Abbildung).

Zu Beginn schreibst Du die zwölf Zahlen auf jeweils kleine Zettel. Du faltest sie und steckst sie in eine Tüte oder wie früher in einen Hut.
Die Personen, die teilnehmen, ziehen eine Zahl, die den Platz angibt, der von ihr am Tisch eingenommen werden muss. Die Nr. 1 steht für den Platz des Gottes Apollon, die Nr. 2 für den Platz des Gottes Ceres, die Nr. 3 für den Platz der Göttin Diane und so weiter.

Unabhängig davon, ob Du zwölf Teilnehmer hast, weniger oder allein bist, die Karten müssen immer so verteilt werden, als ob alle Plätze besetzt wären, als ob 12 Personen Teil des Spiels wären.

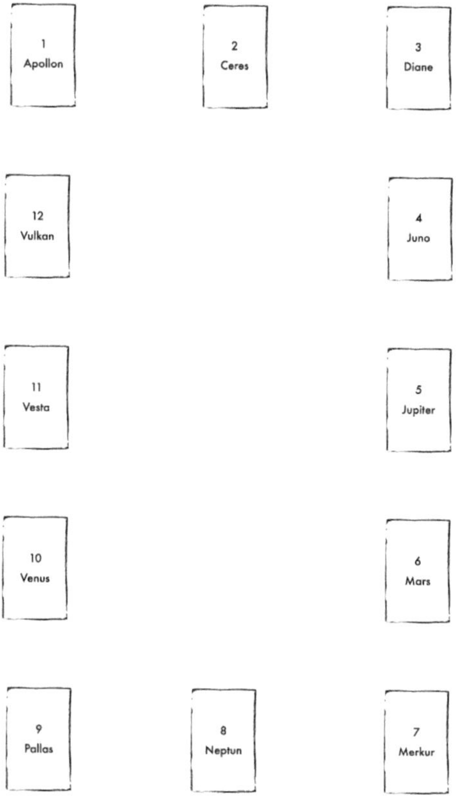

1 Apollon	2 Ceres	3 Diane
12 Vulkan		4 Juno
11 Vesta		5 Jupiter
10 Venus		6 Mars
9 Pallas	8 Neptun	7 Merkur

1 Apollon   2 Ceres   3 Diane

4 Juno   5 Jupiter   6 Mars

7 Merkur   8 Neptun   9 Pallas

10 Venus   11 Vesta   12 Vulkan

Die Person, der die Karten gehören, muss nun die Karten mischen und einmal abheben. Dann beginnt sie mit der Verteilung von links nach rechts, indem sie jeweils eine Karte auf jeden der zwölf Plätze legt, und dies wird dreimal durchgeführt, so dass sich an jeder Stelle, an jedem Platz ein Stapel von drei Karten befindet.
Es werden also 36 Karten ausgeteilt und 18 Karten des Kartenspiels bleiben ungenutzt.

Jede Person wird immer den Stapel der Karten auf der eigenen Position für ihre eigenen Stapel Nummer 1 nehmen, weil es der Platz ist, den das Schicksal dieser Person zugewiesen hat, und die Gottheit, die diesen Platz regiert, wird die Person oder ihre Gedanken repräsentieren.

HINWEIS Also, auch wenn eine Person laut Tischplan auf Platz Nummer drei sitzt, so sind die Karten auf diesem Platz für diese Person die Karten der Position Nummer 1.

Erklärung der Götter, die 12 Sitzplätze

Die Anfangspositionen Nummer eins bis zwölf werden diversen Göttern zugeordnet und jeder dieser Gottheiten werden wie folgt bestimmte Eigenschaften und Charakterzüge zugeschrieben.

Nr. 1 oder Apollo

Er repräsentiert eine Persönlichkeit mit einer großen Vorstellungskraft, fantasievoll, begabt, belesen und gebildet, Ein Mensch mit einem starken Geist, der von vielen geliebt und aufgesucht wird, weil dieser Mensch weiß, wie er sich für andere nützlich machen und eine Bereicherung im Miteinander sein kann.

Nr. 2 oder Ceres

Ceres zeigt jemanden, der immer harte Arbeit verrichten muss, Akkordarbeiter und alle, die einfache, niedrige oder einfache Jobs haben. Früher sah man jene der Arbeiterklasse zugehörig, keine Person aus der Oberschicht. Jemand, der für alles kämpfen muss, zu jeder Zeit. Dieser Person wird im Leben leider nichts geschenkt.

Nr. 3 oder Diane

Deutet auf einen stolzen, aber auch ein wenig wilden Charakter hin, der sich zeitweise aus der Gesellschaft zurückzieht. Diese Person liebt körperliche Übungen, Sport, Fitness, ist aber im Alltagsleben oftmals nicht in der Lage, etwas gewissenhaft zu erledigen oder sich im Leben eine sichere Zukunft zu erschaffen.

Nr. 4 oder Juno

Dies ist ein imposanter, etwas altmodischer oder konservativer, strenger Charakter, der Regelmäßigkeit, Struktur und Ordnung liebt. Dieser Charakter ist aber auch sehr misstrauisch und ist daher oft in der Lage, einen Verrat zu erkennen.

Nr. 5 oder Jupiter

Jupiter stellt eine Person von großem Charakter dar, edel von Herzen; seine Charakterstärke ist mit wenig anderen vergleichbar; er ist aber leicht empfänglich für das Vergnügen und Dinge, die Lebensfreude bereiten, dieser Mensch wird Ruhm und hohe Ehren durch seinen eigenen Ehrgeiz, seine eigenen Taten erlangen.

Nr. 6 oder Mars

Mars deutet auf eine Persönlichkeit mit großem Ehrgeiz hin, für die immer der persönliche Ruhm im Fokus steht und es ist jemand, der das Chaos, das Risiko und die Gefahr von Herausforderungen der Ruhe und der Sicherheit des gewöhnlichen Lebens vorzieht.

Nr. 7 oder Merkur

Diese Person ist ein Erschaffer, ein Macher mit einem feinen, klugen Charakter, aber auch mit einem starken Bedürfnis, die Kontrolle zu haben oder sich um alles zu kümmern. Verkäufer, Händler, Makler, alle Berufe sind gut für diese Person, wenn es nur einen Gewinn dabei gibt, und solange das eigene Bedürfnis, der Grund für den Ehrgeiz, befriedigt wird.

Nr. 8 oder Neptun

Diese Position deutet auf einen wankelmütigen, sprunghaften, unsteten oder sogar launischen Charakter hin, der das eine tut, dann das andere, ohne dabei jemals wirklich etwas zu vollenden; schwach in seinen Absichten, inkonsequent und völlig energielos.

Nr. 9 oder Pallas

Zeigt einen kühnen Charakter, einen unerschütterlichen Mut, erhält Anerkennung, besitzt Weisheit, beschäftigt sich in der Freizeit mit den Wissenschaften und nützlichen Künsten.

Nr. 10 oder Venus

Dies ist ein eitler Charakter, der die privaten Freuden der Arbeit vorzieht; Freundlich, leidenschaftlich, aber wankelmütig, jemand, der selten hält, was er verspricht und leider auch unzuverlässig ist.

Nr. 11 oder Vesta

Diese Position zeigt einen Charakter von bewundernswerter Einfachheit, aber auch Raffinesse und dennoch Tugend. Eine Persönlichkeit, die sich den vielen Formen der Verführung widersetzt und die privat immer ein ergebener Freund, und in der Berufswelt immer ein treuer Angestellter oder Kollege sein wird.

Nr. 12 oder Vulkan

Dies ist ein harter, wütender, eifersüchtiger Charakter, aber auch ein erfinderisches Genie, ein kreativer und praktischer Geist; jemand, der alle Arten von mechanischen, technischen und industriellen Fertigkeiten mit großem Erfolg & Geschick ausübt.

HINWEIS Und erinnere Dich, wie zuvor erwähnt: der Platz der Gottheit, den jeder Teilnehmer einnimmt, ist immer seine persönliche Nummer 1, seine Startposition im Spiel.
Und diese Gottheit charakterisiert eine Person, an die der Teilnehmer (zukünftig) denkt, und in den drei Karten, die hier liegen, werden die Gedanken, die Hintergründe zu den Personen, der aktuellen bzw. zukünftigen Situation und was in diesem Zusammenhang zu erwarten oder zu befürchten ist offengelegt. Sollte keine Person gemeint sein, so wird hier auch oftmals ein Hauptanliegen dargestellt und die anderen Positionen geben Aufschluss darüber.

Erklärung & Bedeutung der 12 Positionen im Spiel

Angenommen, eine Person hat Platz Nummer 3 eingenommen; dieser Platz Nummer 3 (der Platz der Göttin Diane) ist nun die Nummer 1 für diese Person, der Startpunkt des Spiels. Und diese Karten, die dort platziert sind, zeigen das Hauptanliegen, das die Person mit sich trägt.

Ebenso wird für eine Person, die den Platz der Nummer 4 (den Platz von Juno) eingenommen hat, dieser Platz der Startpunkt sein und somit für die Nummer 1 dieser Person stehen, und die dort platzierten Karten zeigen das Hauptanliegen dieses Teilnehmers an.

Die von der Person eingenommene Position ist daher immer der Ausgangspunkt; die persönliche **Nummer 1**.

Die **Nummer 2** der Person, die zweite Position im Spiel, wird dann durch die drei Karten dargestellt, die sich auf der ersten Position links befinden; die Karten also, die der Person gehören, die links neben Person 1 sitzen würde (es wird im Uhrzeigersinn vorangegangen). In diesen Karten kann man erkennen, ob es eine Veränderung der Situation gibt, oder eine realistische Hoffnung auf Glück vorhanden ist und worin das Glück besteht.

HINWEIS Auch wenn keine weitere oder nur wenige andere Personen am Spiel teilnehmen, müssen die Karten immer auf alle zwölf Positionen mit jeweils drei Karten verteilt werden.

Weiter geht es im Uhrzeigersinn:

Die Position **Nummer 3** wird durch die drei Karten der zweiten Person links (an zweiter Position links) dargestellt und diese Position sagt Dir alles über Brüder und Schwestern, eventuelle Freundschaften, Kontakte oder kurze Reisen.

Die Position **Nummer 4** wird durch die Karten am dritten Platz links dargestellt. Diese Position bezieht sich auf den Vater und die Mutter, Elternhaus, Geheimnisse oder Erbschaften der Person.

Die Position **Nummer 5** wird durch die Karten an vierter Stelle zur Linken dargestellt. Hier geht es um eventuelle Kinder, und auch um die Menschen, die die Person am meisten liebt. Das Verhalten der Person wird gezeigt und alles, was mit kommenden Nachrichten, Verpflichtungen zu tun hat, auch was man vom Leben bekommt und was man dem Leben gibt.

Die Position **Nummer 6** wird durch die Karten an fünfter Stelle zur Linken dargestellt. An dieser Stelle dreht sich alles um die Mitmenschen der Person, die das Vertrauen der Person genießen, und was man anderen auch schuldig ist. Ebenso wurde hier auch Bezug auf mögliche Krankheiten genommen.

Die Position **Nummer 7** wird durch die Karten an sechster Stelle zur Linken dargestellt. Diese Position bezeichnet alles, was mit dem Privatleben, dem Zuhause zu tun hat: ob jemand verheiratet ist oder nicht, ob jemand aufrichtig oder untreu in der Liebe ist. Liebschaften und Beziehungen intimer Art werden von dieser Position gezeigt.

Die Position **Nummer 8** wird durch die Karten an siebenter Stelle links dargestellt. Diese Position bezeichnet alle Unfälle oder Rückschläge im Leben, die passieren können und woraus sie bestehen werden. Im Guten weist diese Position auch auf eine lange oder entferntere Reise hin, meist das Ausland betreffend.

Die Position **Nummer 9** wird durch die Karten an achter Stelle links dargestellt. Diese Position bezeichnet Belohnungen, Anerkennungen und Folgen des eigenen Verhaltens: Folgen von Weisheit und Güte und Strafen für Ungerechtigkeit oder Bosheit; Folgen von sowohl gutem als auch schlechten Verhalten. Ebenso werden hier ungerechte Prozesse angezeigt.

Die Position **Nummer 10** wird durch die Karten an neunter Stelle zur Linken dargestellt. Diese Position steht für die Ehre, die Würde, den Stolz und die Gunst von Menschen, die einem höher gestellt sind, Ebenso betrifft diese Position alle Belange und Angelegenheiten mit Verwaltungen & Behörden, großen Einrichtungen, riesigen Arbeitsplätze, Geschäfte.

Die Position **Nummer 11** wird durch die Karten an zehnter Stelle links dargestellt, und diese Position weist auf Herausforderungen, Abenteuer, Situationen, Begegnungen oder Erfolge hin, die zu erwarten sind.

Und schließlich wird die Position **Nummer 12** von den Karten an elfter Stelle links dargestellt. Diese Position gibt Informationen über die soziale Stellung der Person an, ob diese in Reichtum oder Armut leben wird, und sie kann auch den Gesundheitszustand im Alter offenbaren.

HINWEIS Was die Positionen betrifft, die auf andere Personen, auf Geschwister, Vater oder Mutter hinweisen, so wirst Du an einem Tierkreiszeichen (siehe Seite 285) erkennen können, um welches Geschlecht es sich bei der Person handelt: Ein männliches Zeichen weist auf einen Bruder, ein Vater, Onkel oder eine andere Person männlichen Geschlechts hin, und ein weibliches Zeichen weist auf eine Schwester, eine Mutter, Tante oder eine andere Person weiblichen Geschlechts hin.

Alles, was Du jetzt noch kennen musst, sind die Grundbedeutungen jeder Karte (siehe Seite 37 bis 251) und diese musst Du nur noch in Verbindung mit dem Kontext der Position setzen, auf der sie sich befinden, und wenn sie in keiner sinnvollen Weise der Position entsprechen, auf der sie sich befinden, haben sie in diesem Spiel keinen nennenswerten Effekt; sie bleiben ohne Bedeutung und ohne Erklärung.

Beispiel

Angenommen, eine Person hat Platz Nummer 3 eingenommen; dieser Platz Nummer 3 (der Platz der Göttin Diane) ist nun die Nummer 1 für diese Person, der Startpunkt des Spiels. Und diese Karten, die dort platziert sind, zeigen das Hauptanliegen, das die Person mit sich trägt.

Platz Nummer 3 ist der Platz, der sich auf die Göttin Diane bezieht, und deutet einen stolzen, aber auch ein wenig wilden Charakter an, der sich zeitweise aus der Gesellschaft zurückzieht. Die Person, die Platz Nummer 3 genommen hat, denkt also an jemanden mit einem stolzen, aber auch ein wenig wilden Charakter. Und nun deutest Du auch die drei Karten, die auf dieser Position liegen:

Die erste Karte auf der linken Seite bezieht sich speziell auf die Art der Gedanken, um welchen Gedanken oder Situation es sich handelt.

Die Karte an zweiter Stelle bezieht sich auf die Person oder die Situation, an die gedacht wird, und somit Ursprung des Gedankens ist.

Und die Karte an dritter Stelle bezieht sich insbesondere auf den Fragesteller und sagt aus, was für ihn zu befürchten oder zu hoffen ist.

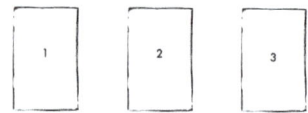

Gedanken/ andere Person/ Fragesteller
Situation

Angenommen die Karte links ist die Karo 8, als zweite Karte erscheint die Herz 5 und als dritte Karte (oder erste Karte von rechts gesehen) hast Du den Kreuz König.

Karo 8   Herz 5   Kreuz König

Wie Du auf Seite 167 nachlesen kannst, bezieht sich Karte Karo 8 auf die Beschäftigung, die Anstellung, die Arbeit und oft auf eine sichere Position, die von jemand anderem angeboten und garantiert wird.

Diese andere Person kann in diesem Beispiel nur durch die Karte an zweiter Stelle, Herz 5, repräsentiert werden. Denn auf Seite 125 steht zu dieser Karte geschrieben, dass es sich um eine Person mit von großem, großzügigem Charakter handelt. Auch ist es eine mögliche Personenkarte.

Die dritte Karte, der Kreuz König, Seite 39, bezieht sich auf das zweierlei Maß messen, das sich selbst Überschätzen, von Erfolg, der nicht erhalten bleibt und bedeutet auch Instabilität, und somit ein Glück von kurzer Dauer.

Du könntest also zu der Person, die diese drei Karten bei sich liegen hat, sagen: Die Person, an die Du denkst oder durch die Du Dir Glück erhoffst, wird eine Position erhalten, die gesichert ist durch das Wort, die Unterstützung oder durch die Beziehung zu einer anderen Person; sie wird mit jemand anderem in einer verlässlichen, dauerhaften Verbindung stehen. Aber in Deiner Verbindung zu dieser Person wird mit zweierlei Maß gemessen und sie wird nicht dauerhaft sein. Auch aufgrund der Tatsache, dass die andere Person mehr dem Gönner, der durch die Herz 5 gezeigt wird, verbunden scheint.

Schau Dir nun die Karten in der Position Nr. 2 an, die, wie zuvor erklärt, auf der ersten Position links liegen. Die Position, die anzeigt, ob hier eine Veränderung zu erwarten ist und sich (dennoch) ein Glück zeigen wird.

Angenommen es handelt sich hier um die Karten Herz 8, Karo 3 und Kreuz 6.

Herz 8   Karo 3   Kreuz 6

Unter diesen drei Karten kannst Du Karo 3 und Kreuz 6 auf den ersten Blick ausschließen, denn sie bringen keine Veränderung weder sinngemäß an dieser Position noch kündigen sie Hoffnung auf Glück an. Daher sind diese Karten an dieser Stelle ohne einen Einfluss sie können ignoriert werden, weil sie hier keine wesentliche Bedeutung mit sich bringen.

Nur die Herz 8 macht eine kleine Ausnahme: Auf Seite 113 wird erklärt, dass die Karte auf heimliche Freude und Erfolg hinweist, und dass sie einen Verlust oder Entfremdung zeigt.

Aus den ersten Karten ging hervor, dass der Kontakt nicht dauerhaft sein würde; so würde diese Karte, die Herz 8, hier unter Umständen anzeigen, dass der Verlust des Kontaktes zur Person, an die gedacht wird, für die Zukunft nicht als negativ zu betrachten ist und diese Veränderung langfristig die Situation des Fragestellers sogar verbessern würde...

Für alle Teilnehmer des Spiels müssen alle persönlichen zwölf Positionen auf die gleiche Weise gedeutet werden.

Und wie gesagt, es kann vorkommen, dass sich auf diesen Positionen einige Karten befinden, die keine Botschaft

aufzeigen und daher nicht aussagekräftig sind. Dies ist dann der Fall, wenn die Karten Positionen einnehmen, mit denen sie von ihrer Grundbedeutung gesehen nichts mit der Position gemein haben oder keinen Hinweis auf kommende Ereignisse geben

Aber die erste Position, die der Fragesteller einnimmt, seine Nummer 1, das ist die Position der Gedanken, und sie wird immer etwas aussagen - ausnahmslos.

Diese Erklärungen in Verbindung mit dem Deutungsteil der Karten sollten es Dir möglich machen, diese spezielle Legung ohne weiteres durchzuführen.

FINALE

Nachwort

Leider ist das Große Spiel nun zu Ende und somit nun auch unsere gemeinsame Reise durch die Welt der 54 Großen Lenormand Karten. Ich wünsche Dir, dass Du viele wertvolle Informationen sammeln konntest, und dass Du Dir damit nun eine gute und starke Grundlage der Großen Lenormand Karten erschaffen kannst.

Du bist jetzt auf Dich allein gestellt - jetzt liegt es an Dir, was Du mit diesem Wissen machst und wie Du dieses Wissen nutzen wirst. Nimm Dir die Zeit, um in das Große Spiel mit den Lenormand Karten einzusteigen – es ist gar nicht so kompliziert, Es ist lediglich sehr zeitintensiv und geht nicht zwischen Tür und Angel, doch man sollte generell nie in Eile die Karten befragen. Nimm Dir immer Zeit dafür. Manche Schritte im Großen Spiel scheinen zu Beginn vielleicht noch etwas kompliziert, doch dem ist nicht so; Dieses System basiert auf reiner Logik und Du kannst Dir sicher sein, dass der Weg, die Großen Lenormand Karten zu deuten, den Du in diesem Buch gelernt hast, der einzig wahre Weg ist, dieses Spiel zu spielen und mit ihm wirkliche Ergebnisse zu erzielen. Es ist und bleibt die Königsdisziplin im Kartenlegen.

Und denke daran, auf all Deinen Wegen und in jeder Sekunde, dass Du Deine Karten mit dem gebührenden Respekt und der Wertschätzung behandelst. Und stelle ihre Worte nie in Frage. Hab Vertrauen. Nur dann werden sie immer bereit sein, Dich zu begleiten und Dir zu helfen. Bist Du mit den Karten verbunden, werden sie Dir in jeder Stunde der Not ein unglaublich guter Ratgeber sein. Das wünsche ich Dir.

Pass auf Dich auf!

Andreas

INHALT

GRAND JEU
Lenormand

Über den Autor, Andreas Nostra Dahm

Andreas Nostra Dahm, in den Siebzigern in Süddeutschland geboren, ist mit dem Kartenlegen sehr vertraut. Bereits in jungen Jahren wurden ihm die Gesetze der geistigen Welt und das Kartenlegen gelehrt, daher liest er seit seinem 15. Lebensjahr aus den Karten, blickt auf kommende Ereignisse und lüftet so die Geheimnisse der Zukunft. Nach seinem Abitur und dem Studium folgte er schließlich der Tradition der Kartenleger und begann offiziell für andere Menschen die Karten zu deuten. Er arbeitet ausschließlich mit den traditionellen Methoden der Zukunftsdeutung, ohne die Botschaft der Karten oder eines anderen Orakels mit seiner eigenen persönlichen Intuition oder Meinung zu vermischen. Ganz traditionell und bodenständig ist er daher in der Lage, die alte Sprache der Karten auf unsere heutige Zeit zu übertragen. Dieses Wissen ist seit nun mehr als fast dreißig Jahren die Grundlage für die offenen, einfühlsamen, wertfreien sowie klaren Beratungen, mit denen sein Weg bis hin zu Klienten innerhalb Europas & den USA sowie zu Auftritten in den TV-Medien und bei internationalen Events auf Social-Media-Kanälen und Erwähnungen in der Presse führte. Intensiv setzte er sich all die Jahre nicht nur mit der Kunst des Kartenlegens, sondern auch mit der Historie der Karten und deren Bedeutungen auseinander - Die vielen Jahre und Lehren mit den unterschiedlichsten Kartendecks lassen Andreas eine tiefe spirituelle Verbundenheit fühlen und inzwischen gibt er, neben seiner langjährigen hauptberuflichen Tätigkeit als Kartenleger, sowohl in Büchern als auch in persönlichen Seminaren sein Wissen an interessierte Schüler des Kartenlegens weiter.

„Weises Orakel, ich flehe Dich an,

sage mir, was ich nicht wissen kann,

versteckte Gedanken im Herzen trägst Du,

versteckte Gedanken – raune' sie mir zu."

KARTENABBILDUNGEN

Wahrsagekarten (Material: Premium Linen) - coloriert; in Box/
Faltschachtel

54 Karten (5,5cm x 8,5cm; 52 Wahrsagekarten plus 2
Personenkarten)

DAS ENDE

Quellen auf denen dieses Werk basiert:

Kapitel I bis VIII und Kapitel X: Spielanleitung „Grand Jeu de Société Et Pratiques Secretes de Mademoiselle Le Normand 1845"

Kapitel I bis VIII zusätzliche Kartenbedeutungen und Informationen zu den Legemethoden: Überlieferungen der Frauen Theodora Wilhelmine Rosina Gruteser & Hedwig Margarete Emma Gruteser

Kapitel VI: Dicitionaire Emblématique, und Kapitel IX: Sternkonstellationen & Alphabet: Paul Heinrich Gruteser

Biografie „Lenormand – Die Sibylle von Paris"

Haftung: Es wird darauf hingewiesen, dass alle Angaben in diesem Buch ohne Gewähr sind und eine Haftung des Autors ausgeschlossen ist. Fragen zu Gesundheit oder Krankheit, Tod oder rechtlichen Angelegenheiten werden nicht beantwortet. Die Karten ersetzten nicht den Besuch eines Arztes, Therapeuten, Heilpraktikers oder Anwalts.

Weitere Expertise

Lenormand
Fortune Telling Book

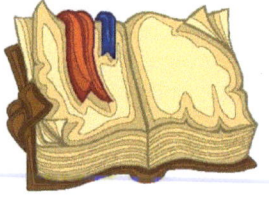

GRAND JEU
Lenormand

Zukunftsdeutung mit den Lenormandkarten

Seit Jahrhunderten ist es vielen Menschen ein Bedürfnis mehr über ihre Zukunft & ihr persönliches Schicksal zu erfahren. Im späten 18. und im 19. Jahrhundert erlebte die Wahrsagekunst mit Karten in Europa einen populären Aufschwung. In dieser Zeit wurden auch die Grundsteine für der Bedeutungen der 36 kleinen Lenormandkarten gelegt. Dieses Buch ermöglicht mit seinen Fakten über die Herkunft und Bedeutungen des kleinen Lenormands' den Einstieg in die Zukunftsdeutung mit diesen beliebten Wahrsagekarten - so wie diese einst praktiziert wurde & vorgesehen war. Neben den traditionellen & historischen Grundbedeutungen der 36 Karten, machen eine themenbezogene Auflistung zu den alltäglichen Bereichen wie Liebe, Beruf & Finanzen, weiteren allgemeinen und erklärenden Worten es möglich, sich aktiv ein Wissen anzueignen. Die Hinweise auf die ersten Schritte mit kleinen, moderneren Legemethoden sowie eine Beschreibung des Weges durch das große Kartenblatt sowohl auf moderne als auch auf klassische Art & Weise ermöglichen zusätzlich ein weiteres Verstehen der Deutungsmöglichkeiten der Karten. So mag dieses Lehrbuch in der Kunst des Kartenlegens sowohl für Einsteiger als auch für Kenner eine Inspiration und ein Übersetzer der Sprache der Lenormandkarten sein.

280 Seiten

Formate

Paperback: ISBN 978-3756228386

Hardcover: ISBN 978-3756232246

eBook: ASIN B0B7NNPGVC

Sprachen: Deutsch & Englisch

Die
Lenormand Fortune Telling Cards

Lenormand

Fortune Telling Cards

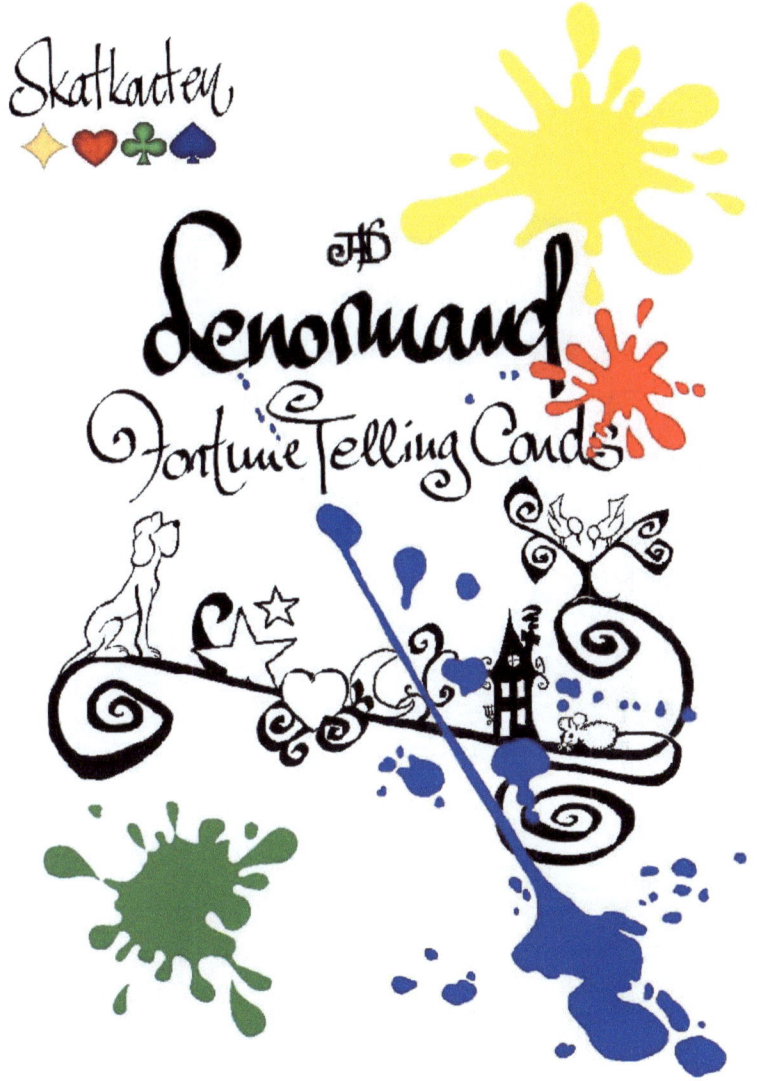

GRAND JEU
Lenormand

Skatkarten
♦ ♥ ♣ ♠

AS

Lenormand

Fortune Telling Cards

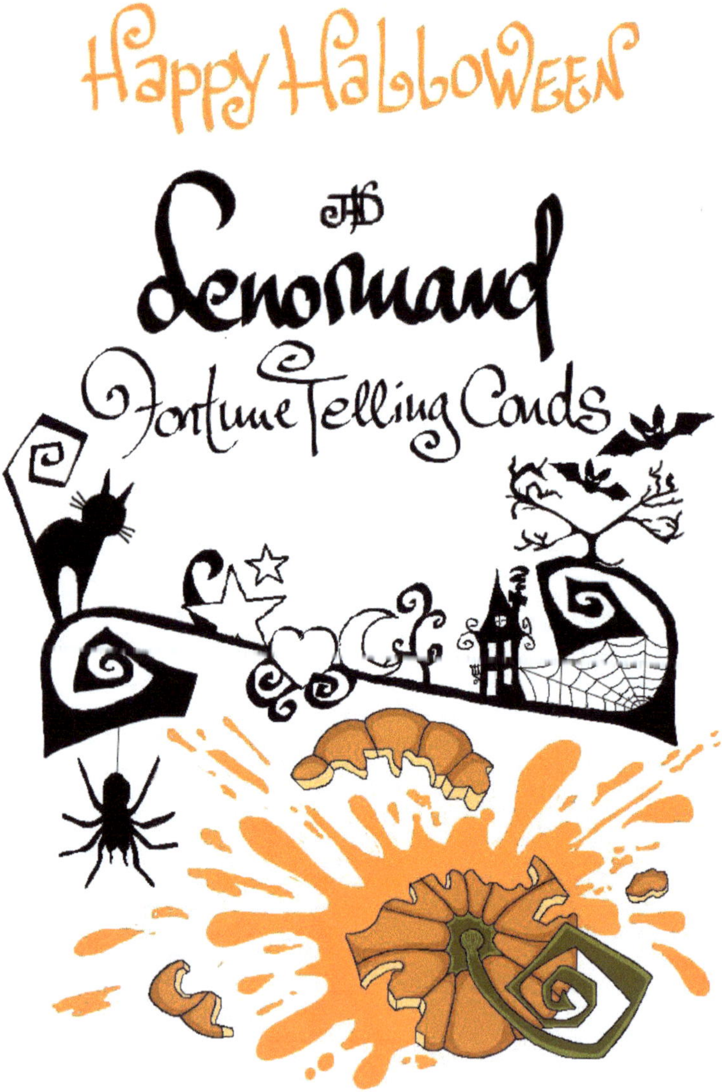

Happy Halloween

Lenormand

Fortune Telling Cards

GRAND JEU
Lenormand

'tis the season

Lenormand
Fortune Telling Cards

Merry Christmas

Black & White Edition

Wahrsagekarten (Material: Premium Linen) - schwarz/ weiß; in Box/ Faltschachtel

40 Karten (5,5cm x 8,5cm; 36 Wahrsage-Karten plus 2 weitere Personenkarten plus 2 Deckkarten)

Color Edition oder Color Edition mit Spielkarten

Wahrsagekarten (Material: Premium Linen) farbig; in Box/Faltschachtel

41 Karten (5,5cm x 8,5cm; 36 Wahrsage-Karten + 2 weitere Personenkarten plus 1 Deckkarte, und 2 Karten mit Auflistung der Karten – eine in Deutsch, die andere in Englisch).

Halloween Edition

Wahrsagekarten im Halloween- Design (Material: Premium Linen) – koloriert in orange/schwarz/weiß; in Box/ Faltschachtel

39 Karten (5,5cm x 8,5cm; 36 Wahrsage-Karten + 2 weitere Karten, die die Reihenfolge schildern und die Karten benennen – eine Karte davon in Deutsch, die andere in Englisch, plus 1 Deckkarte)

Christmas Edition

Wahrsagekarten im Weihnachts- Design (Material: Premium Linen) – koloriert; in Box/ Faltschachtel

39 Karten (5,5cm x 8,5cm; 36 Wahrsage-Karten + 2 weitere Karten, die die Reihenfolge schildern und die Karten benennen – eine der Karten davon in Deutsch, die andere in Englisch, plus 1 Deckkarte)

GRAND JEU
Lenormand

Skat Fortune Telling Cards

&

Fortune Telling Playing Cards

Skatkarten zum Wahrsagen (Material: Premium Linen) - coloriert; in Box/ Faltschachtel

32 Karten (5,5cm x 8,5cm; 32 Spielkarten zum Wahrsagen mit den Farben Karo, Herz, Pik und Kreuz)

S. 502

Spielkarten zum Wahrsagen (Material: Premium Linen) - coloriert; in Box/ Faltschachtel

54 Karten (5,5cm x 8,5cm; 52 Spielkarten zum Wahrsagen mit den Farben Karo, Herz, Pik und Kreuz + 2 Joker Karten)